所謂的知識分子

那些爆紅的時代人物，
與他們內心的惡魔

下

Intellectuals

From Marx and Tolstoy to Sartre and Chomsky

Paul Johnson

保羅・約翰遜——著　周詩婷——譯

獻給我第一個孫子，賽繆爾・約翰遜

各界好評

「約翰遜先生揭露了這些偉大思想家們邪惡的一面，而這也顯示本書將饒富興味。」

——《紐約時報書評》

「充滿生命、活力與迷人的細節，對現在來說多麼適切，任何拿起這本書的人，都很難放下。」

——《紐約郵報》

「珍貴且充滿娛樂性，是一部心靈冒險者的入獄檔案照。」

——英國小說家金斯利・艾米斯（Kingsley Amis）

「本書對往後幾年的西方文學與文化，應該具有淨化的影響力。」

——《富比世》雜誌發行人，邁爾康・富比世（Malcolm Forbes）

「這些對傑出知識分子予以重擊的人物側寫，尖銳、帶有偏見、激發思考，讀起來迷死人。」

——《出版者週刊》（*Publishers Weekly*）

「對於知識分子的傲慢、自大與惡意，辛辣且往往搞笑的仔細分析。」

——美國藝術評論家羅傑・金貝爾（Roger Kimball）

目錄

【上冊】

第七章

布萊希特

精於打造形象的冷血作家

Bertolt Brecht
1898-1956

「為了讓自己看起來像是工人階級，他每天都要花上幾小時，在指縫中塞灰塵。」

——阿多諾，反布萊希特的社會學家

那些想要影響人類的有識之士，長久以來都知道，戲劇是達成此一企圖最有力量的媒介。在一六〇一年二月七日，即艾塞克伯爵（the Earl of Essex）跟他的人馬在倫敦發動造反的前一天，他們付錢給莎士比亞的所屬劇團，上演一齣特別的、未經刪改的《理查二世》（*Richard II*），使得此劇從此被視為顛覆君主制的劇本。耶穌會所帶領的反宗教改革也將戲劇的演出，定位為天主教最高傳教機構「萬民福音部」（propaganda fidei）的核心。最早的世俗知識分子也一樣知道舞台的重要性，伏爾泰與盧梭都有寫過劇本——盧梭還警告戲劇有腐敗公共道德的危險性。雨果利用戲劇消滅了最後的波旁王室（Bourbons），拜倫投入大量心力在詩劇，連馬克思都有戲劇作品。然而，如我們所見，易卜生是第一位慎重且有系統地運用戲劇，來實現社會觀念革命的知識分子，而且出奇地成功。貝托爾特・布萊希特（Bertolt Brecht）是他天生的繼承者，雖然他們在大部分的層面上都是截然不同的劇作家。布萊希特開創出現代精緻的宣傳劇，成功地利用了一種二十世紀的新文化機構：國家補助的大型劇場。在他死後的二十年，即一九六〇與七〇年代，他可能是世界上最有影響力的作家。

不過，布萊希特生前就是一號神祕人物，某種程度而言到今天也還是。這是他自己與他效忠的共產黨所刻意為之的，在他生前，他效忠這個組織長達三十年，基於許多因素，他想把公眾對他人生的注意力，轉移到他的作品上。共產黨機構也一樣，不願意讓人仔細研究他的出身、背景和生活方式。[1]因此，儘管主要的輪廓是清晰的，他的自傳還是留有許多空白。他是在一八九八年二月十日，出生於距離慕尼黑六十四公里的奧格斯堡（Augsburg）一座單調、名聲不錯的小鎮。和共產黨再三堅持的說法相反，他不是農戶出身，他父母兩邊的祖先可追溯到十六世紀，都是中產階級——鄉紳、醫師、教師，以及火車站長與商人。[2]他的母親是公務員的女兒，父親從事紙業貿易，在奧格斯堡一家造紙廠擔任首席銷售員，後又擔任銷售主任，他的弟弟瓦爾特（Walter）後來進入這一行，成為達姆施塔特工業大學（Darmstadt Technical University）的造紙教授。布萊希特有心臟病，看起來柔弱，成為了（就像許多其他的重要知識分子）他母親最寵愛的孩子，她發現她無法拒絕他強烈想要的事物。但是，成年後的布萊希特對其家人毫不關心，他幾乎不曾提起父親，也沒有報答母親的愛，他的母親在一九二〇年辭世時，他堅持在第二天邀請一群很吵的朋友到家裡來——「我們其餘的人都悲痛到無法說話，」他弟弟回憶道——而且他還在葬禮前一天就招搖地離開小鎮。儘管後來他在非常難得的幾次自責裡，曾批評自己對母親的行為：「我應該被踩死才對。」[3]

傳說布萊希特在學校不但拒絕宗教，還公然燒了《聖經》與《教理問答》，並且因為他和平主義者的觀點而差點被學校開除。但事實上，他似乎寫過愛國詩，他惹上麻煩的不是他的反戰態度，而是他考試作弊。他屬於是一九一四年以前、彈著吉他的德國青年文化，該文化的思想是支持自然、反對城市。跟他同時代的中產階級青年，大多數都應徵入伍，直奔前線然後陣亡——如果活下來的話，就變成納粹。布萊希特不是出於良心而拒絕入伍，而是因為心臟虛弱被軍隊免除兵役，並成為一個醫療輔助隊員（他曾在慕尼黑大學上過短期醫學）。他後來描繪了他在軍事醫院曾目睹的恐怖屠宰畫面：「如果醫師命令我『鋸掉一隻腿，布萊希特！』，我會回答『是的，閣下』然後鋸掉一隻腿。如果有人要我『做環鋸手術！』我就鋸開一個人的頭蓋骨，笨拙地修補他們的大腦。我目睹他們如何修補，好盡快送他們回到前線。」[4]但布萊希特實際上直到一九一八年十月才被徵召，當時大部分戰爭都已經結束，他的工作主要跟性病相關。他後來（在獲頒史達林和平獎上的致詞）宣稱在一九一八年十一月，他「馬上」到巴伐利亞共產黨共和國並成為一位軍方代表，這也是謊言。他對他的所作所為提供了相當多種版本，但不管是他做了什麼、何時做的，肯定都不是英勇的行為。[5]

從一九一九年起，布萊希特迅速建立起自己的文學形象：他先是評論家，透過他粗野、兇猛與刻毒的言詞讓人生畏。然後是戲劇家，這要歸功於他的吉他彈奏和寫歌技巧（自始至終，他的詩才是他最好與最純粹的天賦），以及他能以一種高亢奇異而迷人的聲音唱歌的能力，歌聲不遜於一九六〇年代的保羅・麥卡尼（Paul McCartney）。一九二〇年代早期，德國劇院的基調非常左派，而布萊希特有樣學樣，他第一部成功作品是《斯巴達克》（*Spartak*），後來改名《夜半鼓聲》（*Drums in the Night*），讓他成為獲頒克萊斯特獎（Kleist Prize）最佳青年劇作家獎。這齣戲讓激進的右派分子嘩然，但當時布萊希特還沒到達理論家的階段，更像是一個機會主義者。他想要吸引別人對他的注意，並在這方面獲得了驚人的成功，其目標是給資產階級留下深刻印象。他譴責資本主義和所有中產階級的制度與習俗，他抨擊軍隊，讚揚並實踐懦弱：在他著名的短篇小說《對抗暴力的手段》（*Measures Against Violence*）裡，帶有自傳色彩的英雄肯納（Keuner）就是個十足的懦夫。他的朋友華特・班雅明後來提到，他性格裡最顯著的特徵，便是懦弱與純然的破壞性。[6]他喜歡讓他的作品煽動爭論與反感，他的理想是其劇作能引起一半的觀眾發出不滿的噓聲，另一半的觀眾報以熱烈的掌聲。他對以審慎的美學分析為基礎的傳統戲劇評論不感興趣，更確切地說，他鄙視傳統知識分子，特別是學術界或是浪漫主義派那種。

事實上，他塑造了一種新型的知識分子，就如同盧梭或拜倫當年所做的一樣。布萊希特自己本身就是這種新型知識分子的原型：嚴厲、冷酷、無情，憤世嫉俗、帶點流氓氣又有著運動員的充沛精力。他想要把運動場上那種喧鬧、汗水淋漓、暴力的氛圍帶進戲劇裡，和拜倫一樣，他喜歡跟職業拳擊手來往。一九二六年，他在一場詩作比賽擔任評審時，無視四百名參賽者，把獎頒給了他在單車雜誌上發現的一首粗野的詩。[7]他屏棄了德奧音樂傳統，支持一種金屬的、重複的音樂，並在跟猶太作曲家寇特．威爾（Kurt Weill）合作的過程中，發現兩人志趣相投。他想要舞台能展現其原有的樣子，讓布景背後的鋼架與機關顯現出來，這是他的「新型真實」。舞台的機械裝置強烈地吸引他，製造與操作它們的工程師也一樣吸引他，他視自己為操縱者，一個精神的工程師。這確實就是他給人的印象，就像福伊希特凡格（Lion Feuchtwanger）的小說《成功》（*Erfolg*）裡，某個角色對工程師普瑞歇（Kaspar Proechl）所說的：「你缺乏最重要的人類器官：對愉悅的感受力跟一顆充滿愛的心。」

許多布萊希特在一九二〇年代的意見與行動，反映出他自我宣傳的才華，他和海明威都有這種天賦，當然許多同時代的知識分子也有。他跟海明威一樣，自我宣傳中存在一部分獨特的穿著風格，但海明威是純美式風格，而且顯然以運動風為主，布萊希特雖然

（即使是背地裡）欣賞海明威，但要是有人暗示他從「老爹」身上偷靈感的話，他會生氣沮喪。在一九二〇年代，他並未隱瞞自己對美國的欽佩——這是歐洲知識分子接受親美意見的最後時期——尤其是美國的幫派與體壇英雄：他在一九二六年寫了首兩位職業拳擊手登希普和坦尼（Dempsey-Tunney）對決的詩。因此，他某些穿著打扮的靈感，是從大西洋另一邊而來，但其餘部分則明顯是歐洲風格，比如早在列寧於一九一八年發明以後，繫皮帶的皮革外套與無簷便帽一直受到祕密警察組織「契卡」（Cheka）暴力青年的喜愛，布萊希特加上自己的發明：一條皮革領帶與有袖子的背心。他想要自己看起來像一半的學生、一半的工人，以及整體看來上很聰明。他的新裝扮引發不同的意見，他的敵人們說他在無產階級的皮衣底下穿著絲綢襯衫，德國劇作家祖麥耶（Carl Zuckmayer）叫他「卡車司機與神學院學生的混種」。[8]他想出一種特別的梳頭方式，讓他的頭髮能筆直地覆蓋在前額上，並長期維持不多不少，剛好蓄鬍三天的臉頰，這便是他完整的個人風格，一直到三十年、四十年甚至五十年以後，這些風格依然被年輕的知識分子廣泛仿效。他們還模仿他戴金屬邊框的「樸素」眼鏡，布萊希特戴的是灰色，那是他最喜愛的顏色，他在一種灰色的薄紙上寫作，而且當他成名後，開始發表「創作中的作品」，名為《嘗試集》（*Versuche*），他的劇本文字是灰色的，故意做成暗色的平裝本，很像學校教科書，這是一種非常有效的自我宣傳手法，後來也被爭相模仿。他那輛敞篷的斯泰爾（Steyre）旅行車，也是灰色的。這輛車是他幫製造商寫廣告鈴聲免費得到的。簡言之，布萊希特對塑造形象有非凡的天賦，在一九二〇年代，德國在這塊領域領先全世界：差不多與此同時，希特勒正在為納粹黨與黨衛軍設計一些奢華的設備，並發明了後來被稱為「聲光表演」（son et lumière）的夜間表演技巧。

希特勒的崛起是促使布萊希特更加推廣其政治立場的因素之一。一九二六年，他讀了《資本論》，或至少讀了一部分，因而開始支持共產黨，儘管露絲・費雪（Ruth Fischer）的提供的證據顯示他到一九三〇年代才加入共產黨[9]。露絲・費雪是德國共產黨領導人，也是他一位作曲家朋友艾斯勒（Hanns Eisler）的姐姐。一九二六年值得注意的，還有他開始跟威爾合作。一九二八年，他們共同創作了《三便士歌劇》（*The Threepenny Opera*），並在八月三十一日晚上首演，馬上造成轟動，從德國一路紅到全世界。從許多方面來看，這齣戲都是布萊希特操作手法的典型範例，它主要的構思來自約翰・蓋伊（John Gay）的《乞丐歌劇》（*The Beggar's Opera*），而且所有內容直接剽竊阿瑪斯（K.L. Ammers）所翻譯的中世紀末的法國詩人維永（François Villon）的作品（經過抗議後，阿瑪斯拿到許多版稅）。這部作品的成功，有很大一部分要歸功於威爾動聽好記的曲調，以及高度原創的音樂。但隨著它持續的成功，布萊希特設法將了大部分的讚譽占為己有，當他終於跟威爾鬧翻，他輕蔑地宣布：「我會直接把這個假冒的理查．史特勞斯（Richard Strauss）踢下樓。」[10]

布萊希特贏得最多讚譽的理由之一，是他的公共關係與娛樂業手腕。在一九三〇年，拿到《三便士歌劇》電影版權的奧地利電影導演帕布斯特（G.W.Pabst）反對布萊希特寫的拍攝腳本，因為他改寫了情節，大幅度地朝共產主義方向發展。但布萊希特拒絕改回原貌，這場糾紛在十月上了法院，他對鏡頭表演了精心設計的壞脾氣模樣，儘管判決傾向於對他不利——帕布斯特買的是劇本原著，不是新的馬克思主義版本——布萊希特還是拿到了一大筆和解金來換取放棄訴訟，此外，並得以在殘酷的資本主義制度面前，為他的藝術格調做出殉道的姿態。他出版了他的拍攝腳本，附帶一篇介紹短文，強調馬克思主義道德觀——「正義、自由與骨氣，都取決於生產過程。」[11]他深諳在宣告他對公眾貢獻的同時，如何增進自身利益。

布萊希特名聲越來越響亮的第二個理由，是到一九三〇年時，他已被共產黨接納，視為他們的明日之星，得到這個強大機構的所有支持。布萊希特對史達林時期的莫斯科沒有太大的影響力，即便是對藝文事務更有彈性的德國共產黨，也認為他部分作品無足輕重，不是正統——例如一九三〇年的《馬哈共尼市的興衰》（*The Rise and Fall of the City of Mahagonny*），便激起爭吵、鬥毆與納粹組織的示威遊行。但是布萊希特表現出服從黨紀的樣子，出席了柏林工人大學的馬列主義系列講座，雖然他骨子裡其實是黑格爾的信徒，愛的是辯證法裡的智力幻想世界（他的內心和馬克思一樣，非常德意志）發現這個體系在智識上很有吸引力。他第一部正統馬克思主義的作品《措施》（*Die Massnahme*），年代始於一九三〇年夏季，而他改寫高爾基（Gorky）的《母親》（*The Mother*），在所有共產黨控制的德國表演廳都有演出。他寫了宣傳鼓動共產主義的電影腳本，開發出學校歌劇（Schulopern）這種新的政治藝術形式，而且又是跟威爾合作（但他始終都不是熱中的馬克思主義者）。他的目的目標與其說是（它是這樣宣稱的）對受眾進行政治教育，不如說是要讓觀眾變成訓練良好的合唱隊，跟紐倫堡（Nuremberg）的觀眾一樣。演員成了政治工具而不是藝術家，沒有感情與意志，劇中的角色不再是獨力的個體，只是各種類型，負責執行高度形式化的動作。這種藝術形式的藝術價值在於演出時的壯麗，這當然是布萊希特獨到之處，但它的政治用途明顯，數十年都依附政治而生，並在一九六〇年代毛澤東的中國文化大革命時期上演的糟糕戲劇中，惡化到極點。布萊希特也為了宣傳鼓動的目的，發明了固定套路的審判場景（女巫、蘇格拉底、伽利略、馬克思被查禁的報紙等），這逐漸成為左翼的看家本領，不時會像「羅素越南戰爭罪法庭」[1]一樣出現。確切來說，布萊希特許多的舞台發明——運用白色化妝品、骷髏、棺材、載有大型武器的花車——至今仍經常在發展中的街頭劇場、遊行與示威活動中派上用場。

布萊希特還有其他手段在大眾面前維持聲譽的手段。他讓自己被拍下在一群工人之中寫詩的照片，用以強調浪漫的個人主義時代已經死了，如今詩是無產階級的集體活動。他公開信奉馬克思主義自我批判的信條，把他的學校歌劇《說是的人》（*Der Jasager (The Yes-Man)*）帶到受共產黨控制的馬克思學校（Karl Marx Schule），邀請學生發表評論，並根據學生的評論加以改寫（在獲得公眾的注意後，他又把劇本改回來了）。[12]他再三強調他作品中合作的成分，如果有一齣戲失敗，他會很快表明他在此劇參與的比率不大。

希特勒在一九三三年上台，使得布萊希特成功的職涯瞬間中止，他在「國會縱火案」[2]的隔天一早離開德國。一九三〇年代對他而言是難熬的十年，他並不想做殉道者。他去了維也納，但不喜歡那裡正在發展的泛日耳曼政治氛圍，便前往丹麥。他斷然拒絕

1 該機構由羅素成立、沙特主持，在道義與國際法層面上對越戰中美軍的暴行做出審判，是歷史上西方公共知識分子的一次著名運動。

2 「國會縱火案」（Reichstag fire）是納粹黨建立一黨獨裁專政政權的關鍵事件。

去西班牙打仗。他去了莫斯科幾次，成為俄羅斯雜誌《言論》（*Das Wort*）的共同編輯——他的同事是福伊希特凡格與布雷道爾（Willi Bredel）。這份工作是他唯一的固定收入來源，但他正確地判斷，俄羅斯對他這樣的人來說，是個危險的地方，每次前往，絕不停留太多天。一九三三年至一九三八年期間，他寫的東西主要是政治化的平庸作品；然後，到三〇年代末，他突然開始連續創作品質高得多的作品——一九三七年的《伽利略傳》（*The Life of Galileo*）、一九三八年的《盧庫魯斯的審判》（*The Trial of Lucullus*）、一九三八年至一九四〇年的《四川好女人》（*The Good Woman of Setzua*），以及一九三九年的《大膽媽媽》（*Mother Courage*）。他決定進軍美國市場，寫了《阿圖羅・屋伊可反抗的崛起》（*The Resistable Rise of Arturo Ui*），把希特勒寫成一個芝加哥幫派流氓。隨著一九三九年戰爭的來臨，他覺得丹麥太過危險，他搬到瑞典，然後到了芬蘭，接著拿到美國簽證，橫跨俄羅斯與大西洋，在一九四一年來到加州好萊塢。

他也曾去過美國，但除了在左翼圈子之外，他沒有影響力。他對美國那年輕人的、理想化的、漫畫般的憧憬很快就消失，他從未喜歡過現實中的美國，確切來說是討厭。他在好萊塢的片場制度中施展不開，而且越來越嫉妒能在其中成功的流亡者，除了羅爾（Peter Lorre）。[13]他的電影劇本不受青睞，他的一些計畫徹底失敗。在一九四四年至一九四五年間，威斯坦・奧登（W. H. Auden）和他一起製作英文版的《高加索灰闌記》（*The Caucasian Chalk Circle*），又合作改編了《馬爾菲公爵夫人》（*The Duchess of Malfi*），但在最後關頭，他們的改寫版本被終止了，因為原創版本在倫敦上演時獲得空前的轟動，因此布萊希特除去他的署名。《伽利略》（*Galileo*）雖然有優秀的查爾斯・勞頓（Charles Laughton）主演，但還是失敗了。無論是好萊塢還是百老匯，他對市場都不理解，也未曾下定決心適應它。他無法忍受劇院主管，也不願和地位對等的人合作，他得要完全掌控一切，才能一展長才。

由於他體認到自己的戲劇工作，必須是在他個人完全支配的理想條件下進行，否則無法成功，他因此為魔鬼交易做好了準備。那是在一九四七年十月三十日，在國會反美活動調查委員會（Un-American Activities Committee）突然發生一件事，當時，該委員會正在調查共產黨人在好萊塢的顛覆活動，而布萊希特與其他十九個人，以潛在的「敵對證人」身分被傳喚至聽證會。其他人達成共識，拒答有關共產黨員身分的相關問題，因而被指控藐視國會，當中有十人被判處一年徒刑。[14]布萊希特可沒打算在美國監獄服刑。當被問及他是否為黨員時，他斷然否認：「不不不不不，不可能。」這場對他的審訊有點像鬧劇，因為他的口譯員、國會圖書館的鮑加特（David Baumgardt）口音比他還重，主席托瑪斯（J. Parnell Thomas）勃然大怒，大吼：「我聽不懂口譯員在講什麼，比證人說的還難懂。」委員會沒做好功課，而布萊希特發現了這一點，於是流利而誠摯地說謊。

「難道你的許多作品，不是根據列寧與馬克思的思想寫的嗎？」

「不，我不認為這說法是正確的。但當然我有研究過。身為一個寫過歷史劇的劇作家，我必須研究。」在被問到他為《共產黨歌本》(*Communist Party Song Book*)寫的歌曲時，他說這其中有許多翻譯錯誤之處。實際上，他打算做出服從的聲明，主張「我的行動……始終都是具有完全獨立性質的純文學活動」，只是沒機會當眾朗讀。但是他的謊撒得很有說服力，在糾正根據事實的錯誤時是如此精密細心，看起來多麼真誠與急切地想要盡力幫助委員會，以至於他以卓越配合的證人身分，獲得政府的公開感謝。[15]其餘被傳喚的作家非常樂見他狡猾地騙過了委員會，無視於他背叛了他們之間拒答問題的協議。所以他依然是左派的英雄，安然回到歐洲，對媒體端出挑釁的姿態：「當他們指控我要竊取帝國大廈時，我覺得該是離開的時候了。」[16]

布萊希特以瑞士為起點，在決定如何安排未來職涯之前，先仔細調查歐洲的情勢。他為自己設計了新的制服，一套剪裁精良的灰色「工裝」，搭配灰色布帽。透過布萊希特的共產黨管道，以及很多消息靈通的朋友，他很快就發現一件對他至關重要的事實，在東德突然冒出頭的蘇維埃傀儡政權，在獲得政治承認上遭遇困難，況且，為了文化尊嚴，它們需要一個文學界要角的參與，協助賦予該政權正統地位。對東德來說，布萊希特正是具備正確的文學與意識型態資歷的人選。一九四八年十月，布萊希特在東柏林進行了一次事先考察，參加了共產黨文化聯盟（CP Kulturbund）為他舉辦的招待會，坐在他兩旁的，一個是後來成為東德總統的威廉・皮克（Wilhelm Pieck），另一個是蘇維埃政治委員圖帕諾夫（Tupanov）上校。在被要求對於大家的致詞給予回應時，布萊希特運用他典型的小花招，保留他的自主權，並給人一種戲劇性的謙虛印象，他只跟兩旁的男士簡單握個手就坐下。三個月後，奢華、用力砸錢的《大膽媽媽》劇作在東柏林開演，結果大獲成功，全西歐的評論家都跑來看了。這終於說服了布萊希特落腳東德，作為他從事戲劇工作的基地。

然而，他的大計畫更加錯綜複雜。他發現奧地利也在尋求戰後的正統地位。奧地利人曾是希特勒最熱切的支持者，設置好幾間集中營（六座大型滅絕營，奧地利就占了四間）。基於戰略上的理由，同盟國發現把奧地利視為一個「被占領的國家」、一個技術上的「納粹侵略受害者」而非敵國，會比較方便，因此在一九四五年後，奧地利便取得中立國地位。從此，持有奧地利護照去哪都很方便，同時，奧地利當局跟東德一樣，急著強調他們的文化貢獻，亟欲重返文明核心的地位，他們也視布萊希特為實用的徵召對象。因此，交易便能達成。布萊希特聲明他想要的是「在一個提供適當氛圍的國家裡，從事知識分子的工作」，他補充道：「容我強調，我只認為自己是一個詩人，不希望為任何明確的政治意識形態服務。我拒絕接受把我遣返德國。」他堅稱他與東柏林的關係只是個幌子：「我在柏林沒有任何官方職務或聘雇關係，根本沒收到薪水……我的打算是以奧地利薩爾茲堡（Salzburg）做為永久的居住地。」[17]以上聲明大部分是謊言，布萊希特根本不打算住在薩爾茲堡，但他拿到了讓他可以通行無阻的奧地利護照，而且相較於東德政府，奧地利也給了他相當程度的自主性。

布萊希特縝密設計的策略，還有第三個要素。他跟東德的協議是，東德以龐大資源提供他一個屬於他的劇團與劇場，換取他身為藝術家對政權的認同。他計算過（事後證明算得很精），投入這樣的資源，剛好能將他的劇作，推上世界級地位。如此一來，他的版權將變得炙手可熱，而他不打算讓東德從中牟利，也不打算讓自己受他們的出版社控制。在一九二二年到一九三三年這十年間，他一直拒絕與德國共產黨的出版合作社往來，寧可選擇十足資本主義、會規規矩矩支付版稅的公司。後來也是如此，他把版權交給了西德出版商彼得・蘇坎普（Peter Suhrkamp）打理，強迫東德必須印上「經美因河畔法蘭克福的蘇坎普出版社授權發行」的字樣，即便是東德為他發行的作品版本也一樣。他在世界各地所有的出版收益與國際演出的版稅，都以強勢的西德貨幣支付，再轉進他開在瑞士的銀行帳戶。

到了一九四九年夏天，多虧了大量的違心之言、兩面交易與公然說謊，布萊希特擁有了他想要的一切：一本奧地利護照、東德政府的金援、一家西德出版商與一個瑞士銀行帳戶。他開始在自己的劇團柏林樂園（Berliner Ensemble）擔任「藝術顧問」，他的妻子海蓮娜．韋格（Helene Weigel）則是主管。第一齣大戲《彭蒂拉先生》（*Mr Puntila*）在一九四九年十一月十二日開演，造船工人大街劇院（Theater am Schiffbauerdamm）也適時移交給他，成為他劇團的永久總部，開演時還貼了一張畢卡索畫的海報。自華格納（Wagner）以來，沒有藝術家像他這樣的作品演出是以這種規格來做準備：他有六十位演員，加上戲服與舞台背景設計師和音樂家，以及十幾名演出的助手，共有兩百五十個員工。一個劇作家所能夢寐以求的奢侈程度，差不多就是他的待遇了，他可以排戲長達五個月，另外，他能夠取消某一晚的演出劇目，只為了繼續排演新劇目——顧客抵達時，只拿到退費。他不必擔心演員人數或演出成本，且能夠按照正式彩排的結果，改寫與改編劇本好幾次，因而達到全世界其他劇作家無法達到的優美程度。還有大筆的出差預算，讓他能在一九五四年帶著整個劇團到巴黎演出《大膽媽媽》跟翌年的《高加索灰闌記》。

這些外出巡演是布萊希特揚名國際的開端。但為了這天，他已經準備了許多年，他使盡渾身解術自我宣傳，擦亮了自己的戲劇，以及他無產階級的形象。他對他的服裝極度講究。鼓勵採訪，但採訪者都被仔細審查過。可以拍照，但布萊希特必須挑選要刊登哪些相片。布萊希特一直都很渴望他的作品被賦予「嚴肅」、甚至扎實的特徵，能夠吸引學界的注意，他精於盤算，知道他們才是作家聲望的長期推廣者。這就是他過去著手發表「創作中的作品」系列的原因，現在這個系列重新啟動，只是規模更大。在美國，他持續寫「工作日誌」，但與其說是日記，不如說是他的作品與藝術構想的流水帳，再以他喜歡稱為「證明文件」的新聞剪報之類的加以裝飾。一九四五年，他開始稱呼這些工作文件為「存檔」，他將存檔全都拍照存成縮影資料，並說服紐約公共圖書館收藏了全套，目的是鼓勵寫博士論文的學生，讓他們要探討布萊希特的作品時更省力。另外有另一套到了哈佛畢業生奈豪斯（Gerhard Nellhaus）手上，他已經在寫這樣的主題，順利成章將在美國成為促進布萊希特形象的狂熱推廣者。布萊希特先前已經擄獲一位美國學術圈的支持者：美國加州大學洛杉磯分校（UCLA）英語系教授艾瑞克·班特利（Eric Bentley），過去他一直在研究詩人史特凡·喬治（Stefan Georg）。一九四三年，布萊希特鼓勵他放棄喬治，專心研究自己。此後，班特利不但與人合譯了《高加索灰闌記》，並安排它在一九四八年在美國上演，成為布萊希特在大西洋另一端的主要先鋒。布萊希特對這些信徒冷酷無情，逼著他們心無旁騖地研究自己的作品，班特利作證：「他並未嘗試對我多加了解。也未邀請我對他了解得更多。」[18]布萊希特知道，提出各種刁難、甚至表現不悅，不會讓這些學術圈的偵探與未來的追隨者氣餒，實際上反而會刺激他們替自己做事的欲望。他對於表現出難搞又危急的樣子很有一套，而且全都以藝術格調為藉口。盧梭也曾發現並利用了這一點，但布萊希特以德意志的效率貫徹到底。

到了一九五〇年代，這些努力在美國收到的成效越來越多。布萊希特在歐洲也勤奮不懈地促進自己的聲望，並鼓勵別人也做相同的事。在東柏林，他驚人的劇場募資實力，吸引了想做導演與設計家的一批年輕人，而他像個普魯士軍士長一樣不斷指使他們——確切來說，他以狂熱與任性多變的權威經營整個劇團——而他們忠實地敬畏他。他的排戲成了劇場盛會，他的信徒會錄音並「存檔」，錄音帶會在倫敦、巴黎等地發行銷售。這些年輕人是將布萊希特的學說傳播到世界各地表演事業的一種工具。[19]同時還有圈外的重要知識分子為他宣傳，在巴黎，羅蘭・巴特（Roland Barthes）在雜誌《大眾劇場》（*Théâtre populaire*）裡為他搖旗吶喊，身為新興流行的符號學（研究人類溝通的各種模式）奠基人之一，巴特把布萊希特奉為完人，是知識分子理想的膜拜人選。在大不列顛，還有一個更具影響力的意見領袖，就是肯恩・泰南，他在一九五〇年代因為班特利而推崇布萊希特，而且從一九五四年起，便是英國報紙《觀察家報》（*Observer*）的戲劇評論家。

要不是與西方戲劇界經濟情況發生的重大改變一致，這些人對布萊希特及其作品的勤奮宣傳或許不會這麼有效。在一九五〇年到一九七五年這二十五年，幾乎歐洲每一個國家，都接受了國家補助劇院的工作方式，這是歷史上從未有過的。這些新的機構是以恢宏的規模構思計畫，賦予充沛的資源，部分資金往往來自私人機構。不像以前的舊制度，國家劇院是以法蘭西喜劇院（Comédie Française）為原型，新劇團的設立多半在政府的控制之外，也為他們的獨立自主感到自豪。光看表面的話，他們與東歐大力贊助的劇院，尤以布萊希特的劇院相似。確實，他們傾向以東歐為楷模，專注於豪華奢侈、一絲不苟地排演劇目。然而，差別在於他們不光是表演經典劇目，還演出重要的國際新劇目，布萊希特作品是此一類別中最重要的。倫敦當然是改革最具革命性的地方——政府補助的戲院很快就取代了商業劇場，成為「優質」劇目的供應者——皇家國家劇院任命泰南為文學經理。從此，整個歐洲乃至後來全世界，觀眾所觀賞的布萊希特劇作，是在大力贊助與理想的環境下演出，經常直接把他為自家戲院制定的標準，直接套用在所有戲院身上。就連華格納都不曾享有這種等級的幸運。

因此，布萊希特的魔鬼交易值回票價，可以說在他有生之年，他就迅速成為世界劇場界中最有權勢的人物。他隨時都為這個魔鬼交易準備好承擔後果，或是盡量用詭計盡可能逃脫。布萊希特從非常早年就不但親自實踐，還崇拜為了自身利益而屈己從人的態度。他的人生觀是招搖撞騙。有句話被視為是他的早期名言之一：「不要忘了藝術是騙人的玩意兒。人生也是。」要生存下去，你得忙著騙自己，謹慎地騙，成功呼嚨過去。他的作品裡有大量這類的勸告，在《夜半鼓聲》裡，懦弱的士兵克拉格勒（Kragler）吹噓說：「我是個下流胚子——而下流胚子才能（從戰場）回家。」他的男主角伽利略在梅迪奇（Medici）面前鞠躬哈腰，說：「你覺得我的信寫得太過奉承？……像我這樣的人要拿到一個勉強算有尊嚴的職位，只能拍他馬屁。而你知道，我鄙視那些不能運用腦袋填飽肚子的人。」布萊希特在台下也反覆重申此一信條。他告訴他十五歲大的兒子史特凡（Stefan），一定要不計任何代價避免貧窮，因為貧窮就會妨礙慷慨。他說，要生存，你得自私。最重要的箴言是「善待自己」。[20]

在此人生觀背後，是在主要知識分子當中常見的一種特質：堅定不移的自私。但是布萊希特是以一套有系統的、冷血無情的方式來追求利己目標，即便以知識分子的標準來看也非常罕見。他接受了關於屈從的可怕邏輯，意思是，如果他向強者鞠躬哈腰，他就能欺壓弱者。終其一生，他對女人的態度都有一種可怕的一致性，他讓這些女人為他的目標做事，成為農家庭院裡的母雞，而他是公雞。他甚至為他的女人們設計了服裝風格，好跟他的風格相襯：長洋裝、深顏色，有點清教徒的樣子。[21]他似乎在十七歲初試啼聲時就已經大有斬獲，誘姦了一個小他兩歲的女孩。年輕時他鎖定工人階級的女孩子：鄉下人、農夫的女兒，美髮師、女店員。後來是女演員，大約二十幾個。沒有劇團經理人比他更肆無忌憚地利用選角場合了，而且他特別樂見那些家教甚嚴、天主教背景的女孩墮落。我不清楚女人為什麼覺得他有魅力，他的演員女友瑪莉安（Marianne Zoff）說他一直都很髒，她得幫他清洗脖子跟耳朵。查爾斯．勞頓的妻子艾莎（Elsa Lanchester）說他的牙齒是「從黑嘴裡伸出墓碑來」。但他的聲音很細，有如笛聲，音色高亢，顯然會吸引某些人。瑪莉安說，當他唱歌時，他那刺耳的金屬聲音，會讓她的背脊顫抖。她也喜歡他「像蜘蛛那麼瘦」以及「深色鈕狀的眼睛」，「會令人感到刺痛」。布萊希特（在早年）是個殷勤體貼的人，很會親吻女人的手，他堅持不懈，尤其是他那些很難滿足的要求——不光是他的母親發現他提出很多要求，難以抗拒，他的女人們也是。

此外，儘管布萊希特冷酷無情，但顯然看重女人甚於男人。他交給她們重責大任，儘管只是為了奴役她們。他喜歡為每一個人取特別的名字，只有他能這樣喊她們，例如「碧」、「三月」、「髒東西」等，他不介意女人們爭風吃醋、口出惡言、抓傷、爭吵，事實上他喜歡這樣。他的目標和雪萊一樣，是經營一個小型的性關係共同體，而他是其中的主人。但他在雪萊失敗的地方通常會成功，無論何時都擁有兩個以上的女人，跟她們三人行或四人行。一九一九年七月，有個年輕女人為他生下一子，她名叫寶拉（Paula Banholzer），綽號「碧」，他用結婚的曖昧承諾吊她胃口。一九二一年二月，他跟瑪莉安（綽號「三月」）交往，也搞大了她的肚子，她想要留下孩子但他拒絕：「孩子會毀了我所有內心的平靜」。這兩個女人發現了彼此的存在，並終於在慕尼黑的咖啡館裡找到布萊希特，然後要他坐下，在她們當中二選一。他回答：「都要。」然後他向碧提議先娶三月，讓她的孩子成為婚生子，然後再跟她離婚娶碧，讓她的兒子也成為婚生子。三月給他一大段怒氣衝天的訓話，然後憤而離開咖啡館。比較膽小的碧可能也想這麼做，但她只有起身離開而已。布萊希特尾隨她，進了她火車上的小客房求婚，獲得首肯。幾週後他確實結婚了——但不是跟碧，而是跟三月。她失去第一個孩子，但在一九二三年三月生下一女，名叫哈娜（Hanne）。沒幾個月，布萊希特便與另一個女演員海蓮娜有染，他在一九二四年九月搬進她的公寓房間，兩個月後，他們的兒子史特凡出生。他逐漸擄獲其他性關係共同體的成員，包括他忠實的祕書伊莉莎白（Elizabeth Hauptmann），還有另一個女演員，是在《三便士歌劇》中飾演波莉（Polly）的可樂娜（Carola Neher）。布萊希特與三月在一九二七年離婚，讓他得以再次走入婚姻。這回他會選誰？他猶豫了兩年，最終選上一直對他很有幫助的海蓮娜。他送了束鮮花彌補可樂娜，說：「幫助不大，但我沒別的意思。」她把那束花砸在他頭上。伊莉莎白自殺未果。這一團混亂以及讓女人們受苦的安排，卻讓布萊希特心安理得。對於這些為他受苦受難的女人，他不曾表現過心緒不寧的跡象，一次都沒有。為了達到目的，她們可以被利用然後被拋棄。

有一個悲慘的個案是瑪格麗特（Margarete Steffin），綽號「髒東西」，是一個業餘女演員。他給了她一個角色，然後在排戲期間誘姦她。她跟著他離鄉背井，成為一個不支薪的祕書。她天資高，通曉數種外語，處理他所有的外國通信（布萊希特除了母語，很難應付其他語言）。她患有結核病，在一九三〇年代離開本國期間病情逐漸惡化。當她的醫師友人隆德（Dr Robert Lund）催促她去醫院時，布萊希特反對：「那不會有什麼幫助的，她不能住院，因為我需要她。」因此她放棄治療，繼續為他工作，一九四一年他要前往加州時，在莫斯科拋棄她。數週後她在那裡驟逝，死時手裡拿著布萊希特發給她的電報，得年三十三歲。

另一個例子是露絲（Ruth Berlau），是他自一九三三年起的外遇對象，她是聰慧的丹麥人，二十七歲，是布萊希特從她傑出的醫師丈夫那裡偷來的。和其他情婦一樣，他交付她很多的祕書與文學工作，確切來說，他非常留心她對自己劇作的評語。這讓海蓮娜十分生氣，她在布萊希特的女人裡最討厭露絲。露絲和布萊希特在美國時大發牢騷：「我是布萊希特的地下太太」、「我是一個一流作家的娼妓」。她的精神失常越來越嚴重，不得不在紐約的貝爾維尤醫院接受治療。布萊希特對此的評論是：「沒有比瘋狂的共產主義者更瘋的了。」出院後她開始酗酒，跟著布萊希特到東柏林，有時順從，有時當眾吵起架來，直到他終於把她趕回丹麥，之後她因為酒精中毒而病倒。露絲熱心又才華洋溢，她這些年所遭遇的痛苦，光想就很難忍受。

海蓮娜是布萊希特的女人中最堅韌，但也最卑躬屈膝的一個，事實上她取代了他母親的位置。布萊希特和馬克思一樣，有剝削人的長期需求，而在海蓮娜身上，他實現了他的剝削傑作，是馬克思的燕妮與小莉娜的合體。在許多方面，海蓮娜都是個有主見的女人，領導有方，組織能力絕佳。從表面來看他們地位平等、實力相當：他叫她「海蓮娜」，她叫他「布萊希特」。但她缺乏身為女人、尤其是性吸引力的自信，而他抓住這個弱點加以利用。她在家跟在劇場都為他做事，在家裡，她帶著熱情活力洗洗擦擦，搜索古董店裡的好物件，認真地做菜，為他的同事、朋友與女人舉辦永無止盡的派對。她使盡渾身解術加大他的職涯利益，當他在一九四九年獲得自己的劇院時，她為他管理：票房、帳單、布景、清潔、打雜與伙食，所有行政事務。但他清楚、甚至殘酷地表明，她只負責管理這棟大樓，而與創意活動無關，強調她被排除在外。如果她要商討劇院業務時，必須寫信跟他預約時間。

在家裡，他們確實有各自的房間，還有專屬的門鈴，這是布萊希特為了不讓她破壞自己玩女人的最大限度——這在他的柏林歲月裡無情而持續地進行，像是與她無關一樣。當時他的權位，提供了與年輕女演員肢體接觸的機會。海蓮娜偶爾會忍不下去而離家出走。但多半時候她堅強不屈，順從和寬容。有時她會給年輕的情婦忠告：布萊希特是個非常愛吃醋的男人，自己濫交，卻期待他的女人們忠貞以對，或起碼要忠於他的指導。他要求掌控，這代表他要知悉一切，如果情婦不陪他，他可以打好幾通電話確認她做了些什麼。到頭來，他像是一頭老雄鹿，得賣力讓他的雌鹿們冷靜下來。

布萊希特一輩子密集地與女人私通，沒有時間分給孩子。他至少有兩名私生子。露絲在一九四四年生下一子，早逝。還有一個大兒子是寶拉生的法蘭克（Frank Banholzer），他長大成人，卻在一九四三年在俄羅斯前線陣亡。布萊希特沒有像馬克思不承認亨利那樣拒絕承認，但他對兒子也不感興趣，幾乎沒見過他，更不曾在日誌裡提起他。不過他的婚生子在他的生活中出場次數也不多。布萊希特不情願花時間在他們身上，陪伴他們。這是知識分子理想主義的尋常故事，理想比人更重要，「人類」又比男人、女人、妻子、子女重要。演員霍莫爾卡（Oscar Homolka）的妻子佛羅倫絲（Florence）在美國結識布萊希特，對他的結論下得很妙：「在他的人類關係中，他是一位人權鬥士，但不關心跟他周遭許多人幸不幸福。」[22]布萊希特自己則是引述列寧的話，說一個人必須對個體殘忍，才能為集體服務。

工作也適用相同道理。布萊希特具有高度原創的表現風格，但他的素材往往不是原創，而是取材自其他作家。他是個有才華的改編者、能滑稽地模仿別人作品，讓其他人的情節與點子大放光彩，使之合乎時代潮流。確實，可能沒有任何作者像他這樣，獲得這麼顯赫的地位，而真正自己寫的東西卻少得可憐。他可能會冷笑地問：有何不可？只要是為無產階級服務，這有什麼要緊。布萊希特被看穿剽竊了阿瑪斯所翻譯的維永作品後，承認他「在處理文學資產方面基本不嚴謹」——這種自我辯護很古怪，因為這個男人後來這麼堅持維護著作權。他一九三二年的《牲畜圍欄的聖女貞德》（*St Joan of the Stockyards*）是詼諧地改編席勒的《奧爾良的姑娘》（*Maid of Orleans*）與蕭伯納的《聖女貞德》（*St Joan*）。《卡拉爾夫人的步槍》（*Señora Carrar's Rifles*）是根據辛格（J.M.Synge）的《騎馬下海的人》（*Riders to the sea*）。《彭蒂拉先生及其男僕馬蒂》（*Herr Puntila und sein Knecht Matti*）涉及剽竊民俗研究學者沃利約基（Hella Wuolojoki），布萊希特到訪芬蘭時曾受她招待，這是典型的忘恩負義。他的《自由與民主》（*Freiheit und Demokratie*）應該大大感激雪萊的《暴政的面具》。他也剽竊吉卜林、剽竊海明威。當波內曼（Ernest Bornemann）請布萊希特留意，他的劇本跟海明威的短篇小說之間令人好奇的雷同程度時——因而戳到了他的痛處——他氣炸了。布萊希特怒吼：「出去—出去—出去！」海蓮娜當時正在廚房作菜，沒聽見開頭的爭吵，不清楚發生了什麼事，但忠心耿耿地加入戰局，衝進房間尖叫：「對啊，去去去！」並像使劍一般揮動她的平底鍋。[23]

布萊希特的「基本疏忽」是除了追隨者，以及因為政黨跟他有瓜葛的人以外，普遍不受其他作家歡迎的理由。法蘭克福學派（Frankfurt School）的學界作家——馬爾庫斯（Marcuse）、霍克海默（Horkheimer）等人——多半鄙視他，視他為「庸俗的馬克思主義者」。社會學家阿多諾（Adorno）說他每天都要花上幾小時，在指縫裡卡上灰塵，好讓他看起來像個工人。在美國，他同時得罪了奧登和伊薛伍德（Christopher Isherwood）。伊薛伍德怨恨布萊希特與海蓮娜一起毀了他最近對佛教信仰的努力，他發現布萊希特殘忍無情，恃強欺弱，他們簡直是一對基督教救世軍（Salvation Army）夫妻。[24]奧登曾與布萊希特合作，稱讚過他的詩，但沒從想過他會是個嚴肅的政治人物（「無法想像」），並發現其人品糟糕透頂，因此形容他「是最不討人喜歡的人」、「令人作嘔」，是少數幾個真正該判處死刑的人——「事實上我可以想像由我親自來執行他的死刑」。[25]德國作家托瑪斯．曼（Thomas Mann）也一樣討厭布萊希特：他是個「忠於黨政策的人」，「非常有才華——何其不幸」，「魔鬼般的人」。布萊希特罵回去，說托瑪斯．曼是「短篇小說作家」、「牧師式的法西斯主義者」（clerico-fascist）、「弱智」、「卑鄙屈節的小人」。[26]

阿多諾和他的朋友會這麼討厭布萊希特，理由之一，是對於他跟「工人們」的一體感憤恨不平，看出這只是詭計。當然阿多諾等人自稱了解「工人們」真正的所求、所感與信念，也同樣毫無根據——他們也同樣過著全然中產階級的生活，就像馬克思自己，從沒遇過做苦工的人。但起碼他們沒打扮成無產階級，穿著由高價裁縫店精心設計的無產者衣服。這是撒謊，某種程度的計畫性詐欺，這讓他們覺得布萊希特令人噁心。例如，有一則他自己傳開的假故事，說他為了赴約而身著「工裝」來到一間昂貴飯店的門口——發生的地點換來換去，有倫敦薩佛伊飯店（Savoy）、巴黎麗思飯店、紐約廣場飯店（Plaza）——結果卻被穿著制服的守衛攔下。以布萊希特跋扈的本性，要是有人阻止他想做的事，他大可表現得像個被激怒的德國貴族地主階級一樣，這個假故事不太可能發生。但布萊希特利用這件事來象徵自己跟資本主義制度的關係。在這個故事的眾多版本中，有一則是他受邀參加一場奢靡的西方招待會，在入口處被擋下來，並要求他填寫一張表格。當他填完後，看門人問：「布萊希特？你是貝托爾特．布萊希特的親戚嗎？」布萊希特回答「是的，我是他兒子」然後離開，邊走邊喃喃自語：「在每個山洞裡，你都可以找到一個威廉二世（Kaiser Wilhelm II）呢。」[27]

布萊希特某些宣傳手法是從卓別林（Charlie Chaplin）身上學來的，他很推崇卓別林，曾經評價他導演做得比他還好。因此，當他搭乘汽車抵達一場正式宴會，守衛為布萊希特打開車門時，他會故意從另一邊下車，讓守衛看起來很蠢，逗得眾人哄堂大笑。巧的是，那汽車還是一部斯泰爾老車。布萊希特大動作地婉謝了另一部東德公務用大型豪華轎車的特權，但是，開那部斯泰爾（包括燃料、備料、維修等）實際上也是一種特權。在當時，與政權毫無瓜葛的人，不可能開私家車。而且斯泰爾對布萊希特來說還多了一項優勢，能當個人宣傳的象徵。

此外，布萊希特的生活方式本質上就有虛偽的成分。除了有一間精美公寓，可以俯瞰他所愛的黑格爾墓地（海蓮娜住在低樓層），布萊希特還在沙米策爾湖（Lake Scharmützel）的布柯（Buckow）購置了高級的鄉間花園住宅。這是政府從一個「資本家」那裡充公來的，布萊希特在夏季時會在參天的老樹林下款待客人。鄉間花園住宅實際上有兩幢房子，一間大一間小，而布萊希特讓大家都知道，他住在所謂的「園丁小屋」。他在城裡的公寓藏有馬克思與恩格斯的肖像畫，是為了展示給到訪的統治官員看的，不過官員們應該察覺不出來，那展示的方式帶有一點「譏諷」，可以引起朋友們的竊笑。

布萊希特急於維護形象，並至少展現出獨立的樣子，這種焦慮無疑是他所做的魔鬼交易而引發的。他將自己的職涯利益與共產主義的生存和擴權緊緊連在一起，因此這理所當然。自一九三〇年以來，這在他的生活中是隱晦的，偶爾才會流露出來。布萊希特在整個一九三〇年代都是史達林主義者，有時還非常狂熱。美國哲學家胡克（Sidney Hook）記錄了一九三五年，在自己曼哈頓巴洛街（Barrow Street）的公寓裡，與布萊希特的一段令人寒心的對話。當時蘇聯的「大清洗」才剛開始，胡克舉了列寧的兩個副手季諾維也夫（Zinoviev）與加米涅夫（Kamenev）為例，問布萊希特怎能忍受與美國共產黨人共事，因為美共一直抨擊這兩人的過失。布萊希特說美國共產黨人不好——德國人也不好——唯一要緊的團體是蘇聯共產黨。胡克說，這全都是同一個政治運動的一部分，會逮捕與關押無辜的前同志。布萊希特：「說到那些人，他們越無辜，就越活該被槍斃。」胡克：「你說什麼？」布萊希特：「他們越無辜，就越活該被槍斃。」（在胡克的描述裡，這段對話是用德語。）胡克：「為什麼？為什麼呢？」他一再重複這個問題，但布萊希特沒有回答。胡克起身，走到另一個房間，拿來了布萊希特的帽子外套。「我回來時，他還坐在椅子上，手上拿著酒杯。當他看見我拿著他的帽子外套，一臉詫異。他把杯子放下，起身，帶著令人作嘔的微笑，拿走他的帽子外套離開。」[28]當胡克首次發表上述說法，受到班特利質疑。是根據胡克的說法，他第一次向班特利提起這件事，是在一九六〇年柏林的文化自由大會上（Congress for Cultural Freedom）。班特利說「這很像布萊希特的作風」——讓人不由得想起拜倫聽說雪萊跟克萊爾所生的私生子時最初的反應。此外，城市大學（City University）的馬克思主義學者派屈特（Henry Pachter）教授作證，說布萊希特「在我在場時，曾說過意思差不多的話」，還補充了當時布萊希特更驚人的說法：「五十年後共產黨人就會忘了史達林，但我想確保他們會繼續讀布萊希特。所以我不能脫黨。」[29]

真相是，布萊希特從未出言反對大清洗，就連清洗對象是他的朋友也一樣。當他的前情婦可樂娜在莫斯科被逮捕時，他的評論是，「如果她被宣判有罪，那肯定是有對她不利的實質證據」，而在她的訴訟案裡，他最多只是補充「人們不會同情，要求一磅的罪剛好要受一磅的處罰」。[30]可樂娜消失了——幾乎可以確定是被史達林殺害了。當另一位朋友特列季亞科夫（Tretiakov）被史達林槍決時，布萊希特寫了首哀悼詩，但多年以後才發表。當時他的公開評論是：「審訊結果絕對很明確，證實有反對政權的活躍集團的存在……所有國內外的社會敗類，所有寄生蟲、職業罪犯、告密者都做了相同的事。這些烏合之眾有共同的（謀反）目標。我相信這就是真相。」[31]

在當時，確實，布萊希特一直經常公開支持史達林的所有政策，包括藝術方面。例如，在一九三八年至一九三九年，他支持對形式主義的抨擊。所謂形式主義，實際的意思是任何形式的藝術實驗或創新。他寫道：「反對形式主義是非常有益的運動，能幫助藝術形式豐饒地發展，這樣的發展須以社會的具體內容為絕對的決定性條件。任何形式上的創新，如果不是為社會內容服務，或是從中取得正當的存在理由，將非常可笑。」[32]當史達林終於過世，布萊希特的評論是：「五大洲被壓迫的人民……聽到史達林過世一定覺得心臟停止跳動。他是他們希望的化身。」[33]他在一九五五年獲頒史達林和平獎時很開心，十六萬盧布的獎金大部分直接進了他的瑞士帳戶，但他去了莫斯科受獎，還要求作家巴斯特納克（Boris Pasternak）為他翻譯得獎感言，顯然沒有意識到自己的地位岌岌可危。巴斯特納克欣然照做，但接著（獎項在後來改了名稱）不理會布萊希特的請求，沒有為他翻譯一串讚美列寧的詩。布萊希特對赫魯雪夫（Khrushchev）的《祕密報告》（*Secret Session Speech*）披露史達林的罪狀感到驚恐，強烈反對公開發表這份報告。他告訴一名追隨者他的理由：「我有一匹馬，牠瘸腿、生疥癬又斜視。有人走過來說：可是這匹馬生疥癬，腿瘸了，而且看看這邊，牠還斜視耶。他說的沒錯，但對我有什麼用？我沒別匹馬了。沒有了。我想，最好盡量少去想牠的缺陷。」[34]

「不去想」是布萊希特一定得採行的方針，從一九四九年起，他實際上算是極端史達林主義者東德政權的戲劇官員。他一開始就有意繼續做下去，還寫了首宮廷詩《致我的同胞們》（*To My Compatriots*）來慶賀威廉．皮克在一九四九年十一月二日，成為東德——新德意志民主共和國的總統。他把詩附在一封寫給皮克的信裡，表達他對這件事的欣喜。整體而言，在排除了御用寫手後，布萊希特是共產黨所有作家中最忠貞不二的。不管政權當前正在推廣什麼國際政策，他都公開表示支持。他強烈抗議西德知識分子默許西德再次武裝，卻對東德類似的作戰準備保持緘默。用自己的過失譴責別人是他的習慣。而那些年來一再重複的主題，是西方知識分子為了錢與特權為資本主義「服務」，當他死時，正在寫一齣處理這個課題的劇本。他提供了大量反西德總理艾德諾（Adenauer）的資料，包括十分荒謬可笑的清唱劇《來自赫倫堡的報告》（*Herrnburger Bericht*），裡面有這樣的小調歌曲：

艾德諾，艾德諾，給我們看看你的手
為了三十枚銀幣，你出賣我們的國家[3]

這部作品為他贏得了東德的國家文學獎一等獎。只要有達官貴人到訪，他一定現身，並發表一套固定不變的談話，譴責西德再次武裝。他簽署了抗議電報，並為政府寫軍歌與其他的詩。

偶爾也會發生爭執，多半是為了錢——例如，他曾為了東德國家電影公司拍攝《大膽媽媽》而吵架。當權者起初以「和平主義」的作品為由，拒絕《戰爭入門讀本》（*Kriegsfibel*），但在布萊希特揚言要把這問題送交共產黨控制的世界和平理事會（World Peace Council）時讓步了。然而，通常屈服的是布萊希特，他一九三九年的劇作《盧庫魯斯的審判》原本是寫給廣播用的反戰諷刺音樂劇，由德劭（Paul Dessau）譜曲，並預計在一九五一年三月十七日於東柏林國家歌劇院首演。政府對事先的宣傳內容感到驚慌，他們斷定這是和平主義的內容，但當時要停止演出已經太遲了。於是演出被減少到剩三場，並把所有的票都發給黨工。不過有些票已經在黑市賣給了西柏林人，而由於他們觀賞之後瘋狂鼓掌，剩下的兩場就取消了。一週後，官方黨報《新德意志報》（*Neues Deutschland*）在《盧庫魯斯的審判》：

3 諷刺艾德諾有如出賣耶穌的猶大，猶大也收了三十枚銀幣。

德意志國家歌劇院的一場失敗實驗》的標題下發動抨擊，砲火集中在德劭的音樂上，他被描述成俄羅斯作曲家史特拉汶斯基（Stravinsky）的信徒，「一個歐洲音樂傳統的狂熱破壞者」，但劇本也被批評「失於與現實不符」。布萊希特與德劭被傳喚出席一場長達八小時的黨會議。最後，布萊希特恭敬地公開發言：「在這世上，哪裡還找得到一個政府，會對藝術家有這麼大的興趣，並如此專注聽他們發言？」他照黨的要求做了修改，並將劇名改成《盧庫魯斯的定罪理由》（*The Condemnation of Lucullus*），德紹也重新譜曲。但是十月十二日的新作還是令人不滿意。德劭說，「這無疑是進步的」卻缺乏大眾吸引力，而且「向象徵主義靠攏，可能會引發危險」。結果受到責難，從此在東德的舞台上消失，但布萊希特還是讓它在西方上演了。[35]

布萊希特魔鬼交易的真正考驗在一九五三年六月到來，當時東德工人發起暴動，蘇聯坦克車進來鎮壓。布萊希特還是忠心耿耿，但是魔鬼交易的價碼也很高。他確實狡猾地利用這場悲劇強化他的地位，並抬高原先多次磋商後達成的協議條件。當史達林在一九五三年三月過世時，布萊希特受到東德當局要求遵守蘇聯藝術政策的壓力越來越大，當時的政策力捧史坦尼斯拉夫斯基（Stanislavsky）的理論，布萊希特不喜歡。《新德意志報》反映了國家美術委員會的觀點——委員會中有布萊希特的死對頭，正在對付他的劇團的活動——

警告說布萊希特的劇團「無疑在反對史坦尼斯拉夫斯基所公開支持的一切」。此外，當時劇團依然共用一家劇院，委員會阻止了布萊希特接管船塢劇院一樣接管該劇院的企圖，布萊希特的目標則是粉碎委員會，霸占劇院。

這場暴動對他而言似乎太過突然，也透露出他的生活與一般民眾已經脫節。他持有大量外幣，經常出國，他和妻子大多在國外購物。在東德，他在只有黨內高官與特權菁英能進去的特殊商店購物。但是平民已經貧困至極，完全受制於政府反覆無常、隨心所欲的定量配給政策，而且光是逃到西柏林的就有六萬人。在四月，物價飆漲，許多人都被取消配給卡，例如自由工作者與房產持有人（布萊希特兩者都是，但因為特權地位與奧地利公民身分而被豁免）。六月十一日，政策突然大轉彎，配給卡恢復使用，物價與薪資政策斷然地往不利工人的方向走。六月十二日，建築工人發現薪資被砍到剩一半，要求舉行群眾大會。抗議在六月十五日如火如荼地展開，而且民怨不斷升溫，直到蘇聯坦克車開了進來。

當時人在鄉間花園住宅的布萊希特，儘管對暴動感到意外，卻還是立刻加以利用。他知道在這個重要關頭，他的支持對政權有多重要。六月十五日，他寫信給黨內領袖格羅提渥（Otto Grotewohl），堅決要求裁決並公布他的劇團樂園接管劇院。該協議是，他不管黨的路線為何，都會支持到底。黨在決定路線上遇到一些困難，直到兩天後，一個失業的西柏林人葛特林格（Willi Gotrling）偷跑到東柏林來領取的失業救濟金，結果被逮捕，祕密受審，被定罪為「西方煽動者」而被槍決了。「法西斯主義者的煽動」因此成為暴亂的解釋，布萊希特也迅速採取黨的路線。當天他便口述寫信給黨領導人烏布利希（Ulbricht）與格羅提渥，還有蘇聯的政治顧問、但實際上是俄羅斯總督的謝米約諾夫（Vladimir Semionov）。六月二十一日，《新德意志報》宣布：「國家獎得主、桂冠詩人布萊希特寄給統一社會黨中央委員會總書記烏布利希一封信，信中寫道：『我感覺此刻需要向社會統一黨表達忠誠，您的布萊希特。』」布萊希特後來宣稱，此信實際包含許多對政府的批評，被引述的那句話前面還有另外兩句：「歷史將向德意志社會統一黨對革命的熱切致敬。大眾對於社會主義建設發展速度的偉大討論，將使社會主義者的成果受到精選與保障。」瑞士通訊記者蘇特（Gody Suter）寫道：「當他著急地要從口袋裡拿出破破爛爛的信件時，是我唯一一次看見他這麼無助，近乎低聲下氣。他顯然拿給很多人看過了。」[36]然而，不管當時或後來，布萊希特都沒試著發表過他完整的信件。而且他手上的應該是抄本，而不是原件。因為如果是他發表了，那政府可能會出示原件。布萊希特很可能會在寄出一封信後，私下抱怨他不是這麼寫的。就算他的說法是真的，他對烏布利希的抱怨也不會太受關注。比起思考布萊希特的支持有什麼細微差異，東德政權的大老們有更重要的事要思索——例如，該怎麼保住腦袋。無論如何，布萊希特不是已經被收買了，也拿到報酬了嗎？何必斟酌、刪改他小小的感謝信？

兩天後，《新德意志報》刊登了他的一封長信，更加殘酷地揭露他的立場。信中確實提到「柏林部分地區的工人，對一系列經濟措施的失敗不滿」，但下面繼續寫道：「有組織的法西斯主義特定分子，為達他們的血腥目的，想要濫用這種不滿。柏林處在第三次世界大戰的邊緣好幾個小時了。只能感謝蘇聯軍隊迅速精準的干預，讓這些企圖攻擊受挫。蘇聯軍隊的干預顯然絕對不是針對工人的示威運動，有絕對的證據顯示這是專門針對發起新一輪大屠殺的企圖。」[37]在一封他寫給西德出版商的信裡，他重複相同說法：那是「一群法西斯主義與販售戰爭的烏合之眾」，由「各種失去社會地位的年輕人」組成，大量湧入東柏林，只有蘇聯軍隊能阻止世界大戰。這是黨最後能仰賴的路線了。但從來沒有「法西斯煽動者」的絲毫證據，布萊希特自己也不信。他的私人日記顯示他知道真相，但當然日記在他生前不會公開。[38]此外，布萊希特討厭他所發現的真相——平庸的德國工人抵制這個政權。他和大部分統治階層的成員一樣，沒遇過工人，除了服務生以及偶爾來修房子的技工。他在他的鄉下住處與一個工作中的水管工對話，水管工抱怨有個因為偷竊被他開除的學徒，現在反而在人民警察那裡，而那裡滿是前納粹成員。水管工表示想要自由選舉，布萊希特對此回答：「那樣的話，當選的會是納粹。」這和水管工的邏輯無關，但這描繪出布萊希特的心思。他不相信德國人民，比起民主，他寧可接受蘇聯的殖民統治。[39]

布萊希特對政權的支持得到了回報，儘管烏布利希花了快一年才履行諾言。在努力打敗國家美術委員會的過程中，布萊希特發現他需要哈里希（Wolfgang Harich）的協助，這位在柏林洪堡大學（Humboldt University）年輕多才的馬克思主義哲學教授，為他提供正確的學說論據，以及幫助他使用專門術語，這是他自己無法呈現的。一九五四年初，委員會終於解散，取而代之的是新的文化部，主事者是布萊希特的密友貝歇爾（Johannes Becher）。三月，布萊希特拿到魔鬼交易的最後一筆報酬，他正式成為他垂涎已久的劇院主人。他調戲哈里希美麗的妻子伊莎特（Isot Kilian）來歡慶勝利，讓她做了他的首席情婦（暫時的），並在新的總部將她從臨時演員晉升為助手職。對於備受打擊的哈里希，他給了挖苦的建議，「現在跟她離婚。兩年後你可以跟她再婚」——暗示到那時他已經跟她玩完了。

到那時，他自己確實快要玩完了。他病了，一路病到一九五四年底，花了一段時間才診斷出是心臟病——他的病史看來很奇怪。他不信任共產黨的醫療，一向都去西柏林的一家診所。一九五六年，他打算要去慕尼黑另一家診所，但終究沒去成。八月十四日，他喪命於冠狀動脈嚴重血栓。他對長期受折磨的海蓮娜耍了最後的花招，他所制定的遺囑，將著作的部分版權留給四個女人：他的老祕書伊莉莎白拿到最有價值的《三便士歌劇》版權，其餘三位是可憐的露絲、伊莎特和他在一九五四年底誘姦的凱特（Käthe Rulicke），和伊莎特情婦的時間重疊。然而，受託將遺囑拿去好好公證的伊莎特，在律師辦公室裡等見證時，因為等得太不耐煩而不在現場，最後遺囑無效。海蓮娜身為唯一合法妻子拿到全部版權，再隨自己的心意分配給其他女人。但布萊希特其他心願都實現了。他曾表示想長眠於灰色鋼質的棺材裡，而且他一死，要馬上以一把鋼製匕首刺穿他的心臟。這些都完成並發布了消息，該新聞對許多認識他的人來說，這暗示：原來他真的有一顆心。

在這一章，我很努力找尋有誰說了布萊希特的好話。但除了他總是賣力工作這個事實外——以及在戰爭期間與戰爭剛結束時，他寄了一批食物給歐洲人民（但這可能是海蓮娜做的）之外，沒人說他好話。他是我研究過唯一一無可取的知識分子。

和大部分知識分子一樣，他喜愛理念勝過人群，他跟任何人關係都不親。他沒有一般定義下的朋友。他享受與人共事，只要他是主事者，但就像班特利提到的，和他共事是一連串的委員會或董事會議。班特利說，他對個體的人們不感興趣，這可能就是他無法創造真實角色，而只有類型的原因了。他利用他們，作為達到目的的代理人。這也同樣適用於他的女人，他不太把她們當成個體來對待，而是床伴、祕書、廚子。可是到頭來，他的目的是什麼？我不清楚布萊希特有無任何實際、堅定的信念。他的法文譯者亞伯拉罕（Pierre Abraham）說，布萊希特在過世前不久曾說，他打算重新出版他的說教劇，寫新的序言，說這些劇目不必嚴肅以對，但要以所有傑出辯證學家都該具備的、運動員做暖身操的那種精神來看待。[40]這些作品在當時肯定是嚴肅演出的，如果它們只是「暖身操」，那布萊希特的哪些作品不是呢？在一九二二年至一九二三年冬季，奧地利劇作家阿諾特．布朗納（Arnolt Bronnen）曾與布萊希特談到人民的需要。布朗納是能真正影響布萊希特的人，曾為了把名字改得「冷酷」或「左派」一點，從阿諾德改成了阿諾特，而布萊希特仿效他。不但放棄了另外兩個基督教的名字尤根（Eugen）與腓特烈（Friedrich），也因為太「保皇主義」而把「貝托爾德」改成「貝托爾特」。然而，當時布朗納極力主張必須改變這個世界，而沒有人應該餓肚子時，布萊希特卻變得很生氣。根據布朗納的說法，布萊希特說：「人家在餓肚子關你什麼事？一個人得出人頭地，揚名立萬，搞一家劇院讓自己的劇本登台上演！」布朗納補充：「他對其他事都沒興趣。」[41]布萊希特喜歡矛盾、曖昧、神祕。他狡猾地隱藏心思，一如他用工裝遮蔽身體。但或許這一回，僅此一次，他說出了真正的想法。

第八章

羅素

不合邏輯也非理性的哲人

Bertrand Russell
1872-1970

「他是本國最有害的怪人之一。」

——尼柯森爵士，英國外交官員

歷史上從沒有知識分子能像第三代羅素伯爵，也就是伯蘭特・羅素（Bertrand Russell）那樣，這麼長期對人類提出建議。他出生於格蘭特將軍（Ulysses S. Grant）再度選上美國總統的那一年，死於水門案發生的前夕。他比小說家普魯斯特（Marcel Proust）和克萊恩（Stephen Crane）小幾個月，比美國總統柯立芝（Calvin Coolidge）和英國漫畫家畢爾彭（Max Beerbohm）大個幾週。但他活得夠久，久到能向一九六八年的學生抗議浪潮致意，久到能欣賞劇作家史塔帕（Stoppard）與品特（Pinter）的作品。這段時間，他持續針對五花八門到令人瞠目結舌的主題，發表忠告、規勸、報告和警語。他的一份著作列表（肯定是不完整的）列出六十八本書，其中第一本《德國社會民主》（*German Social Democracy*）發行於一八九六年，當時維多利亞女王還有五年才過世，羅素的遺作《論分析》（*Essays in Analysis*），是在尼克森總統辭職的一九七三年出版的。在這段期間，他發表的作品主題包涵幾何學、哲學、數學、司法制度、社會重構、政治理念、神祕主義、理則學、布爾什維克主義、中國問題、大腦學、工業、原子入門（這在一九二三年出版，三十六年後他出了一本探論核武的書）、科學、相對論、教育、懷疑主義、婚姻、幸福、倫理、失業、宗教、國際事務、歷史、權力、真理、知識、權威、公民權、道德、傳記、無神論、智慧、未來、裁減軍備、和平、戰爭犯罪等等。[1]這還沒算上報章雜誌大量的文章產出，幾乎囊括所有能想得到的主題，例如「唇膏使用法」、「觀光客的禮節」、「挑雪茄」與「揍老婆」等等。

為什麼羅素覺得自己夠格給別人那麼多忠告？為什麼大家都會聽他的？第一個問題的答案，乍看之下並不明顯，或許他之所以寫了那麼多，最大的理由是因為他發現寫作非常容易，而他拿到的稿酬又那麼豐厚。他的友人馬勒森（Miles Malleson）在一九二〇年代曾經這樣寫他：「每天早晨，羅素會獨自散步一小時，構思當天要寫的內容。然後他便返家，用剩下的晨光來寫作，順利、輕鬆地寫，沒有一處需要修改。」[2]他把這項宜人活動的財務結果記錄在一本小本子上，列出他畢生透過刊登或廣播所收到的稿費。他把小本子在放在外套內袋，在他極少數懶散、喪氣的時刻，便拿出來細細品味，他稱之為「最有益的消遣」。[3]

很明顯地，羅素不是一個人生經驗豐富的人，對大眾的看法或感受也沒有多感興趣。他是孤兒，四歲雙親過世，童年在祖父家度過，他的祖父是第一代約翰．羅素勳爵（Lord John Russell），在改革前的舊下議院，帶領議會通過增加中產階級勢力的《一八三二年改革法案》（Great Reform Bill 1832）。羅素的家族背景是輝格黨望族，但他們卻閉門謝客，不跟平民接觸，甚至不跟紳士階層往來，對激進理念的興趣反覆無常。老伯爵作為英國前首相，享有維多利亞女王欽賜的官邸，官邸位於里奇蒙公園（Richmond Park）的彭布羅克寓所（Pembroke Lodge），羅素便在這裡長大。我始終認為，他那清晰又古老的獨特口音，是直接承自祖父，儘管常被錯誤歸類成「布魯姆斯伯里腔」。然而，童年影響他最大的是祖母，一位品格端方，信仰虔誠的夫人，具有鮮明的清教徒觀點。羅素的雙親不僅是無神論者，還是極端的激進派，曾留下遺言要羅素在英國自由主義哲學家約翰·彌爾的保護下長大。他的祖母完全不同意，把他留在家中，讓他受《聖經》與議會藍皮書的薰陶，以及一連串家庭教師的教導（不過，其中有一位後來證實是無神論者）。這些對羅素來說無關痛癢，因為無論發生什麼事，他還是會走自己的路。到十五歲時，他寫日誌時，已經會用希臘符號來預防想法被窺視：「我已經……深入研究過我所成長的宗教基礎。」[4]他大約在此時變成一個無信仰的人，而且餘生都保持不信教的狀態。大多數人認可且需要某一些「最高存在」的想法，對他毫無吸引力。他相信宇宙一切謎團的答案，可以靠人類大腦找出來，不然就是根本沒答案。

從來不曾有人對智識的力量有這麼強大的信心，儘管羅素傾向於將智識視為抽象、脫離肉身的力量。他對抽象智識的愛，以及他對肉身機制的懷疑（這或許是出自祖母清教徒式的教導），讓羅素成為數學家。沒有任何一門學科比數學更疏離人群了，而他一生對數學最為熱衷。在一支補教軍團的幫助下，他拿到劍橋大學三一學院（Trinity College）的獎學金，並於一八九三年在劍橋大學數學優等考試中獲得甲等第七名[1]。接下來他獲得三一研究所獎學金，之後他和哲學家懷海德（Alfred North Whitehead）一起寫下傑作《數學原理》（*Principia Mathematica*）的初稿，並在舊世紀的最後一天完成。他寫道：「我喜歡數學，因為它沒有人性。」在他的文章《數學研究》（*The Study of Mathematics*）中，他非常開心地說：「數學不但擁有真理，還有無上之美——一種冰冷而簡樸、毫無雕飾的美，就像雕塑之美，並不訴諸我們任何脆弱的人性，而是一種令人讚嘆的純粹、近乎苛求的完美，就像最偉大的藝術所能展現的那樣。」[5]

羅素從不認為平民有能力理解新領域的知識，也不認為應該鼓勵平民去理解。他在數學領域的高水準作品，是以高度專業寫成，沒有一絲一毫是要寫給非專家看的。他主張哲學思辨應該以特殊的語言來處理，而且他力爭不但要保留、還得強化這種幾乎帶有宗教性的神聖符碼，而他是智識的高級祭司，禁止門外漢了解神聖事物。他非常不贊成他的那些哲學系同事們，例如摩爾（G.E. Moore）提倡以一般常見的語言來辯論問題，羅素

1　該考試被認為是世界上最難的數學考試。

堅決認為：「普通常識代表的是野蠻人的形上學。」然而，在他看來，如高級祭司般的知識分子有責任把「厄琉息斯秘密儀式」(Eleusinian Mysteries)留在他們社會階層裡，但也負有另一個職責，即根據他們所保管的知識，拿出一些好消化的智慧果實來款待平民。他因此將專業哲學與大眾道德畫分開來，而且同時致力於這兩者。在專業哲學上，一八九五年至一九一七年，一九一九年至一九二一年，以及一九四四年至一九四九年這三段時間，他都是三一學院的研究員，他還花了很多年在美國多所大學講學。但他人生更多的時間，是在告訴公眾他們該怎麼思考、該有什麼作為，這種智識的傳道，佔據了他漫長的後半生。就像一九二〇與三〇年代的愛因斯坦一樣，羅素成為全世界平民百姓眼中的哲學家典範，電視名人特寫的化身。什麼是哲學？嗯，就是羅素說過的什麼話吧。

羅素是天生的闡述者。他曾在早期著作中解釋他一直很推崇萊布尼茲的作品。[6]他一八四六年高超的概論著作《西洋哲學史》(*A History of Western Philosophy*)，是該類型有史以來最有才智的作品，也自然在全世界暢銷。學術圈的同事批評他，無疑也是嫉妒他的作品受到歡迎，比如維根斯坦(Ludwig Wittgenstein)就覺得他一九三〇年的著作《幸福之路》(*The Conquest of Happiness*)「令人難以忍受」，[7]當他最後一部重要的哲學作品《人類的知識》(*Human Knowledge*)在一九四九年出版時，學術圈的評論家拒絕嚴肅看待，有一位批評家說這本書是

「魔術師唬人的咒語」。[8]但是大眾喜歡一個走進凡塵的哲學家，此外，人們覺得，無論對錯，羅素都對他的信念有勇氣，也準備好為了信念受苦受難。就像愛因斯坦為了躲避納粹的暴政而遠走他鄉，羅素也一再地與許多不同的當權者嚴重意見分歧。

例如在一九一六年，他為反徵兵聯盟（No Conscription Fellowship）寫了張匿名的傳單，抗議就算徵兵法中有「良心條款」[2]，但有某個拒服兵役者卻被送進監獄了。發傳單的人被逮捕、定罪，入獄，羅素投書《泰晤士報》，自首說他就是寫傳單的人。他在倫敦市長官邸接受市長的審訊，並被罰鍰一百英鎊，但他拒付罰款，於是他在三一學院的家具因此被抵押出售。由高級院士組成的菁英管理團體「三一政務會」，緊接著撤銷了他的研究員資格。他們非常嚴肅看待此事，而且大部分地委員看起來都是遵循偉大的思想與最高的原則而做出決定的。[9]但在大眾看來，他這是同一罪遭到兩罰。

一九一八年二月十一日，羅素第二次受審並被判有罪。這回是為一份名叫《公斷》（*Tribunal*）的報紙寫了篇文章，標題為《德國談和的條件》，當中說到：「無論美軍是否被證實能有效抵禦德國，屆時都將占領英格蘭與法國，他們無疑具有威嚇罷工者的能力，這

2 指如果因為良心、道德或宗教信念，不允許某人遵守某一法律，則他可以不遵守。

在美軍的故鄉是慣常的日常工作。」他這番輕率、不實，而且真的很不合理的說法，根據《國土防衛法》（Defence of the Realm Act），他因為「印刷發行的聲明，可能會侵害陛下與美利堅合眾國的關係」遭到起訴，在新倫敦警察局「鮑街」（Bow Street）被定罪，判處六個月徒刑。[10]當他被釋放時，英國外交部拒絕簽發護照給他（至少持續了一段時間），外交部常務次長尼柯森爵士（Sir Arthur Nicolson）在檔案中記下他是「本國最有害的怪人之一」。[11]

羅素在一九三九年至一九四〇年再度官司纏身，當時他被委任為紐約城市大學的大學教授，因為反宗教、不道德的傳聞而惡名昭彰。除了無數反對基督教的文章，他還在會客室表演「無神論者的使徒信條」，當眾以神職人員唱讚美詩的鼻音朗誦：「我們不信上帝。但我們相信人類的最高地位。我們不信死後的生活。但我們相信行善帶來的不朽名聲。」[12]他喜歡向進步派朋友的子女朗誦這段話。當他的紐約新職務被公開時，當地的聖公會與天主教神職人員對此強烈抗議。由於該大學是市立機構，市民可以打官司來反對市政府的任命，有位女士便被勸進這麼做了，她對紐約市提起訴訟，這樣紐約當局擔心自己會輸掉官司。她的律師宣稱羅素的作品「淫蕩、好色、激發性欲、不虔敬、心胸狹隘、不可靠，以及道德淪喪」，法官是愛爾蘭裔的美國人，為這段謾罵又添上不少，裁定羅素作為「一個外國無神論者與自由戀愛的倡導者」，不適合擔綱大學教授這個職位。市長拉瓜迪亞（Fiorello La Guardia）對此裁決拒絕上訴，紐約州的戶籍管理官員公開說羅素應該「受到嚴懲並驅逐出境」。[13]

羅素與當權者最後一次摩擦發生在一九六一年，當時他已高齡八十八歲，他猛烈抨擊、抗議核武，讓自己因為公民不服從的行動被逮捕。二月八日他在倫敦的國防部外頭參加了一場非法「靜坐」，在人行道上坐了好幾個鐘頭，但是沒有任何訴求被接受，他不得不回家。然而，到八月六日，他因為煽動公眾違法，被傳喚須於九月十二日前往鮑街出庭，他在當天被定罪，判處入監服刑一個月，後又裁減為一週（他在監獄的附屬醫院服完刑）。判決宣布時，有人大喊：「無恥，無恥，一個八十八歲的老人家！」但領俸祿的地方執法官只說了：「你已經老到應該明白事理了。」[14]

很難說這些事件是否在實質上提升了大眾對羅素的任何看法，但它們證實了他真誠的行為，以及他願意帶著哲學走出學術的象牙塔，進入平凡世界。大家想起他時，肯定會隱隱約約覺得他是被迫服毒的現代蘇格拉底，或是從雨水桶裡冒出來的狄奧根尼[3]。事實

3 狄奧根尼（Diogenes）是古希臘哲學家，相傳他住在一個木桶裡，所有財產只包括這個木桶、一件斗篷、一支棍子和一個麵包袋。

上，認為羅素「帶著哲學走進日常世界」可說是一種誤解，不如說是他努力把日常世界塞進哲學中，卻發現並不適合，因此這項努力失敗了。愛因斯坦的例子另當別論，因為他是關注宇宙運行的物理學家，決定以對經驗證據最一絲不苟的標準，來描述宇宙的運行方式，藉由校準牛頓的學說，他徹底改變了我們理解宇宙的方式，他的著作受到歷久不衰的應用——的確，他對原子理論的貢獻，是人類製造核子能源之路的第一座劃時代里程碑。

相較之下，沒人比羅素更遠離物理現實，他連最簡單的機械裝置都不會操作，或是連最嬌慣的人不必思考就能執行的例行公事也做不到。他愛喝茶，但不會泡；當他的第三任妻子碧德（Peter）不得不外出時，得在廚房的板子上寫道：「抬起艾西牌（Esse）壁爐的墊子，把水壺放上加熱板。等水煮沸，再把水壺裡的水倒進茶壺。」但他連照著操作都會失敗。[15]年邁後，他耳朵漸漸聾了，因此裝上了助聽器，但若沒人幫忙，他根本不會使用。人類世界也和物理的世界一樣，始終難倒了他。他寫道，第一次世界大戰的到來，迫使他「改變了我對人性的看法……在此之前，我一直以為父母愛自己的子女是很普遍的，但是戰爭說服了我這是罕見的例外。我一直以為大部分人愛錢勝過一切，但我發現他們更喜歡毀滅。我一直以為知識分子熱愛真理，但我再次發現，愛好真理勝過愛好出名的知識分子，不到百分之十。」[16]這段氣話透露出他對一般人在戰爭期間（或者其他任何時候）的情緒有多麼深切的無知，才能發出如此蔑視的評論。在他大部頭的自傳裡，還有許多其他說法，會令一般讀者產生困惑，覺得這麼聰明的人，怎麼會對人性這麼盲目。

怪的是，羅素很會識破——與公開譴責——別人身上這種和他一樣的危險組合：理論上知道，但在實務上卻看不見他人如何感受，也不知道他們想要什麼。一九二〇年，他造訪布爾什維克黨人主政的俄羅斯，並於五月十九日與列寧會面。他發現他是「一個具有形體的理論」，他寫道：「他給我的印象是鄙視平民，是一個知識分子貴族。」羅素看得很透徹，這樣的組合不具有英明統治的能力。確切來說，他補充：「如果我是在不知道他是誰的情況下遇見（列寧），我應該不會認為他是一個偉人，反而會猜他是個堅持己見的教授。」[17]他無法或不願知道的是，他對列寧的描述，某種程度上套用在他身上也是可以。他也是個知識分子貴族，鄙視人民，偶爾憐憫人民。

此外，羅素不光是對一般人的實際行為舉止無知而已，他也缺乏深切的自知之明，他無法從列寧身上反照自己的特質。更嚴重的是，他沒意識到，他自己也流露出一種非理性的情緒化力量，那正是他鄙視一般人的原因之一。羅素的總體看法是，這個世界的不幸，大多能仰賴邏輯、理性與與中庸之道來解決。如果男女皆聽從他們的理性而非情緒，依靠邏輯而非直覺來討論問題，並且行中庸之道來取代極端的過與不及，那麼根本就不會有戰爭，人際關係會和諧，而人類的環境條件便得以穩定進步。這是羅素的看法，身為一個數學家，在純數學當中，沒有無法以邏輯來界定的概念，也沒有無法運用推理解決的問題。他還沒愚蠢到以為人類問題可以像數學的等式那樣解決，但他依然相信，在特定的時間、耐性、方法、中庸之道下，理性能為我們大部分（包括公眾與私人）的困難提供解答。他相信以哲學的超脫精神，可以找到接近理想狀態的方法。最重要的是，他認為，給予理性與邏輯一個正確的框架，那麼大部分人類都能表現得宜。

但麻煩的是，羅素一再表現出來的是，在他自己人生的環境條件中，這些主張都寄託在不穩固的基礎上。在每一個重要的交叉路口，他的看法與行動受到情緒的影響，和受到理性的影響一樣多；而危機當頭時，邏輯更被拋到九霄雲外，當他的利益受到威脅，也無法相信他仍會表現得宜。還有其他缺點，比如在鼓吹他自己的人道理想主義時，羅素認為真理高於一切考量，但在遇到困境時，他傾向於（確切來說是很可能）靠說謊來擺脫。當他的正義感被激起、情緒高漲時，他對正確性的尊重就煙消雲散了，特別是從理論上來說，理性與邏輯的追求者就應該符合理性與邏輯，但羅素自己卻很難達到言行一致。

就讓我們來觀察一下羅素的理念，尤其當這些觀點發展成戰爭與和平的大主題時，他所投入的幹勁，可能比任何事物都還要多。羅素將戰爭視為不理性行為中的極致，他經歷過兩次世界大戰和無數的小戰役，他全都不喜歡，他對戰爭的厭惡絕對是真的。一八九四年，他跟英國散文家史密斯（Logan Pearsall Smith）的妹妹愛麗絲（Alys Whitall）結婚，她是反奴隸制度的貴格派教徒（Quaker），她和善、宗教虔誠的和平主義，為他的堅定與邏輯（在他看來）增添了多樣性。當戰爭在一九一四年爆發，羅素宣布他完全反戰，會盡己所能在大西洋兩岸促進和平，結果這危及他的自由與職涯。然而，造成他鋃鐺入獄的言辭，不是一個和平、理性或中庸的人會說的那種話，他為和平主義辯護的主要哲學論述，是一九一五年的《戰爭倫理學》（*The Ethics of War*），主張戰爭幾乎都沒有正當理由，它本身已具備了足夠了邏輯性。[18]但從那之後，他表達和平主義的方式，即便不能說是好戰，也都帶有強烈的情緒。例如，當英王喬治五世（King George V）在一九一五年許下戰爭時要要戒酒的誓言，羅素馬上拋開在愛麗絲的期望下所信奉的絕對戒酒主義。羅素寫道：「國王的動機是加快屠殺德國人，所以看起來，和平主義與酒精之間肯定有什麼關連。」[19]在美國，他將美國強權視為推動和平的手段，激動地懇求他視為世界救星的威爾森總統（Wilson）「答應支持人類」對抗交戰國。[20]他以救世主之姿，寫了封信給威爾森：「我不得不以堅定的信念，以歐洲的名義為所有國家發聲。為了歐洲，懇求您為我們帶來和平。」

羅素或許痛恨戰爭，但有一些時刻他熱愛暴力。他的和平主義有一點挑釁，甚至好戰。在英國宣戰之後，他寫道：「有好幾週，我感覺要是碰巧遇到英國首相阿斯奎斯（Asquith）或英國外交大臣格雷（Grey），我應該會忍不住殺了他們。」[21]事實上，他後來巧遇阿斯奎斯好幾次。羅素曾從嘉辛頓莊園（Garsington Manor）的泳池裡一絲不掛地起身，發現首相坐在泳池另一頭；但此時他怒火已消，不但沒殺了他，由於阿斯奎斯是優秀的古典學者，兩人還一起討論柏拉圖。左派政治雜誌《新政治家》的優秀編輯馬汀（Kingsley Martin）很了解羅素，我曾在他手底下工作過，他常說他遇過最好戰的人就是和平主義者，並舉羅素為例。羅素的門生T．S．艾略特說過一樣的話：「（羅素）仔細思考任何足以殺人的藉口。」這不是說羅素愛好鬥毆，但在某種程度上，他是一個絕對主義者，相信有全面的解決方案。他不只一次回答過這個概念：這個世界要長治久安，得靠有力的治國之才發起行動。

他第一次出現這個想法，是在第一次世界大戰的尾聲，當時他主張美國應該利用優越武力，強力要求裁減軍備：「在美國，各種種族混合在一起，又相對缺乏國家傳統，所以美國特別適合執行這項任務。」[22]然後，當美國在一九四五年至一九四九年間確定壟斷了核武時，羅素的建議造成了美國驚人的影響力。由於羅素後來嘗試否認、混淆或辯解他在這段期間的觀點，確定時間順序來說明清楚便很重要。就像他的傳記作家朗克拉克（Ronald Clark）已經確定的，他在數年之中，不只一次提倡對俄羅斯發動預防性的戰爭。和大多數左派成員不同，羅素從來沒有被蘇聯政權接納過，[23]他也始終徹底否決馬克思主義。他在一九二〇年的《布爾什維克主義的實踐與理論》（*The Practice and Theory of Bolshevism*）中敘述自己該年造訪俄羅斯的經驗，並大力批評列寧及其作為。羅素視史達林為怪物，並把傳到西方的一些消息，比如強迫集體化、大饑荒、大清洗與集中營的零碎報導視為真相。在這些方面，他不太像典型進步的知識分子。在一九四四至一九四五年間，這些知識分子已經接受蘇聯在大部分東歐地區的統治，但那時羅素並不像他們那樣滿足現況，對羅素而言，這對西方文明是一大浩劫。「我清醒地痛恨蘇聯政權。」他在一九四五年一月十五日寫道，他認為除非透過威脅或運用武力，否則蘇聯會不斷擴張下去。在一九四五年九月一日的一封信件裡，他斷言：「我認為史達林繼承了希特勒那種企圖對世界專政的野心。」[24]因此，當美國首度以核武轟炸日本，他馬上再次挖出自己的看法，認為美國要在世界實施和平與軍備裁減，就得把新武器用來壓制頑強的俄羅斯。對他來說，這是絕無僅有的天賜良機。他開始寫文章發表他的戰略，首先是一九四五年八月十八日於蘇格蘭格拉斯哥（Glasgow），在勞工雜誌《前鋒》（*Forward*）上發表，然後是十月二日在《曼徹斯特衛報》（*Manchester Guardian*）。十月二十日在《騎兵隊》（*Cavalcade*）還有一篇相同主題的文章，標題是「人類的最後機會」，裡面有個值得注意的評論說：「開戰理由並不難找。」

羅素在五年內反覆重申類似的觀點。他在一九四六年七、八月號的《論戰》（*Polemic*）裡闡明觀點，一九四七年十二月三日在皇家帝國協會（Royal Empire Society）的談話，則刊登在一九四八年二月號的《聯合帝國》（*United Empire*）上，一九四八年一月號《新公益》（*New Commonwealth*）刊登的是一九四七年十二月九日在英國皇家國防研究學院（Imperial Defence College）講學的內容。他在許多不同場合都說過重覆的話，在西敏公學（Westminster School）的學生大會上演講內容，刊登在一九四九年一月號的《十九世紀與之後》（*Nineteenth Century and After*），然後在一九五〇年三月號的《全球視野》（*World Horizon*），文章也是相同內容。他毫不隱諱，在皇家帝國協會的談話是提議結盟——這勾勒出北大西洋公約組織（NATO）的輪廓——然後是如何宰制俄羅斯：「我傾向於認為俄羅斯會默許，若是沒有，這個結盟很快就會大功告成，世界或許會在這勝利的戰爭中倖存，並出現一個世界所需要的單一政府。」他在一九四八年五月寫信給一位美國軍備裁減專家馬賽博士（Dr Walter Marseille）：「如果俄羅斯侵擾西歐，破壞將萬劫不復。所有受過教育的人口，都將被送去西伯利亞東北部或是白海沿岸的勞改營，大部分的人會死於困苦，活下來的也會過得像牲畜。要是使用原子彈的話，必然將會先在西歐投下，因為俄羅斯太遠了飛彈到不了。而俄羅斯人就算沒有原子彈，也有能力摧毀英格蘭所有的大城市……我毫不懷疑美國終將勝利，但除非西歐能不受侵略，否則將會喪失幾百年累積的文明。但即便要付出這樣的代價，戰爭還是值得的。必須徹底消滅共產黨，必須建立世界政府。」[25]羅素不斷強調非快不可：「俄羅斯人遲早會擁有原子彈，一旦他們也有，就更難對付了。每件事都要用最快的速度加快進行。」[26]即便俄羅斯已經爆破了一枚原子彈，他還是繼續彈他的老調，強烈主張西方必須發展氫彈。「以現在的世界趨勢，我不認為限制原子衝突的協議除了危害還有什麼用處，因為每一方都認為另一方會規避協議。」然後，他以堅不退讓的形式提出「死亡都比赤化好」的主張：「如果發生下一場戰爭，那將是降臨在人類身上最慘烈的戰爭。我唯一想到的更慘烈的災難是：克里姆林宮的權力擴張到全世界。」[27]

羅素倡導的「預防性戰爭」概念廣為人知，並在這些年間受到廣泛討論。一九四八年在阿姆斯特丹舉行的國際哲學大會，他被蘇聯代表團團員阿諾斯特．柯爾曼（Arnost Kolman）猛烈攻擊，他以相同的粗暴方式回擊：「回去告訴你克里姆林宮的主子，他們得派出更能幹的手下，才能完成他們宣傳與騙人的政黨綱領。」[28]遲至一九五三年九月二十七日，他還在向《紐約時報》雜誌（*New York Times Magazine*）投書：「雖然一場新的世界大戰非常可怕，但對我來說，還是好過一個世界共產帝國。」

然而，大約就在此時，羅素的看法突然徹底改變。就在隔月，一九五三年十月，他在《國家》（*Nation*）雜誌中否認他曾經「支持對俄羅斯發動預防性的戰爭」。他寫道：「這整件事都是共產黨人編派的。」[29]據一位朋友記載，有好一陣子，只要有人拿出他的戰後觀點給他看，他就宣稱：「不可能。那是共產黨記者杜撰的。」[30]一九五九年三月，他接受了英國廣播公司（BBC）的電視訪問，在弗里曼（John Freeman）知名的「面對面」（Face to Face）節目裡，羅素改變了風向。美國的軍備裁減專家們寄來了羅素之前說法的篇章與詩文，讓他再也抵賴不了，所以他告訴質疑他預防性戰爭路線的弗里曼：「這全是事實，而且我並不後悔。這跟我現在的想法完全一致。」[31]隨後，他投書給英國廣播公司的週刊《傾聽者》（*The Listener*）說：「事實上，要不是一九五八年柯伯格（Alfred Kohlberg）先生與馬賽博士，帶來我在一九四七年的評論文章裡說過的話，我根本就忘了我曾想出一個這麼挑起戰端的威嚇政策。我讀到時瞠目結舌。我無可推託。」[32]在他一九六八年的自傳第三卷，他大膽地進一步解釋：「……我當時給出建議，是無意間給的，沒有真的希望它被採用，因此早就忘了。」他補充：「我是在私人信件裡提到的，然後在一場演說中又提到，不知道媒體會當一回事詳細研究。」[33]但是克拉克的調查顯示，羅素在許多文章與演說中，一再地為預防性戰爭據理力爭，而且歷時多年。很難相信他會對堅持這麼久、又公開表明的觀點，忘得一乾二淨。

當羅素告訴主持人弗里曼，他一九五〇年代晚期的核武觀點，與他戰後的觀點一致，都是支持預防性戰爭時，他是在以另一種曲解事實的方式，讓他人輕信。確實，大部分人會說他在胡扯，但這當中有某種一致性：極端主義的一致性。羅素提出的預防性戰爭與「死亡都比赤化好」，都是運用無情與不顧人道的「邏輯」，將辯證的理智推向極端的例子。這確實是羅素的弱點。他的邏輯指令伴隨的是謬誤的價值觀，以此指點人類該如何處理事務，認可這種邏輯觀點甚至比普通的本能欲望更重要。

從那時起，即一九五〇年代中期以後，羅素決定核武本質上是邪惡的，任何情況下都不該使用，他改弦易轍——但同樣極端，轉而追隨哭號的報喪女妖邏輯[4]。一九五四年，他在一個關於「比基尼環礁核武試驗」（Bikini Atoll tests）的廣播節目中，首度宣布他反對核武，說這是「人類危機」。緊接而來的多場國際會議與宣言，羅素的路線越來越堅定，他

4 愛爾蘭傳說中預報死訊的女妖。

支持不惜一切代價，全面廢除核武。一九五七年十一月二十三日，他在《新政治家》（*New Statesman*）發表《給艾森豪與赫魯雪夫的公開信》（*An Open Letter to Eisenhower and Khrushchev*）提出他的論據。[34] 隔月，當我仔細搜查報紙的來函欄位，我驚愕地發現一篇冗長的譯文，附上赫魯雪夫的俄文簽名，這是蘇聯領導人親自回覆羅素。內容當然主要是為蘇聯宣傳，說他們憑藉常規軍的龐大優勢，一直都準備好接受廢除核武的協議（儘管無人指示）。這封信刊登時造成大轟動，後來，美國這一方勉強傳了回覆，確實來說不是由總統本人，而是由他的國務卿杜勒斯（John Foster Dulles）回覆的。[35] 羅素很開心得到這麼顯赫的回信。他的另一個弱點：虛榮心，被激發了，而他的判斷力（始終都不是他的強項）則被意外擊敗了。赫魯雪夫的回信大體上與他產生共鳴，這不但驅使他的立場轉向極端反美，還促使他把廢止核武變成生活重心。他的托爾斯泰式的嚮往開始顯現。

隔年，即一九五八年，羅素被選為「核裁減運動」的主席，這是由聖保羅大教堂的柯林斯牧師（Canon John Collins of St Paul's）與小說家普瑞斯特利（J. B. Priestley）等人構思成立的溫和組織，目的是盡力爭取英國反對核武的輿論。它組織和平示威，特別重視恪守法規，在創立初期就表現亮眼而且卓有成效。然而，羅素的極端主義跡象不會輕易隱藏起來。克勞歇－威廉斯（Rupert Crawshay-Williams）的日記中對羅素的詳細描述，是這幾年當中最清楚的，在一九五八年七月二十四日，他記錄了羅素跟斯特拉奇（John Strachey）之間華麗的交火。斯特拉奇曾是共產黨員，後來成為右翼工黨黨員，在戰後艾德禮（Clement Attlee）政府裡擔任國防大臣。儘管大家都知道他支持核武威懾理論，但在一九五八年他早已卸任，不具任何實權。當羅素聽說克勞歇－威廉斯夫婦與斯特拉奇住在一起，他探聽斯特拉奇對氫彈的看法，並以為這些看法，克勞歇－威廉斯夫婦也支持：

他的手一邊對著椅子猛打，一邊說：「你們和斯特拉奇——都是殺人兇手俱樂部的一員。」他解釋，殺人兇手俱樂部的成員不會真的在意平民百姓過得怎樣，因為他們身為統治者，多少覺得自己能逃過一劫，當然，是因為特權。羅素說：「他們打造私人的防空避難室，確保自己的安全。」

羅素在被問到他是否真的認為斯特拉奇有私人的防空避難室時，大吼：「有，他當然有。」兩週後，他們進一步討論氫彈，這次「開頭很平和」，然後突然，「意外地，羅素以暴怒的聲音說：『下回看到你的朋友斯特拉奇，告訴他我無法理解他為何希望埃及的納塞（Nasser）擁有氫彈。』……他很篤定像斯特拉奇這樣的人真的會危害世界，覺得自己理直氣壯。」[36]

一九六〇年時，羅素他公開表達這種逐漸高升的憤怒，伴隨著對客觀事實的漠不關心，以及將看法不同的人都歸類為動機卑鄙的邪惡之流。當時羅素與核裁減運動決裂，成立了自己能直接行動的小派系，稱為百人委員會（Committee of One Hundred），投身於公民不服從。這個團體最初的聯名者包括許多重要知識分子、藝術家與作家——康普頓・麥肯齊（Compton Mackenzie）、約翰・布萊恩（John Braine）、約翰・奧斯本（John Osborne）、阿諾・韋斯克（Arnold Wesker）、雷格・巴特勒（Reg Butler）、奧古斯特・約翰（Augustus John）、賀伯特・瑞德（Herbert Read）、多麗斯・萊辛（Doris Lessing）——當中有許多人絕對不是極端主義者。但這個團體很快就失控了。歷史顯示，所有和平主義者的運動到了某個程度，激進的分子就會因為缺乏進展，因而訴諸公民不服從與暴力行為而導致運動受挫，而到這個階段，也就代表大批民眾追隨的階段結束了。百人委員會與隨後核裁減運動的衰變，是此一過程的典型例子。羅素的行為只是加速了無論如何都可能會發生的一切，而這要歸咎於當時羅素的新祕書蕭恩曼（Ralph Schoenman）對他的影響。我將會扼要地檢視蕭恩曼跟他的關係，但這裡值得觀察的是，羅素的一言一行，在核裁減運動危機中，全程都很經典。那些導致他辭去主席職務的會議，變得越來越令人不快，羅素歸咎於柯林斯動機卑鄙，指控他說謊，並堅持要對不公開的議程錄音取證。[37]

確實，羅素一掙脫柯林斯及其友人的阻撓，極端主義就完全接管了他的大腦，而他的公開聲明也變得非常荒謬，除了他最狂熱的擁護者以外，他排斥所有人，這些說法跟他過去（脾氣較平和）所知的說服的基本規則是互相矛盾的。他在一九五八年一篇論伏爾泰的文章中寫道：「不該對任何意見表現激動。沒有人會激動地贊同七乘八等於五十六，因為大家知道本來就是這樣。只有在認可一個可疑或明確的錯誤時，才需要熱切主張。」[38]但從一九六〇年開始，許多羅素的言論不光激動，還很駭人，而且經常是在面對意見不同的人時，被刺激到義憤填膺脫口而出的。例如一九六一年四月在伯明罕的一場演講，他準備的講稿上寫著：「純就統計而論，英國首相麥克米倫（Macmillan）與美國總統甘迺迪的邪惡程度，大約是希特勒的五十倍。」這話說得很重，因為（不說別的）是拿歷史事實跟對未來的推估來相比。但是有錄音證明，羅素演講中實際上說的是：「過去，當希特勒想要殺死所有猶太人，我們覺得他邪惡。但甘迺迪跟麥克米倫不光是想要殺死猶太人而已，還有剩下的我們全部。他們比希特勒邪惡多了。」他補充道：「我不會曲意順從企圖對全人類大屠殺的政府……他們是人類史上最邪惡的人。」[39]

要先承認羅素的前提，他的指控才是合邏輯的，但甚至連邏輯也是選擇性地採用。有時羅素設想所有擁有核武的強權國家，都一樣犯了圖謀大屠殺的罪，這包括俄羅斯。例如在一封一九六一年、地址是「來自布里克斯頓監獄」的公開信，他主張：「甘迺迪與赫魯雪夫，艾德諾與戴高樂，麥克米倫與蓋茲克（Gaitskell），都追求一個共同目標：終結人類的生命……為了討好這些人，所有的私人感情、所有的公眾期盼……都被永遠地徹底摧毀了。」[40]不過，通常他的砲火集中在西方，尤其是英國，以及最重要的美國。

這表示他忘了，他曾非常厭惡蘇聯政權，包括俄羅斯與俄羅斯人。二戰剛結束時，他很快就一再重申蘇聯跟納粹一樣惡劣，甚至更惡劣。克勞歇－威廉斯記錄了他的一些嚴詞譴責：「所有俄羅斯人都是東方野蠻人」、「所有俄羅斯人都是帝國主義者。」他有一次甚至說，所有俄羅斯人都「逢迎諂媚地背叛他們的朋友」。[41]但是從一九五〇年代晚期之後，他腦海裡的反俄情緒被驅散，取而代之的是越來越熱烈的反美情緒。這種情結深埋在他心裡，且之前就已經顯露過，受老派的英式驕傲與愛國主義激發，是上流社會對暴發戶與生意人的那種鄙視，以及對世界最大資本主義國家如此自由進步的嫌惡。他激進的雙親屬於將美國聯想到民主進步的世代，一八六七年曾長期訪問美國，因為，就像羅素所記錄的，「那些希望改變世界的年輕人，都想去美國找出他們是怎麼辦到的」。他補充：「但，當看見這些男男女女，會贊同他們對民主的熱情，欽佩他們成功推翻奴隸制度，卻無法想像他們會是殺了薩柯（Sacco）與范澤提（Vanzetti）的祖父母輩[5]。」[42]他自己多次造訪美國，旅居多年，主要是為了賺錢：「我手頭極度拮据，要靠美國重建我的財務。」這寫於一九一三年，而這句話像老調重彈一再出現。他始終批判美國人——在他一八九六年首度造訪美國時，便說他們是「除了做生意之外，對一切難以形容的懶散」[43]——但在美國對世界的影響方面，他的看法卻搖擺不定。在第一次世界大戰期間，如我們所見，他視威爾森執政的美國是世界救星。期待落空之後，他在一九二〇年代改弦易轍，變得極度反美。他認為（他當時所支持的）社會主義不可能在歐洲實施，「除非美國變成社會主義國家，或至少願意保持中立」。[44]他譴責美國「緩慢地摧毀中國文明」，預言美國除非接受集體主義，否則民主將會崩潰。呼籲「全世界起來反抗」美國「資本主義者的擴張主義」，並主張除非「美國對資本主義的信仰受到撼動」，否則將會發生「文明的徹底崩潰」。[45]

二十年後，在第二次大戰期間及戰後，他支持美國的軍事政策，但隨之而來的是對美國政治越來越反感。一九五〇年底訪美歸國後，他寫信給克勞歇—威廉斯：「美國令人討

5 這兩人為義大利裔無政府主義者，遭美國政府判處死刑，此案曾引起世界公憤，輿論認為判決是出於政治偏見。

厭——共和黨人邪惡又愚蠢，這能說的可多了。我告訴每個人，我發覺研究一個警察國家的氛圍很有意思……我認為第三次世界大戰將於明年五月爆發。」[46]他跟作家蒙格瑞奇（Malcolm Muggeridge）打賭，約瑟夫．麥卡錫（Joseph McCarthy）將選上美國總統，並在麥卡錫過世後總算付清這筆賭債。當羅素開始支持氫彈時，他的反美變得毫無道理，雖然直到他過世都保持這樣的態度。他對於甘迺迪的遇刺，想出一個幼稚的陰謀論，然後，在厭倦了氫彈議題後（和托爾斯泰一樣，羅素的專注力很短暫），他轉向越南，並發動了一場全世界的運動，詆毀美國在越南行為。

根據其祕書蕭恩曼所提供的資料，羅素很容易成為過度造假的犧牲品。半個世紀以前，他公開譴責協約國煽動德國在比利時的暴行來發動戰爭，在其一九一六年的著作《戰時的正義》（*Justice in Wartime*）中，他把人罵得狗血淋頭，卻被揭穿許多說法沒有事實根據。一九六〇年代，羅素利用自己的名望，企圖使大家相信來自越南的不實謠言，而目的只是為了煽動對美國的仇恨，儘管這些傳言聽起來不太像真的。此一手段的最高潮，是他組織「戰犯法庭」（一九六六年至一九六七年），最終在斯德哥爾摩宣判對美國的判決。為了宣傳此一行動，他很快便招募了可聯繫上的知識分子，例如多伊徹（Isaac Deutscher）、沙特、西蒙．波娃（Simone de Beauvoir）、南斯拉夫作家戴迪耶（Vladimir Dedijer）、一位墨西哥前總統，以及一位菲律賓的桂冠詩人。但就連裝個正義或公平的樣子都沒有，因為羅素本人說了，他開庭是為了審判「犯罪的總統詹森（Johnson）、國務卿盧斯克（Rust）、國防部長麥納馬拉（McNamara）、駐越南大使洛奇（Lodge）和追隨他們的罪犯」。[47]

身為一個哲學家，羅素不斷主張措辭必須謹慎精準。而身為人類的指導者，他在他的自傳裡坦言，「以令人反感的方式描述令人難以忍受的事物，讓別人去分攤自己的怒火」。[48]這個奇怪的招供，竟來自一個將專業奉獻給冷靜分析問題，在理性的旗杆上繫上自己旗幟的人。此外，他激怒他人的嘗試，只對那些他的怒氣沒有價值、或是不管怎樣都會發火的人有效。當羅素一九五一年說，在美國「沒人敢在發表政治評論之前，不先看看門後有沒有人在偷聽」，沒有明理的人會相信他說的話。[49]一九六二年古巴飛彈危機期間，他在廣播中說：「看來可能一週內，你們就會為了取悅美國狂人而死。」他這樣說害到的是他自己，不是甘迺迪總統；[50]當他說越南的美軍「跟納粹一樣差勁」，他的支持者越來越少。[51]

真的必須要說，羅素一生給人印象最深刻的，是持續不停的爭論，而不是一位格言家。他的名言錄，讀起來未必勝過托爾斯泰，「所謂紳士是指其祖父年收入不超過一千英鎊的人」、「在非洲，民主政體絕對行不通」、「小孩必須送去寄宿學校，讓他們遠離母愛」。

他形容美國的母親們「其過失是天生失能，其情感的泉源似乎已經枯竭」，還有「幾乎很難從女人身上學到對生活的科學態度」。[52]

上面的最後一句評論提醒了我們，儘管羅素生命的最後數十年中，他幾乎只與政治聲明聯繫在一起，但他曾經因為談論兩次大戰相關之事而變得更加聲名狼藉，諸如「試婚」、自由戀愛、離婚制度改革與男女同校等等。至少在理論上，他是支持婦權倡議者所闡述的信條的，他要求婦女在婚姻內外都一樣平等，並將她們描繪成過時的道德體系下的受害者，這種道德體系沒有真實的倫理基礎。性解放應該受到欣賞，他嚴厲批評過去傳統被視為「婦德」的禁忌與犧牲；[53]他對女人、社交生活、孩童與人際關係的看法，有許多附和雪萊之處。他的確特別熱愛雪萊，宣稱雪萊的詩把他對人生的態度表達得最淋漓痛快。他在威爾斯的落腳處，是雪萊在一八一二年至一八一三年時，嘗試在當地建立社區之處，他位於波斯馬多格（Portmadoc）海口的寓所彭林城堡（Pias Penrhyn），跟雪萊友人梅鐸斯（Maddox）的房子，是出於同一位建築師的作品。

然而，和雪萊一樣，他對女人的實際舉止，跟理論上的原則並不始終一致。他第一個太太愛麗絲，是個有教養、忠誠、心胸寬厚的美國貴格派教徒，但就像雪萊的海莉兒一樣，因為丈夫越來越放蕩而受苦。就如我們前面提到的，羅素在年齡二十歲開頭以前家教甚嚴，對性也拘謹保守。確實，在一九〇〇年，當羅素的哥哥、身為第二代伯爵的法蘭克（Frank）離開妻子，隨隨便便離婚又再婚的時候，他就拒絕承認新嫂嫂，然後建議法蘭克，用餐時不要讓她上桌（法蘭克後來在上議院的法庭被控重婚罪）。但隨著羅素年紀漸長，他變得像雨果一樣，更好色也更傾向於不遵守社會規則，除非他發現遵守規則對他來說比較省事。

愛麗絲正式被拋棄，是在十六年後的一九一一年三月十九日，那一天羅素到貝德福廣場四十四號，造訪活潑的布魯姆斯伯里（Bloomsbury）交際花奧特琳．莫雷爾夫人（Lady Ottoline Morrell）。他意外發現她丈夫菲利普不在，便和她發生了關係。在他的說法裡，他說那一夜與她並未「正式定下關係」，但已決意要「離開愛麗絲，並讓奧特琳離開菲利普」。莫雷爾太太或許「對此事毫不在意」，羅素卻很篤定她丈夫「會殺了我們倆」，但他「願意為那一夜春宵付出代價」。羅素馬上把消息告訴愛麗絲，她暴怒，要求離婚，並把奧特琳牽扯進來。經過一番爭執後，羅素「堅決地」說，如果她真的做了她揚言要做的事，「我應該自殺來阻止她。」隨即，「她的怒火變得難以忍受。在她發飆幾小時後，我給她姪女講了一堂洛克的哲學」。[54]

羅素自私的說法與愛麗絲的實際行為不符，她始終以了不起的自制、中庸與真心的愛慕待他，同意離家去跟她的兄弟同住，好讓他能跟奧特琳繼續婚外情（她丈夫默許，並提出需遵守的公開禮節），並拖到一九二〇年五月才離婚。之後，她還是繼續愛著他。當三一學院撤銷他的院士資格，她寫道：「我存了一百英鎊投資英國國庫券，但如果可以，我寧願給你，因為我擔心這些迫害將嚴重妨礙你的收入。」[55]見他鋃鐺入獄，她說：「我每天都懷抱著最大的悔恨想著你，幾乎每晚都夢見你。」[56]羅素沒有再見她，直到一九五〇年。

跟愛麗絲的離異牽涉到大量的謊言、詭計與偽善。有一次羅素密會奧特琳時，為了不被認出來而剃了八字鬍。羅素的朋友們發現之後很震驚，因為他過去一直強調要開誠布公。這件事是他人生性混亂淆時期的開端，事後證明奧特琳．莫雷爾夫人無法滿足他，根據他的說法，「我罹患齒槽膿溢，雖然我不知道這是什麼病，但這個病導致我的氣息變得惹人厭，這我也不知道。她也不敢向我提起」。[57]因此他們的感情淡了。在一九一三年，他在阿爾卑斯山邂逅了一位「精神分析師的太太」，並「希望能與她做愛，但我想應該先解釋一下奧特琳的事」。這女人在聽到他已有情婦時就沒那麼熱衷了，羅素卻「判斷總有一天可以忽視她的妨礙」。羅素「再也沒見過她」。

然後是在一九一四年在芝加哥，羅素跟一個年輕女孩發生有損名譽的事。海倫（Helen Dudley）是知名婦科專家的女兒，家中四姐妹之一，當時羅素去那裡講學。根據羅素的說法，

「我在她父母的屋簷下度過兩晚，第二晚我睡了她。要是她的父母要過來，她的三姐妹會幫忙把風，提醒我們。」羅素的安排是她應該在那個夏天前往英格蘭，與他公開同居，等待離婚。他寫信給奧特琳，告知這個情況；但此時奧特琳聽說他的口臭已經治好，希望能重溫舊情。無論如何，一九一四年八月，海倫抵達倫敦，當時已經宣戰，而羅素決定反戰，「我不想因為私人醜聞，讓我的立場變得複雜，這可能會讓我不管說什麼都無足輕重」。所以他告訴海倫，他們的小計畫泡湯了，而且儘管「我不時與她發生關係」，但是戰爭「扼殺了我對她的熱情，我傷了她的心」。他斷定：「她罹患一種罕見疾病，這種病先是癱瘓了她，然後讓她精神錯亂。」關於海倫要說的就這些了。

同一時間，羅素確實讓自己的立場變得複雜，他擄獲了另一個情婦，康詩坦絲・馬勒森夫人（Lady Constance Malleson）。她是社交名媛，演戲的藝名是珂莉特（Colette O'Neil）。兩人在一九一六年相遇，第一次對彼此表白時「沒有上床」，因為他們有「有好多話要說」。這兩人都是和平主義者，他們第一次做愛時，「我們聽到街上突然有人聲嘶力竭地大聲歡呼。我馬上跳下床，看見一艘齊柏林飛船著火了。認為那個男人將痛苦而死，這才是街上有人歡呼的原因。珂莉特的愛在當時對我而言是避難所，不是逃避殘酷的行為本身，殘酷是躲不掉的，而是逃避去認識人是什麼，這種認識令人痛苦難當」。[58]

巧的是，羅素很快就忘卻痛苦，接下來幾年對待康詩坦絲一直都很殘酷。她知足地與奧特琳共享羅素，這兩個女人在他服刑期間每隔一週輪流去探監。在康詩坦絲的理解裡，奧特琳更喜歡繼續留在現任丈夫身邊，所以要是羅素真離成婚，她就能擁有羅素。基於此，她提供了讓羅素得以在一九二〇年五月拿到離婚判決令的「證據」。然而，羅素卻迷上一個年輕許多的女人，一個解放的女性主義者，名叫朵拉（Dora Black），還把她肚子搞大了。她不贊同婚姻制度，所以沒有結婚的欲望，但羅素不希望進一步讓「立場變得更複雜」，堅持結婚，在離婚判決令完全生效後舉行了儀式，此時在孩子出生前「還有六週空檔」。因此，康詩坦絲被拋棄，而朵拉則被迫進入她所謂的「恥辱且丟臉的婚姻」。[59]

如今羅素五十歲了，被朵拉小精靈般的魅力迷得神魂顛倒，喜歡「沉浸在月光之中或赤足在露溼的草地上奔跑」。而她這一方，興味盎然地聽羅素提起一個軍國主義者在他房子上胡亂寫上「他媽的主和派瘋子住在這裡」，而且「每一個字」都寫對。[60]實際上不是人人都吃羅素這套。他現在養成一種刺耳的格格大笑，T・S・艾略特（他在劍橋的學生）說就像「一種綠色啄木鳥」，桑塔耶納（George Santayana）則覺得更像鬣狗。他穿著深色的舊式三件式西裝，很少替換（他很少同時擁有一套以上），舊時男用鞋罩與挺直的衣領，很像跟他同時代的柯立芝。在他的第二段婚姻期間，英國社會學家碧翠絲・韋伯（Beatrice

Webb）在她的日記裡記錄他是個「散發霉臭味、有病又憤世嫉俗的大人物，未老先衰。」但朵拉喜歡他那「濃密但好看的灰髮……在風中飛揚的樣子，又大又挺的鼻子和特別小的下巴，修長且翹的上唇」。她提到他「粗短的腿向外彎」，讓他看起來和《愛麗絲夢遊仙境》裡的「瘋帽子」一模一樣」。[61]她想要——要命的想要——「保護他免受他自己超脫名利的行為傷害」。

他們生了兩個小孩，約翰與凱特，並於一九二七年在彼德斯菲爾德（Petersfield）附近的明燈山（Beacon Hill）創辦了一間先進的學校。他告訴《紐約時報》，學校的理想是「大約十個家庭的合作團體」，應該「集中」小孩並「輪流照顧他們」；每天應該會以「適當的均衡，上兩小時課程」，其餘時間則應該花在「在戶外奔跑」。[62]明燈山是落實此一理論的嘗試。但事後證明這所學校成本高昂，羅素不得不為了支付學校帳單去賺稿費；此外，和托爾斯泰一樣，他很快就對校務的日常工作厭倦，丟下學校讓朵拉自己經營，她對自己的革新觀點有比較強烈的責任感。

他們也會為性事爭吵。韋伯太太曾預言羅素的婚姻必定會失敗，因為對象是個「個性浮躁、崇尚物質的女孩，他不會也不可能予以尊重」。羅素，再次跟托爾斯泰一樣，主張「開誠」政策，她同意這麼做：「羅素跟我……在性冒險方面放彼此自由。」她成為世界性改革聯盟（World League for Sexual Reform）英格蘭分部的祕書時，或是跟變性手術先驅赫希菲爾德（Dr Magnus Hirschfeld）與浮誇的婦科學家海爾（Norman Haire）在一九二六年十月參加柏林的國際性學代表大會（International Sex Congress）時，他都沒有反對。但是當她公然與記者巴瑞（Griffin Barry）大談婚外情還生了兩個孩子，就讓羅素不太自在了——依照羅素的觀點，十八世紀的英國輝格黨貴婦，常常和不同的男人生孩子。多年之後，他在自傳中坦言：「在我的第二段婚姻裡，我努力對妻子的自由保持尊重，這種自由在我過去的信念是該受到禁止的。我發現無論我多能寬恕，用所謂基督徒的愛來對待她，但這跟我的需求是不對等的。」他補充道：「儘管每個人都在事前提醒過我，但我卻因為理論而不願意承認。」[63]

羅素沒說的是，他自己進行一些違反他開誠政策的活動，而且一直都是祕密進行的。確實，每一個嘗試對性生活全面揭露的知識分子，最終都會導向某種程度的內疚感而產生秘密，即便是在一般的通姦家庭裡也是如此。朵拉後來提到，她曾在英格蘭康瓦爾（Cornwall）一間度假小屋內，被一個幾乎要發狂的廚師叫回家裡，那個廚師拒絕讓女家庭教師接近主人的兩個婚生孩子，因為她「跟雇主睡了」[64]（這可憐的廚師遭到開除）。多年以後，朵拉還發現，當她不在時，羅素也會為了做愛，讓老情人康詩坦絲來家裡住一陣子。在經過一段時間、當她帶著新生兒返家時，她獲知一個不愉快的意外消息：「羅素告訴我的話讓我震驚，他說他現在已經移情別戀到碧德身上。」綽號「碧德」的瑪格麗特・史卞斯（Margery（'Peter'）Spence）是他牛津的學生，放假時會來照顧約翰與凱特。一九三二年，羅素嘗試四個人一起去法國西南部度假，他們雙方都帶情夫跟情婦去。不過在前一年，羅素因其兄長沒有子女而繼承了爵位，讓情況變得有所不同，他行事變得更不可一世，碧德急著跟他結婚，所以他讓她住進來一起生活。錯愕的朵拉說：「起初我不敢置信，羅素怎能這樣對我。」她補充說這是「必然會發生的」，因為「這樣的一個男人」應該會「以他的方式傷害許多人」。但是他「悲慘的缺點」是「感受不到什麼悔恨」，她說：「儘管他熱愛人民，苦民所苦，卻依然遠離他們，因為他所持有的貴族觀點讓他不具平易近人的美德。」[65]

朵拉還發現（在經歷痛苦之後），在拋棄一個妻子另娶的時候，羅素絕非「超脫名利」。就像他那個階級與財富的男人，他馬上就雇用一支幹勁十足的律師團，全權委任以爭取想要的結果。離婚非常複雜而痛苦，耗時三年，部分原因是早年這對夫妻簽了分手協議，雙方都同意一九三二年十二月三十一日之前彼此的通姦行為，不會以違反婚姻法對此提起任何訴訟。但這事實上只是讓離婚過程更加困難與混亂，而且讓羅素的律師們更加兇猛好鬥。雙方都急著爭取兩人共有的兩個孩子的監護權，最後羅素打贏了官司，讓他們受衡平法院監護，就像雪萊可憐的子女一樣。為此，他的律師們出具一份有法律效力的口供，是朵拉之前開除、現在被羅素雇用的汽車司機，說她經常喝醉，房間裡有威士忌破酒瓶，而且跟男家長與某位訪客睡在那裡。[66]羅素也沒有全身而退。離婚法庭的主席在一九三五年終於給出離婚判決時，注意到在朵拉的通姦行為之前，她的丈夫已經「至少兩度對她不貞，而他在多次通姦的有罪行為，通常會被加重刑罰……比如在被告不貞的對象裡，有家庭成員或涉及共同經勞的事務。」[67]閱讀了冗長、憤怒的爭辯以及大量的不同說法，不可能不對朵拉報以同情，她至始至終都忠於自己的原則，羅素則相反，他會在原則變得對他不利時放棄，然後充分地行使法律權利。她打從一開始就不想要步入婚姻，她說：「一九三五年三月，我終於從法律上的婚姻解脫。那時我快四十歲了。離婚耗掉我三年的人生，給予我悲劇，而我從沒走出這個打擊。」[68]

羅素和第三位妻子碧德結婚，持續了最美滿的十五年。他簡潔地評論：「一九四九年，我太太決定她再也不想要我了，我們的婚姻就此走到盡頭。」[69]在這種誤導性說法的背後，是他這一方諸多婚外情通姦小插曲的漫長故事。羅素絕對不是會在公路尋覓女性獵物的那種積極的風流男子，但他對於誘姦女人並得手，也是無所顧忌。確切來說，他確實成為相當老練的偷情者，尤其是在民風比較保守的年代。例如有一次，我們發現他寫信給奧特琳：「……最穩當的方式是妳來車站，在反方向月台的頭等艙貴賓室等我，然後跟我一起搭計程車到某家飯店，跟我一起走進去。這麼做的風險比任何方式都低，對飯店當局來說看起來也不會奇怪。」[70]三十年後，他主動給予胡克這方面的建議：「胡克，要是你曾經帶女孩子上飯店，而接待員一臉狐疑，當他告訴你房間價格時要她大聲抱怨：『這太貴了！』他就會以為她是你太太了。」[71]不過，羅素通常更喜歡帶女人到他的住處，這樣更省事。一九一五年，他把倫敦伯里街（Bury Street）的公寓借給他以前的學生、手頭拮据的T．S．艾略特及其妻子薇薇安（Vivian）。這位詩人稱呼羅素為「小亞波羅先生」[6]，「一個不須承擔責任的胎兒」，並說「他枯燥又熱情地長篇大論，吞噬了這個下午」，他「聽起來就像希臘神話裡半人半馬的怪物，蹄子猛踢硬草皮」。但艾略特也是個輕易相信別人的人，經常把他的妻子單獨留下來陪這位半人半馬，聽他熱情的長篇大論。羅素對其他情婦的說法不一致。他對奧特琳說，他對薇薇安的逢場作戲是柏拉圖式的。他對康詩坦絲則坦言他對她做了愛，但過程很不愉快、令人厭惡。[72]實情可能跟上述說法都不太一樣，而且可能是羅素的行為，導致薇薇安精神不穩定。

6「小亞波羅先生」（Mr Apollinax）是艾略特一首詩的名稱。

羅素的受害者多半是身分低下的人：旅館的女服務生、女家庭教師、在宅邸裡來來去去的年輕貌美女性。胡克教授在描寫羅素時，說這是他第三段婚姻破碎最根本的理由。胡克說他「根據可靠來源」得知，羅素「儘管年事已高，卻依然追著邂逅的任何女人，甚至公然與女僕調情，不是在碧德背後，而是當著她跟滿室賓客的面」。她曾離開他但又再回頭，但羅素拒絕宣誓對婚姻忠貞，最終她還是決定不接受這種羞辱。[73]離婚在一九五二年到來，當時羅素已經八十歲。他後來又娶了來自美國賓州布林莫爾（Bryn Mawr）的教師伊迪絲（Edith Finch），他們早已認識多年，他的餘生都由她照料。每當有人控訴他反美，他總是妙答：「我有一半的太太是美國人。」[74]

理論上羅素是趕上了二十世紀解放女性的運動；實際上而言，他還是根深蒂固停留在於十九世紀維多利亞女王的時代——畢竟老女王過世時，他都快三十歲了。他傾向於認為女人是男人的附屬品。朵拉寫道：「儘管他投入女性投票權的運動，但羅素真的不認為男女是平等的……他認為男人的思維能力比女人優越。有一次他告訴我，他發現高人一等地對女人說話有其必要。」[75]在他內心，他似乎覺得妻子的功能是為丈夫生育。他有兩子一女，偶爾會試著為他們付出，但就像他的偶像雪萊一樣偶爾熱切的控制，但大體上漠不關心。朵拉抱怨他變得越來越「對家人的問題很疏遠，全神貫注在他在世界政治中的角色」；他不得不承認自己作為家長是失敗的。[76]就像許多知名的知識分子，人們（包括妻小）傾向於變成他理念的僕人，而實際上卻成為他個人的僕人。就某些方面而言，羅素是個正派、仁慈、有修養的人，能夠作出慷慨無私的姿態。他缺乏馬克思、托爾斯泰或易卜生那種堅定的自私自利。但他還是有剝削的傾向，特別是在跟女人的關係中。

但女人不是他唯一剝削的對象，蕭恩曼就是個有趣的例子。蕭恩曼是美國人，畢業於普林斯頓哲學系與倫敦經濟學院，一九五八年加入核裁減運動，兩年後，他二十四歲，寫信告訴羅素他打算組織一個該運動的公民不服從側翼組織。老先生感到好奇，鼓勵蕭恩曼來見他，兩人相談甚歡，蕭恩曼的偏激理念與他一致，兩人的關係很像托爾斯泰與契爾特訶夫。到一九六〇年時，蕭恩曼成了羅素的祕書與籌畫者，實際上像是先知國王宮廷裡的首相。確切來說有兩座宮廷。一座在倫敦，是羅素公開活動的中心；另一處是他在北威爾斯波特梅琳恩（Portmeirion）半島的宅邸，彭林城堡。波特梅琳恩是一座夢幻的義大利村莊，由富裕的左翼建築師艾利斯（Clough Williams-Ellis）打造而成，他擁有周遭大部分的土地，其妻艾瑪貝爾（Amabel）是斯特拉奇的姐妹，曾是史達林重要的擁護者，也是一本共產黨大外宣著作的作者，這本書在宣傳白海—波羅的海運河（White Sea Canal）的建造（現在我們知道是奴工所造），是一九三〇年代的黑暗年頭裡所出現，最令人反感的文獻之一。

很多富裕的革新主義者，例如羅素的好友克勞歐—威廉斯、庫斯勒（Arthur Koestler）、史雷特（Humphrey Slater）、物理學家（後來受封為男爵）布萊克特（P. M. S. Blackett）和經濟歷史學家波士坦（M. M. Postan），都在這個美麗的鄉鄰定居，享受生活並擘畫著社會主義者的太平盛世。羅素是他們的君主，而他的廷臣們，還包括當地的中產階級知識分子，以及來自世界各地的一大群朝聖者，他們前來尋求他的智慧與認可，一如他們的前輩曾到亞斯納亞—博利亞納莊園，朝拜托爾斯泰那樣。

羅素喜歡短暫訪問倫敦，因為他會被大肆報導，去演講、示威、被補，他也經常趁機攻擊英國國教會。但他更喜歡在威爾斯的生活，因此，有了蕭恩曼對他來說很方便，一個不支薪卻盡責、確切來說是狂熱的代理人，在倫敦幫他奔走聯絡。所以蕭恩曼扮演的是羅素的大臣，任期持續六年之久。一九六一年九月羅素被捕時他也在，所以就一起進牢房了。當他在十一月獲釋時，英國內政部將他視為不受歡迎的外國人，建議將他驅逐出境。大量革新主義的重要人士連署請願書，請求准許讓蕭恩曼留下，政府終於點頭。但後來他們對此非常懊悔，因為蕭恩曼開始完全主宰羅素的想法，就像契爾特訶夫對托爾斯泰那樣，有時，老朋友連要在電話裡跟羅素講上話都很難：蕭恩曼接電話只承諾會傳達訊息。他也被指控是羅素投書《泰晤士報》文章的真實作者，或以羅素的名義向新聞機構發表聲明，評論世界要聞。蕭恩曼自己助長這種看法。他宣稱「從一九六〇年以來，每一個印有羅素之名的政治新方案，在思想與行為上都是我的作品」，有人說這個老人家「被邪惡的革命青年控制了」，他說這種看法至少有「部分事實」。[77]

蕭恩曼對於百人委員會、越戰戰犯的戰爭罪法庭，以及羅素和平基金會的成立肯定出力良多。在一九六〇年代期間，羅素的倫敦寓所變成了迷你外交部，可笑的危險分子那一種，向首相與各國元首無止盡地遞出書信與電報——給中國的毛澤東、周恩來，俄羅斯的赫魯雪夫、埃及的納塞，印尼的蘇卡諾（Sukarno）、衣索比亞的賽拉西（Haile Selassie）、賽普勒斯的馬卡里奧斯（Makarios）等等，還有很多很多。隨著這些書信越來越冗長、頻繁與荒唐，越來越少人費心去回信。他也公開評論內政，例如：「普羅富莫醜聞（The Profumo Affair）很嚴重，但不是因為內閣是由窺淫狂、同性戀或拉客娼妓組成。而是因為當權者權完全破壞了司法的健全，捏造證據，恐嚇證人，串通警方破壞證據，甚至容許警方殺了一人。」報紙遲早會不再刊登這種廢話。

跟羅素失聯的老友們認為，蕭恩曼是他所有這類公報的作者。毫無疑問，他肯定寫了不少，但也這不是什麼新鮮事，當羅素對某個主題不感興趣時，常常會讓別人以他的名義寫文章。在一九四一年，胡克抱怨《魅力》（*Glamour*）雜誌上有一篇名為「愛上已婚男士該怎麼辦」的文章，署名羅素，羅素坦承他拿到五十美元的稿費；但文章是他太太寫的，他只是掛名而已。[78]沒有證據顯示蕭恩曼的作為嚴重扭曲了羅素的意見，因為羅素的觀點就跟他的秘書一樣極端。文件記錄顯示蕭恩曼親手修改並強化了羅素原文的某些說法，但這可能是羅素自己要求的（古巴飛彈危機的聲明可能就是一例）。當羅素的情感受到掌控時，他總是會偏離原本所準備的溫和版本。若說有許多以他名字發表的聲明，在今天看起來很幼稚，我們得記住一九六〇年代是幼稚的十年，而羅素是這十年的代表人物。他常因為耍小孩脾氣而犯錯，尤其是晚年，例如，他曾安排一場特別的公開儀式，讓人見證他撕毀他的工黨黨證。還有，當時的首相威爾遜（Harold Wilson）在接見他時主動伸出手來，稱呼他「羅素動爵」，這位老伯爵卻賣弄地把手藏在口袋裡。正如他的傳記作者克拉克正確主張的，顯然跟某些人當時的想法相反，羅素從來就沒有變成老糊塗。[79]他對蕭恩曼的控管不嚴，但到萬不得已時，他還是牢牢地掌控著他。

確切來說，當他判斷蕭恩曼不再為其意志效勞時，他的做法相當無情。他不反對蕭恩曼的極端主義，但是討厭任何搶他鋒頭的行為。蕭恩曼以「羅素伯爵的私人代表」多次海外出差，帶來了麻煩，在中國，他激勵平民不服從政府，激怒了周恩來，周恩來向羅素抗議。一九六五年七月在赫爾辛基（Helsinki）舉辦的世界和平大會（the World Congress for Peace），蕭恩曼有一些不端的行為廣為人知。羅素從籌辦者那裡收到了憤怒的電報：「您私人代表的演說引起騷亂，讓聽眾強烈不滿。這是對和平大會的極大挑釁，敗壞基金會的名聲。您務必與蕭恩曼和他的演說做出切割。友善的致意。」[80]然後是一九六六年至一九六七年間的越南戰爭罪法庭，公開與幕後他們都有漫長的爭吵。一九六九年，羅素時年九十七歲，認為他已經從蕭恩曼的服務中獲取一切利益，突然便不再用他。七月九日，他進一步撤銷了蕭恩曼做他的遺囑執行人與財產受託管理人，並在該月中旬，跟他徹底斷絕關係。兩個月後，羅素將他從羅素和平基金會的董事會中除名。十一月，他向他的第四任妻子伊迪絲口授了與蕭恩曼的全部關係，那是一份七千字的聲明，由伊迪絲打字，再由羅素在每一頁簽上姓名的首字母，隨函附上的簽名則使用了另一台打字機。口吻是輝格黨那種居高臨下的態度。信末寫道：「蕭恩曼肯定是公認的自大狂。我想，實情是我對蕭恩曼從來沒有他以為的那樣認真。早年我很喜歡他。但我從沒把他看成是一個有用、有分量或是多重要的人。」[81]這有點羅素在處理不再吸引他的妻子時的典型作風。

羅素把蕭恩曼留在身邊這麼久，其中一個原因是，他擅長以羅素反感的方式拖欠款項。羅素一直都很愛錢：愛賺、愛花，持平地說，也愛送錢。在第一次世界大戰期間，他不想要持有某家工程企業價值三千英鎊的股份（這是繼承來的），因為他們當時製造戰爭武器，他把股票送給窮苦的T．S．艾略特，他回憶道：「一年後，戰爭結束，而（艾略特）也不拮据了，就又還給了我。」[82]羅素經常送出大禮，尤其是對女人。他也會吝嗇與貪婪，胡克說他最主要的罪是虛榮與貪婪：羅素在美國時，會經常為了微薄稿費而寫垃圾文章，或是幫他認為沒價值的書寫序文。羅素為自己辯護，先是怪辦學一年要花掉他兩千英鎊，然後是他的妻子們。他聲稱他的第三任妻子奢靡浪費，就連離婚後，他在一九五〇年獲頒諾貝爾獎時收到一萬一千英鎊的獎金，他聲稱有一萬英鎊落在她手中。他提出理由，說他得賺很多並看緊他的錢，是因為他一次要付兩份贍養費。但當他想到他有大筆進帳時也會為此開心，所以才會熱切地細讀他的小本子。克勞歇－威廉斯在日記中提到：「他喜歡我們慫恿他一直去想著，他現在到底賺了多少錢了。」他對於一九六〇年獲頒丹麥桑寧獎（Danish Sonning Prize）特別津津樂道，說獎金有五千英鎊，不用繳稅，「而且沒有附加稅，」他樂不可支地說，「是淨賺！」他告訴克勞歇－威廉斯，他只會在丹麥待兩天：「我們就只是去領錢的，領到馬上回來。」[83]

事後證明，蕭恩曼是他傑出的財政部長。他在羅素的許多信件裡，都塞進一張紙條，上頭寫著：「如果您認為羅素為和平所做的工作是有價值的，或許您會想在財務上支持這項工作……這張紙條是由他的祕書插入信件裡，羅素勳爵本人並不知情。」[84]那些寫信要求羅素親筆簽名的，他索價三英鎊（後來降到二英鎊）。記者要求採訪的話，需支付一百五十英鎊。這些羅素當然知情，因為他收到大量有關蕭恩曼美式募資作風的抗議信。但他准許這種做法繼續下去，而且他似乎同意了蕭恩曼兩個最大的計畫。首先，蕭恩曼不聽羅素的老派出版商史坦利・昂溫爵士（Sir Stanley Unwin）的勸告，將羅素自傳的美國版權，以拍賣的方式賣掉——在當時幾乎是聞所未聞的交易機制——並在拍賣中，將競標價格哄抬到在當時算是天價的二十萬美元。其次，他也利用羅素的文件資料，羅素和布希萊特一樣，累積了大量的個人檔案，羅素就像跟他同時代的邱吉爾，是意識到這些名人書信具有財務價值的頭一批人，留存所有收到的信件（還有他寄出去的信件備分）。在一九六〇年代，就已包含二十五萬分文件，被稱為「在英國大不列顛同性質的檔案當中，最重要的單一資料庫」。蕭恩曼是吸引媒體宣傳報導的大師，他把這些文件資料用兩台裝甲車載到倫敦，經過一番令人眼花撩亂的宣傳活動後，以二十五萬美元的價格，賣給了安大略省（Ontario）漢密爾頓市（Hamilton）的麥馬士達大學（McMaster University）。[85]蕭恩曼的神來之筆，是設立和平基金會，讓他獲得類似大西洋和平基金會的免稅慈善機構地位。「當然不是我的意思，」羅素自鳴得意地說，「是我的同事們力勸基金會應該要以我的名字命名。」[86]於是，在他的晚年，他能把實實在在的金額，全分配給他喜愛的事物（無論是明智的還是愚蠢的），享受大筆進帳，並合法地支付極少的稅。當蕭恩曼精心打造好這個巧妙的組織，他毫不客氣地下了逐客令。至於有人指責羅素跟建築師艾利斯說，他們既有錢又是社會主義者，為什麼他們不捐錢？羅素的慣用回覆是：「恐怕你搞錯了。艾利斯和我是社會主義者。但我們並沒假裝我們是基督徒。」

成功征服這兩個世界的能力：正義的、進步的世界與特權的、偽善的世界——是貫穿許多重要知識分子一生的主題，而且沒人做得比羅素更淋漓盡致了。就算他不是經常積極地索求，他絕對不會拒絕他的血統、名聲、人脈與頭銜帶給他的好處。例如，一九一八年鮑街執法官判處他在第二區服刑六個月（勞役刑罰），經上訴後改成在第一區服刑，主席宣布：「如果功勳卓著的羅素先生被這樣幽禁起來，使得他的能力無法充分施展，將是國家的巨大損失。」[87]羅素在自傳中的說法是，從寬量刑要歸功於一位同為哲學家、時任外交大臣的貝爾福（Arthur Balfour）的干預：「他讓我改判在第一區服刑，所以在牢裡我還能隨心所欲地讀書寫作，條件是我不宣傳和平主義。我發現坐牢在許多方面都很愉快。」[88]在布里克斯頓監獄裡，他完成了《數理哲學導論》（*Introduction to Mathematical Philosophy*）一書，《心靈分析》（*Analysis of Mind*）也起了頭。他還能拿到最新出版的書，包括司特雷奇（Lytton Strachey）顛覆性的暢銷書《維多利亞女王時代四名人傳》（*Eminent Victorians*），他讀到捧腹大笑，

「笑聲大到官員來到我的單間牢房，說我得記住，監獄是個受罰的地方」。其他人脈沒那麼廣的和平主義者，例如作家莫雷爾（E.D.Morel），被判在第二區服刑而健康受損。

羅素也喜歡各種小特權，羅素和許多跟他同代的劍橋知識分子一樣，貪看大量的偵探小說，例如他的老同事麥克塔格（J.E. McTaggart）一週需要看三十本的量。當蕭恩曼談妥，讓羅素能從公共圖書館借更多驚悚小說時，他沒有抗議。誰會抗議呢？——戰後物資短缺最嚴重的時期，知名的蘇格蘭釀酒廠每月都寄給他一箱標記著「羅素伯爵」的威士忌時，他也沒有抗議。[89]羅素（並非總是蓄意）讓人很難忘記他的血統出身。他形容他首任妻子「不是我祖母會稱之為淑女那一種」。他稱呼他二十一歲生日那天是「我到達法定年齡的日子」。他喜歡對他稱之為中產階級的人粗魯無禮，例如建築師。如果被嚴重冒犯，他會派人去叫警察，比如有一次一個女演員跟她的經紀人在他倫敦的會客室裡「靜坐」，滑稽地模仿他自己的行為。他非常希望能獲得功績動章，認為比物理學家愛丁頓（Eddington）、哲學家懷海德之流還晚獲得動章是可恥的，當英王喬治六世終於贈綬動章給他，他才感到稱心如意。左派認為他從未使用過他的貴族頭銜，是沒有事實根據的觀點，雖然不像他的第三任妻子看起來對頭銜頗為熱衷，羅素的使用方式講求實效，端看運用頭銜能否讓他占優勢。只要有必要，他永遠都是個伯爵。不是伯爵的時候，他會嘻嘻哈哈，跟人親暱到某個程度。但是沒有人能在他面前放肆失禮。

至於邏輯，也是需要時才會訴諸使用。在蘇聯入侵捷克斯洛伐克時，羅素和許多作家一起被勸進簽署一份抗議信。我曾負責去談讓這封信刊登在《時代雜誌》上，要是按照慣例，以字母來決定署名順序，這封信將題為「來自艾米斯（Kingsley Amis）等人簽名」。而我決定、《時代雜誌》編輯也同意，如果標題是「來自榮獲功績勳章的羅素伯爵等人」可能會在共產世界裡造成更大的影響，所以我們就這麼做了。但是羅素注意到這個小詭計，而且生氣了，他打電話抗議，並最終連絡上人在印刷廠的我，我當時正在檢查《新政治家》。他說我的蓄意作為會讓人以為他是這封信的發起人。我否認，並說唯一目的是讓這封信的效果放到最大。我說：「畢竟，既然你同意在信上簽名，就不能抱怨被放在首位——這不合邏輯。」羅素憤怒回答「聽你合邏輯的瞎扯！」然後砰一聲掛了電話。

第九章

沙特

哲學大師，以及沙文主義的原型

Jean-Paul Sartre
1905-1980

「我每一個理論，都是征服與占有的行動。我想有一天，在這些理論的幫助下，我會征服世界……最重要的是，我渴望主張占有女人的自由。」

——沙特

尚—保羅・沙特（Jean-Paul Sartre）和羅素一樣，也是個想對大眾諄諄教誨的專業哲學家。但是兩人在手段上有個重要差別。羅素視哲學為平民不能參與的神職學科，一個像他這樣最通俗的哲學家，能夠做的，是提取少量智慧、大幅稀釋，再透過報紙文章、通俗書籍和廣播散布出去。反之，沙特的工作讓他在高中就能教哲學、在咖啡館裡就能議論哲學的，因此他相信透過劇作與小說，能吸引大眾參與他的思想體系。至少有一段時間看起來，他是辦到了。很明顯地，本世紀沒有一位哲學家能像沙特一樣，對世界上這麼多人的心靈與態度（尤其是年輕人）有如此直接的影響。存在主義（Existentialism）在一九四〇年代末與五〇年代是哲學中的顯學。沙特的劇作風行一時，他的著作銷量驚人，有些作品光在法國就賣掉超過兩百萬冊。[1]他提供了一種生活方式，像是主持著一個世俗的教會，雖然這個教會的概念很模糊。只是到頭來，這一切到底是什麼？

和大部分重要知識分子一樣，沙特是個極度自我的人。考量到他的童年環境，這也不會太過意外。他是典型被寵壞的獨生子。他的家庭屬於省裡的中上階層，父親是海軍軍官，母親來自阿爾薩斯地區（Alsace）富裕的史懷哲（Schweitzer）家族。根據各種流傳的說法，沙特的父親是個不起眼的傢伙，被自己的父親壓制，但人很聰明，是巴黎綜合理工學院的畢業生。他蓄著看起來兇猛的八字鬍，以彌補他矮小（約一百五十七公分）的缺憾。但無論如何，他在沙特十五個月大就過世，成了「我母親臥室裡唯一的一張照片」。沙特的母親安—瑪麗（Anne-Marie）後來再婚，嫁給實業家馬西（Joseph Mancy），是在拉羅謝爾（La Rochelle）設廠的汽車製造商德勞內—貝爾維爾（Delaunay-Belleville）老闆。沙特在一九〇五年六月二十一日出生，遺傳到他父親的身高（約一五九公分），也繼承了他父親的聰明與藏書，但他在自傳《詞語》（*Les Mots*）中特意將父親從人生中抹去。他寫道：「要是我父親還活著，他會逼我屈服，以暴力制伏我。幸虧他死得早。」他補充道：「我們家沒人能激起我對他產生好奇心。」至於那些書，「他跟他同代的人一樣，讀的都是垃圾……我賣掉了：這位死者對我意義不大」。[2]

而以暴力對待諸子的祖父，則對他非常溺愛，允許他自由出入自己的大圖書室。母親則是逆來順受的可憐蟲，而小沙特是她最珍視的資產，她讓他穿女裝、留長髮，甚至比海明威小時候還長，直到他快八歲，祖父勒令「屠殺」他的一頭捲髮。沙特說他的童年是「天堂」，而母親則是「與我們同住的貞女，被所有人監視、呼喚，隨侍在我身旁……母親無疑是屬於我的安靜資產。我對暴力或仇恨一無所知，也不必學習惡劣的嫉妒」。他沒「叛逆」過是因為「沒人突發奇想說要管我」。他四歲時把鹽倒進果醬，除此之外沒犯過罪、沒受過處罰。母親叫他普魯（Poulou），說他長相俊美，「我信了」。若說了一些「早熟的話語」，他說，「大家會記住並重複對我說」，「所以我學會了編造更多的東西」。他說他知道「如何輕輕鬆鬆講出超齡的話」。[3]確實，有幾次，沙特的措辭令人想起盧梭，他寫道，「良善在我心深處產生，而真理則是在我所領悟的青春黑暗裡誕生」、「我沒有權利，因我被愛征服。我沒有義務，因我在愛裡付出一切」。他形容祖父「相信進步——我也是：進步，這漫長而難行的路，最後通向了我自己」。他形容自己「對文化著了魔……我被灌注文化，並像光線般反照我的家庭」。他回想起一次對話，他請求允許讓他讀福樓拜的《包法利夫人》（*Madame Bovary*），這本書在當時被視為不道德的作品。母親說：「可是如果我的小心肝年紀這麼小就讀這樣的書，他長大後會做什麼呢？」沙特：「我會繼續享受這部作品！」在家族內外，這逗趣的妙答一再被拿出來當作笑談。[4]

由於沙特不太尊重真相，他對童年與青年時期的說法，能信幾分很難說。他的母親讀《詞語》時不太開心，她的評論是：「普魯對自己的童年一無所知。」[5]她震驚於他對家族成員的評論冷酷無情。他絕對是被寵壞了，但他四歲時發生了不幸，流感發作後右眼得了麥粒腫，就此右眼失去視力。眼睛總是為他惹麻煩，他一直戴著厚重眼鏡，六十幾歲日漸失明。當沙特終於入學，他發現他的母親對他的外表說謊，他其實相貌醜陋。儘管個子不高，但他體格健美，胸肌發達有力，但他的臉色過度蒼白，加上眼睛的毛病，讓他看起來像個怪人。因為長得醜，他被霸凌痛毆。但他以機智、嘲諷與玩笑報了仇，成了學校裡苦樂半摻的逗趣小丑。後來他開始追求女人，他的說法是「為了擺脫我的醜貌重擔」。[6]

沙特受了他那個世代最好的教育：在拉羅謝爾就讀優良的公立中學，在巴黎上了兩年的亨利四世中學（Lycée Henri Quatre），在當時可能是全法國最好的高中。然後是巴黎高等師範學院（École Normale Supérieure），頂尖的法國大學生都在此取得學位。他有一些頗具才幹的同代人，比如保羅．尼贊（Paul Nizan）、雷蒙．阿宏（Raymond Aron）與西蒙．波娃。他打拳擊跟摔角，也彈鋼琴，絕對彈得不差，歌唱得很好，嗓音有力，並為高等師範學院的戲劇評論寫諷刺小品文。他寫詩、小說、戲劇、歌曲、短篇小說與哲學隨筆。他再度成為逗趣小丑，但會的戲法更多了，他養成一年讀大約三百本書的習慣，這習慣維持了許多年，[7]涉獵範圍很廣。他酷愛美國小說。他也俘虜了第一個情婦，茱麗葉（Simone Jollivet）。他和父親一樣，如果能追到手，他偏愛高一點的女人，而茱麗葉纖瘦金髮、比他高出一顆頭。沙特第一次學位考試不及格，隔年高分通過，成為榜首，第二名的是小他三歲的西蒙・波娃。那時是一九二九年六月，跟當時最聰明的年輕人一樣，沙特成為中學教師。

對沙特來說，一九三〇年代是失落的十年。他所期待且熱切渴望的文學名聲沒找上他。大部分時間他都在勒哈佛爾（Le Havre）教書，成為打扮過時的鄉下人縮影。他去了柏林幾趟，在阿宏的建議下，研究起胡賽爾（Husserl）、海德格（Heidegger）與當時歐洲首創的哲學「現象學」。但大部分時間他都在做繁複無聊的教書匠。他討厭資產階級，也確實非常有階級意識，但他不是馬克思主義者。事實上，他沒讀過馬克思，至多讀過摘文。他肯定是個叛逆的人，但是他的叛逆沒有動機，他沒有加入政黨。對希特勒的崛起不感興趣，對西班牙也無動於衷。無論他後來對外怎麼宣稱，記錄顯示戰前他沒有強烈的政治主張。有張照片中，他穿戴整齊正要參加學校的授獎典禮，他穿著有褶飾的黑色禮袍，外加織上幾排貂皮的黃色披風，兩件都太大了。通常他都穿運動夾克，搭配開領襯衫，拒絕繫領帶。遲至中年他才開始穿上知識分子的制服——白色翻領套衫與怪異的局部皮革夾克。他酒喝得兇。在他的第二次授獎典禮，他像是荒誕場景的主角，勾勒出艾米斯的小說《幸運兒吉姆》（*Lucky Jim*）的輪廓[1]。他喝得醉醺醺且語無倫次，無法完成演說，不得不被扶下台。[8]他當時便認同青春，終其一生都認同青春，特別是學生時期的青春。他放任學生，差不多讓他們想做什麼就做什麼。他的信念是：每一個個體都完全對自我負責，有權批評每件事與每個人。這些年輕人在教室裡可以脫下夾克跟抽菸。他們不必做筆記或繳交課堂小論文。他從不點名，不處罰學生，或給學生貼標籤。他大量寫作，但他早期的小說，沒有出版商願意接手。他眼見朋友尼贊與阿宏出書、成名，他感到失望懊惱。一九三六年，他終於出版了一本書，跟他的德國研究有關：《哲學研究》（*Récherches philosophiques*）。但沒吸引太多關注。但他開始看見自己想做什麼。

沙特作品的本質，是透過小說與戲劇，來表達行動哲學的行動主義。在一九三〇年代晚期，他對這一點變得越來越篤定，他主張所有現行的小說家——他想到的是多斯．帕索斯、維吉尼亞．吳爾芙（Virginia Woolf）、福克納、喬伊斯、赫胥黎（Aldous Huxley）、紀德（Gide）與托瑪斯．曼——反映的都是古代思想，而且大部分都直接、間接來自笛卡爾與休謨。他寫信給尚．波朗（Jean Paulhan）說，「寫一部與海德格的時間有關的小說」會更有意思。問題在於，在一九三〇年代，他的小說與哲學工作分得很開，唯有當兩者合為一體，透過舞台迫使公眾注意，他才開始引發公眾注意。但是這類哲學小說崛起得緩慢。他想將這部作品命名為《憂鬱》（*Mélancolie*），而他的出版商改成更醒目的《嘔吐》（*La Nausée*），終

1　小說主角象徵了當時社會中的年輕人，在戰後世界新見解和舊思想中掙扎沉浮。

於在一九三八年出版。再一次，起初沒有什麼回響。

造就沙特的是戰爭。對法國而言這是一場浩劫。對尼贊等朋友來說，這是死亡。對其他人來說，戰爭帶來危險與屈辱。但沙特體驗了戰爭的美好，他被徵召進入陸軍砲隊總部的氣象小隊，負責把熱氣球丟進大氣層測試風向。他的同袍嘲笑他，他的下士是一位數學教授，說：「從一開始我們就知道，他在軍中對我們毫無用處。」那是法軍士氣的最低點。沙特惡名昭彰，因為他從不洗澡，髒得令人作嘔。他所做的就是寫作。每天產出五頁小說，最終產出了《自由之路》（*Les Chemins de la liberté*）、四頁戰爭日記，和無數寫給女人的書信。當德軍入侵、攻破前線而沙特被俘時，他還在寫作（一九四〇年六月二十一日）。在特雷韋（Trèves）附近的戰俘營，他實際上是被德國衛兵當政治犯處理，德國人瞧不起法國戰俘，尤其是髒兮兮的戰俘，一再踢沙特的大屁股。跟在學校一樣，他靠著幽默感與寫戰俘營的康樂節目得以苟活。他也繼續賣力地寫他的小說與劇本，直到一九四一年三月因為被歸類為「局部失明」而獲釋。

沙特直奔巴黎。在知名的康多賽中學（Lycée Condorcet）找到哲學教職，當時那裡大部分教職員都流亡他鄉、加入反政府的地下組織，或是加入軍隊。儘管他的教學方法不怎麼樣，但或許因為其他人都不在，學校督察員還是報告他的教學「出色」。他發現戰時的巴黎令人振奮。他後來寫道：「如果我說這種恐怖完全無法忍受卻很適合我們，大家會理解我嗎……在德國的占領下，我們從來沒有那麼自由過。」[9]但這取決於你是誰。沙特是幸運兒，他沒有參與過戰前的政治活動，甚至連一九三六年的人民陣線（Popular Front）都沒有，他不在納粹的任何記錄或名單上，對他們來說他「背景清白」。確實，在所有藝文人士裡，他看起來最順眼。巴黎滿是身著軍服的親法德國知識分子，像是海勒（Gerhardt Heller）、艾普丁（Karl Epting）和布雷默（Karl-Heinz Bremer）。他們影響的不光是審查制度，還有報紙與雜誌文章的批准，尤其是戲劇與書籍評論。[10]對他們來說，沙特的小書與戲劇令人滿意，因為裡頭有來自中歐的哲學背景，特別是沙特所強調的海德格，在納粹學術知識分子圈裡受認可的哲學家。沙特從未積極與該政權合作，最近乎合作的行為，是協助每週為《喜劇週報》（*Comoedia*）撰稿，並同意在某個時期定期寫專欄。但他在出版作品與上演戲劇方面沒有遭遇困難。正如法國作家馬爾羅所說：「我在面對蓋世太保（Gestapo）時，沙特人在巴黎，在德國審查員的批准下創作戲劇。」[11]

沙特渴望以一種曖昧的方式為抵抗運動奉獻一己之力，幸運的是，他的努力一無所獲。這當中有一種奇怪的諷刺意味，人們在寫知識分子時常會遇到。沙特個人的哲學（很快就會被稱為存在主義）已經在他心裡成形，就本質來說，這是一種行動哲學，主張人的品德與意義，取決於行動與作為，而不是觀點與話語。納粹的占領激發了沙特所有反權威的直覺，他想要對抗它，如果他聽從他的哲學箴言，那他應該炸毀載滿部隊的火車，或是射殺納粹德國的親衛隊成員。但實際上他做的不是這個，他說話、寫作，他在理論上、心思上與精神上有抵抗運動的傾向。他協助成立了一個祕密團體，社會主義與自由（Socialism and Freedom），舉辦會議與辯論。他似乎認為，唯有當知識分子們能聚在一起大聲疾呼，納粹那堅不可摧的耶利哥城（Jericho）才會倒塌。他去找紀德與馬爾羅，但兩人回絕了他。該團體的部分成員，例如他的哲學家同事梅洛—龐蒂（Maurice Merleau-Ponty）開始信仰馬克思主義。沙特至今若說有追隨什麼的話，那就是普魯東了，他是本著這樣的心境，寫下他第一份有關戰後法國的政治宣言，厚達百頁。[12]所以沙特說了很多，但作為寥寥無幾。有一個成員名叫普永（Jean Pouillon）因此這麼說：「我們不是一個有組織的反抗運動團體，只是一群朋友，決定要一起反納粹，並向他人傳達我們的信念。」非團體成員的其他人才是關鍵。加入共產黨的夏茲拉（George Chazelas）說：「他們從一開始就給我相當幼稚的印象：例如，他們始終沒有意識到，他們的閒扯淡會讓其他人面臨危險。」另一名活躍的反抗運動人士拉維（Raoul Levy）說他們做的事「只是喝茶閒聊」，而沙特本身是「一個政治文盲」。[13]最後這個團體無疾而終。

於是，沙特對於反抗運動毫無斬獲。他對於拯救猶太人，連動動手指寫下一個字都沒有。他馬不停蹄專注於促進自己的職涯發展，主要是在咖啡館裡卯起來寫劇本、哲學與小說，他跟後來迅速揚名全世界的聖日爾曼德佩區[2]的淵源，可說是偶然。他重要哲學經典《存在與虛無》（*L'Être et le Néant*），把沙特行動主義的原理闡述得最透徹，大多是在一九四二年至一九四三年那一個很冷的冬天寫出來的。聖日爾曼大道上，花神咖啡館（Café Flore）的老闆布巴爾先生（Monsieur Boubal）對於取得暖氣用的煤炭與菸草很有一套，所以沙特天天都在那裡寫作，坐在一件不知哪來的、難看但保暖的亮橘色人造皮外套上。他會一口氣喝光一杯奶茶，拿出筆跟墨水，然後潦草地塗塗寫寫，連續四小時，幾乎不曾從紙堆裡抬起眼來，就像「一團毛皮與墨水的小球」。[14]西蒙．波娃就是這樣形容他，注意到他正在使小冊子更有精力，最終這本「小冊子」厚達七百二十二頁，有些篇章「十足辛辣」寫道「有人憂心普世的困境，也有人關注肛門跟義大利式的做愛方式」。[15]這本書在一九四三年六月出版。成功來得緩慢（部分最重要的評論，遲至一九四五年才發表），但確實逐漸累

2 巴黎的聖日爾曼德佩區（St-Germaindes-Prés）在一九四〇至五〇年代是存在主義運動重鎮，海明威、畢卡索也是常客。

積。[16]然而，沙特是透過劇院，才建立起重要人物的名聲。他的劇作《蒼蠅》（*Les Mouches*）開演的那個月，《存在與虛無》出版了。起初票房票很少，但很快就引起注意，並鞏固了沙特不斷升高的名聲。他很快就被百代電影公司（Pathé）找去寫電影劇本，一共寫了三齣——包括出色的《下好離手》（*Les Jeux sont faits*）——並初嘗賺大錢的滋味。他參與了重要評論《法國文藝》（*Les Lettres françaises*）在一九四三年的創刊，並於翌年春天，與作家馬爾羅、艾呂雅（Paul Élouard）一起進入七星詩社獎（Prix de la Pléiade）的評審委員會，這是個他在文壇成為能夠左右當權者的跡證。恰在此時，一九四四年五月二十七日，他的劇作《無處可逃》（*Huis clos*）在老鴿社戲院（Vieux Colombier）開演，在這部傑作裡，有三個角色在會客室會合，而會客室後來證明是通往地獄的前廳。這可以有兩個層面的意義：其中一個是對角色的評論，所傳達的訊息為「地獄即他者」；另一個視角頗受歡迎，認為這是對《存在與虛無》的詮釋，是海德格哲學的激進版本，閃爍著古高盧（Gallic）的光輝與當代的意義，並呈現出行動主義與暗中反抗的訊息。法國人在這方面一向天賦異稟——吸取德國人的思想，讓它在絕佳時刻變得時髦起來。這齣戲在評論界與大眾之間都取得巨大的成功，並且被恰如其分地描述為「開啟聖日爾曼德佩區黃金年代的文化盛事」。[17]

《無處可逃》讓沙特聲名大噪，這又是戲劇能生動有力闡述理念的一個實例。但怪的是，沙特卻是透過是老派的公開講壇成為一個舉世聞名（確切來說是惡名昭彰）的怪傑。這齣戲開演不到一年，法國便處於和平狀態。每一個人，尤其是年輕人，都如飢似渴地想追趕上失落的文化歲月，尋覓戰後真理的聖水。共產黨與剛誕生的天主教社會民主黨（MRP）正在校園裡為最高權力而戰，沙特運用他的新哲學提供選項：既非教會，也非政黨，而是令人深思的個人主義信念，該信念主張只要個人所選擇的，是聽從行動與勇氣之路，則每一個人都該被看作是自身靈魂全然的主人，這是極權惡夢之後的自由啟示。一九四四年秋季，沙特已經在聖雅克街（St Jacques）透過「小說的社會技巧」（The Social Techniques of the Novel）一系列成功演說，建立起他的天賦與群眾魅力，當時他只提點了他的部分概念。一年後，隨著法國的解放與對啟發智識的渴望，他宣布將在一九四五年十月二十九日，於尚古戎街八號（8 rue Jean Goujon）的中央會堂（Salle des Centraux）公開講學。他並未使用「存在主義」一詞，這似乎是當時媒體發明的，先前在八月他被問到如何定義這個詞時，沙特回答：「存在主義？我不知道這是什麼。我的哲學是存在的哲學。」現在他決定欣然接受這個媒體發明的新詞，並將他的演說冠上「存在主義是一種人文主義」的題目。

雨果已被擱置，當一種信念的時代來臨，沒有什麼比信念本身更具威力。沙特的時代，是以兩種明顯不同的方面來臨的。一方面，他向渴望、期待自由已久的人們鼓吹自由。

沙特說：「存在主義是以行為來定義一個人……它讓人知道，希望只會在行動中展現，而唯一能讓人享受人生的也是行動。」因此，「人忠於自己的人生，並由此來描繪自己的形象，除此之外，別無其他」。沙特說，一九四五年的新歐洲人是存在主義者的個人——「孑然一身，無可免除。這就是我所謂的當我們被宣告自由的意思。」[18] 因此，沙特存在主義者的新自由，對理想破滅的世代非常具有吸引力，更別說有那些暴力的受害者、反菁英的人的歡迎了——沒有不在內的人。任何人，但特別是年輕人，都能是存在主義者。

另一方面，沙特以知識分子的派頭，主持當時諸多重要、定期的革命運動之一。在兩次大戰期間，由於充斥德雷弗事件（Dreyfus）與法蘭德斯（Flanders）大屠殺等長期爭論，造成教條主義盛行，法國知識分子圈已經培養出客觀、超然的美德。這是由朱利安・班達（Julien Benda）在其非常成功的著作《知識分子的背叛》（*La Trahison des clercs*）所定調的，該書勸告知識分子要避免投入信念、黨派與理想，要專注於抽象的原理原則，並遠離政治的競技場。沙特剛好是班達的許多信奉者之一，一直到一九四一年以前，還沒有人可以像他對政治投入這麼少。可是如今，就像他以熱氣球測試風向，他嗅到了不一樣的氛圍。他和朋友一起創辦新評論雜誌《摩登時代》（*Les Temps modernes*），由沙特擔任總編輯。第一期在九月出版，內容包括他的編輯宣言。文中要求作家們再次對世局表態：

作家在他的年代有其態度。每一個字都有共鳴。沉默不語也一樣。我認為福樓拜與艾德蒙・龔古爾（Edmond Goncourt）必須為隨著巴黎公社而來的鎮壓負責[3]，因為他們沒為制止它寫過一行字。你或許會說：這不關他們的事。那麼，卡拉斯案（the Calas trial）關伏爾泰什麼事[4]？德雷弗案[5]又關左拉什麼事？[19]

這便是他講學的背景。那個秋季，巴黎的藝文界局勢格外緊張。在沙特發表演說的三天前發生一件不愉快的事，香榭麗舍劇院（Théâtre des Champs-Elysées）有兩齣新的芭蕾舞劇開演，即《流浪藝人》（*Les Forains*）和《約會》（*Le Rendez-vous*），當畢卡索謝幕時，一大群上流社會觀眾發出不滿的噓聲。沙特的講學並未大肆宣傳：只在《解放報》（*Libération*）、《費加洛報》（*Le Figaro*）、《世界報》（*Le Monde*）和《戰鬥報》（*Combat*）上刊登一些小廣告。但顯然累

---

3 巴黎公社曾短暫統治巴黎並宣布要接管全法國，由於他們殺了兩名法國將軍，加上拒絕接受法國當局管理，造成「血腥一週」的鎮壓。

4 卡拉斯曾被控謀殺兒子而求處死刑。後來伏爾泰為他辯護，讓他成功洗清罪名。

5 德雷弗是法國軍官，曾被控叛國而終身監禁，後來得到平反。

積的口碑相當驚人。當沙特在八點三十分抵達講廳附近時，廳外街頭的暴民，多到讓他害怕是有組織的共產黨舉辦的示威活動。事實上這些人只是發狂般地想進演講廳，而講廳早已擠滿了人，只有名人獲准放行。沙特不得不讓朋友們開路。而講廳裡，女人暈厥、椅子被砸碎，整個活動遲了一個小時才開始。沙特本來該進行的是一場學術性高的哲學演說，但在此情況下，它成了戰後首度重大的媒體要事。值得注意的巧合是，當晚朱利安・班達也進行了公開講學，卻幾乎沒人到場。

關於沙特的媒體報導，篇幅令人震撼。[20]儘管許多報紙張數不足，卻還是刊登了沙特上千字的文本，他演講的內容和他說話的方式，都受到強烈譴責。天主教日報《十字架報》（*La Croix*）認為存在主義「比十八世紀的理性主義或十九世紀的實證主義都更加危險」，並與共產主義色彩的《人道報》（*L'Humanité*）聯手，說沙特是社會的敵人，等時候到了，沙特的全部作品都必須及時被列入《梵蒂岡禁書目錄》（*Vatican Index of Prohibited Books*）中。史達林的文化部長法帝耶夫（Alexander Fadayev）說他是「使用打字機的豺狼」、「拿著自來水筆的鬣狗」。沙特也成了好鬥的同行強烈嫉妒的對象，法蘭克福學派討厭布萊希特，更別說是沙特了，霍克海默說他是「哲學界的小偷跟詐騙錢財的人」。這一切攻擊，都只加快了沙特不可抗拒的強大力量，如今他就像許多在他之前的重要知識分子，是自我推銷藝術的專家。他不願意自己動手，自有追隨者為他去做。《週六晚報》（*Samedi Soir*）酸言酸語地評論道：「自巴納姆以來，沒見過耍噱頭這麼成功的。」[21]但是沙特現象越是被拿來進行道德批判，他的人氣就越興旺。十一月號的《摩登時代》指出，法國是一個捱打又士氣低落的國家。留下的只有文學與時尚，而存在主義是用來給法國一點尊嚴，並在墮落的年代保留其個性的。很弔詭的，追隨沙特成了一種愛國行為。他把講學內容倉促擴展成一本書後，在一個月內賣掉五十萬本。

此外，存在主義不光是用來閱讀的哲學，還是能為之瘋狂的一時風尚。一本存在主義的教理問答書寫道：「存在主義就像信仰，無法解釋，只能實踐。」並告訴讀者要在何處實踐。[22]對聖日爾曼德佩區來說，成為知識分子的潮流中心不是什麼新鮮事，沙特其實是追隨伏爾泰、狄德羅與盧梭的腳步，沿著林蔭大道再往下走，便是他們曾經光顧的老咖啡館普羅可布（Café Procope）。早在法蘭西第二帝國時，作家哥提耶（Gautier）、喬治・桑（George Sand）、巴爾札克與左拉便已使它便已生氣蓬勃。那時花神咖啡館才剛開業，作家于斯曼（Huysmans）、阿波利奈爾（Apollinaire）都是主顧。[23]但是戰前的巴黎，知識分子集中在蒙帕納斯，這裡風氣比較不受政治約束、帶點同性戀色彩、世界主義。咖啡館有苗條、雙性戀的女孩子增輝。轉向聖日耳曼區，對社會、情欲與知識分子來說都是劇烈的，因為沙特的聖日爾曼是左翼的、強烈異性戀的、極端法國的。

沙特喜歡與人宴飲同樂，喜歡威士忌、爵士樂、女人跟有歌舞表演的餐館。人不是在花神就是在相隔一街區的雙叟咖啡館（Deux Magots），或是在對街的利普啤酒館（Brasserie Lipp）用餐。他在新開幕的酒窖夜總會，或是拉丁區（Quartier Latin）深處突然開張的地下酒窖裡。在嫣紅玫瑰（Rose Rouge）有一位歌手葛蕾柯（Juliette Greco），沙特為她寫了一首輕快的歌。作家兼作曲家維昂（Boris Vian）在此演奏長號，並為《摩登時代》撰稿。這一帶還有陶芬（Dauphine）街上的禁忌酒吧（the Tabou），雅各布街（Jacob）上的綠色酒吧（Bar Verte），不遠處，波拿巴（Bonaparte）街四十二號便是沙特的住處，是能俯瞰聖日耳曼德佩教堂與雙叟咖啡館的公寓房間。（他的母親也住這裡，一直打理他的洗衣工作。）該運動甚至有自己的官方日報《戰鬥報》，由卡繆（Albert Camus）主編，卡繆最暢銷的小說被廣泛認定是存在主義者的小說。波娃後來回憶道：「《戰鬥報》讚許地報導了我們所說和所寫的一切。」沙特在那段時間寫了數百萬字，包括講稿、戲劇、小說、隨筆、序言、文章、廣播、腳本、報導、哲學長篇譴責文。[24]作家雅克．奧迪貝蒂（Jacques Audiberti）形容他「如卡車般轟隆隆地在圖書館、劇院、電影院亂停」。但晚上他會玩樂，每到傍晚結束時，他多半喝得醉醺醺，往往變得很挑釁。有一次他把卡繆打得眼圈發青，[25]大家都驚恐地看著他。他是士兵、憤怒的一代、知情者與地窖鼠輩們的國王——用他的首席宣傳人員尚・波朗的話來說，他是「數萬青年的精神領袖」。

但如果沙特是國王，王后是誰呢？而若他是數萬青年的精神領袖，他又在哪裡領導他們？這是兩個獨立、但其實相關的問題，需要依序檢視。到一九四五年至一九四六年的冬天，他已經成為歐洲名人，也已經跟波娃交往二十年了。波娃是蒙帕納斯女孩，出生在馳名的圓亭咖啡館（Café de la Rotonde）的樓上公寓。她童年過得很苦，家庭被不名譽的破產擊垮，祖父入監服刑，母親的嫁妝再也拿不回來，而父親是個沒用的花花公子，連個正經工作都找不到。[26]她苦澀地寫到雙親：「我父親相信德雷弗有罪，而我母親相信上帝存在。」[27]她以課業為庇護，成為一個女學者，而且是相當一流的學者。在巴黎大學，她是優異的哲學學生。沙特對她感興趣，把她帶進自己的圈子裡，並告訴她：「從現在起，由我來庇護妳。」某種程度而言，這依然是事實，儘管對她來說，兩人的關係是憂喜參半。她比沙特高三公分，年紀小三歲，而且，就嚴格的學術意義來說，能力也比他強。有個跟她同年代的人，鞏迪雅克（Maurice de Gandillac）形容她的作品「精確、苛求、細緻，非常專業」。儘管她年輕，但在哲學學位考上，她幾乎是一開始就打敗沙特，考官喬治・戴維（Georges Davy）與尚・瓦爾（Jean Wahl）都認為她是更好的哲學家。[28]她和沙特一樣，也是個引人入勝的作家，在許多方面寫得比沙特好。她寫不了劇本，但她的自傳，儘管事實一樣不可靠，卻比沙特的自傳有趣多了。而她的一流小說《名士風流》（*Les Mandarins*）描寫戰後法國的文學世界，贏得了龔古爾文學獎，也比沙特的任何小說好太多了。此外，除了說謊，她不具備沙特的任何缺點。

但這位才華洋溢又有主見的女人，還是成了沙特的奴隸。幾乎是從他們初次見面，她的成年生活就被占滿了，直到他過世為止。她擔任他的情婦、代理妻子、廚師跟經理，女保鏢與護士，卻在他的一生當中，沒有任何一刻獲得合法或財務上的地位。就一切本質而言，沙特對她並沒有比盧梭對泰蕾茲更好。實際上更糟，因為沙特花名在外。文學史上，男人剝削女人到這麼糟糕的案例很少見。而沙特更特別，因為波娃是終身的女權主義者。一九四九年，她寫出了現代女權主義的第一部宣言，《第二性》（*La Deuxième sexe*），在全世界都極為暢銷。[29]開篇便說「女人不是天生就是女人，而是後天塑造的」，這是刻意回應盧梭《社會契約論》的開頭。事實上，波娃是女權運動的先驅，也理當是女權運動最初的領導者。但她自己的人生，卻每一件事都背叛了她自己的主張。

沙特究竟是如何建立並維持對波娃的支配地位的，並不清楚。她無法誠實地寫出他們的關係，他則是從沒煩惱過要對他們的關係寫些什麼。初次見面時，他書讀得比她好，能摘出精華滔滔不絕，她覺得極具魅力，難以抗拒。他對她的控制顯然是知識分子的那一種，不會是情欲的掌控。她大概在一九三〇年代成為他的情婦，但在某些階段結束關係。一九四〇年代，他們的性關係似乎已經近乎不存在，只有當沙特找不到更好的對象時，她是永遠的備胎。

沙特是一九六〇年代所謂的「男性沙文主義」的原型，想在成年生活裡重新創造兒時的「天堂」，他總是在香閨裡，被一群愛慕的女人環繞。他是從勝利與占領的角度來思考女人，他在《嘔吐》裡說：「我每一個理論，都是征服與占有的行動。我想有一天，在這些理論的幫助下，我會征服世界。」他寫道，他想要自己完全自由，並且「最重要的是，我渴望主張占有女人的自由」。[30]他和許多老練的誘姦者不一樣，他並不討厭女人。他確實對女人比對男人更有好感，或是許因為她們比較不會刻意跟他爭論。他提到：「比起跟阿宏討論哲學，我更喜歡跟女人聊瑣事。」[31]他喜歡寫信給女人，有時一天寫十幾封。不過女人對他來說不是人，而是戰利品，能繫在他的半人馬腰帶上，而他企圖以偽善的面紗，試著捍衛與合理化他的征服手段。例如他說他需要「征服女人猶如征服野生動物」，但是「這麼做只是為了改變她未被馴服的狀態，好讓她跟男人一樣平等」。或是再一次，回顧他早期的誘姦成果，他的省思是「皆有帝國主義統治的色彩在裡頭」。[32]但沒有證據顯示這樣的想法使他偏離了潛在的獵物。他只是說給別人聽的。

沙特第一次引誘波娃時，大概說明了他自己的性愛哲學。他坦言渴望和許多女人睡覺，他說他的信條是「閱人無數、一夫多妻與公開透明」。在大學裡，有個朋友提到她的名字在法文中唸起來很像「海狸」。對沙特來說，她一直都是「海狸」或「您」，從來就不是「妳」。[33]偶爾會有人覺得沙特把她當成一種比較高等、受過訓練的動物，他有一個策略是「主張」他「對女人們的自由」，他寫道：「海狸接受並保有自由。」[34]他跟她說，情欲有兩種：「必要的愛」與「偶然的愛」。後者不重要，他所給予的愛是「外圍的」，跟他維持的關係不會超過「兩年的出租期」。他對她的愛則是永遠的，「必要」的那一種。她是「中心的」。當然她也能追求相同的策略，只要沙特始終是她的「中心」、她的「必要之愛」，她就能擁有很多「外圍」，但是雙方都得「公開透明」。這不過是身為天之驕子的知識分子，對性愛玩「開誠」遊戲的另一種說詞罷了，令人聯想到托爾斯泰與羅素。沙特說，每一方都得告訴對方近況。

公開透明的策略，一如所料，最終只帶來更多層層卑劣的隱瞞。波娃試著實踐，大部分看起來是嘗試性的，或不是認真的，但沙特對她在外的戀愛消息漠不關心，這顯然令她感到痛苦。《名士風流》裡提到，當她說起被亞瑟・柯斯勒勾引的過程時，對方只有哈哈大笑而已。此外，那些被牽扯進透明策略的人，未必都喜歡這個策略，她自己最重要的一位「外圍」，某種程度來說是她此生所愛，是美國小說家艾格林（Nelson Algren）。當他七十二歲時，兩人戀情已成回憶，他在受訪時透露自己很不滿她公開戀情，他說自己被寫進《名士風流》裡已經夠糟了，但至少書裡不是用他的本名。然而，她在自傳《最好的人生》（*The Prime of Life*）第二冊，不但提了他的名字，還引述他的信件內容，他百般不情願地被迫承認，憤怒地說「見鬼了，情書應該是私密的」、「我光顧過世界各地的妓院，不管是在韓國還是印度，女人都是關上大門。但這女人猛然把門打開，呼喝著大眾與媒體進來」。[35]顯然艾格林對波娃的行為憤憤難平，以至於採訪者離開後，當晚他就心臟病發，與世長辭了。

沙特也實踐公開透明，但只到某個程度而已。他持續以對話或寫信知會她有新女友。例如：「這是我第一次睡了一個髮色深褐的女人……體味很重，毛髮怪異，背上有少量的黑毛，但身體潔白……舌頭像卡祖笛（kazoo）般不停地展開，直伸向我的扁桃腺。」[36]但沒有任何位處「中心」的女人，會希望讀到跟對手有關的這類內容。當沙特一九三三年人在柏林時，波娃短暫地與他會合，他告訴她的頭一件事，便是擄獲一個新情婦，瑪麗・維爾（Marie Ville）。沙特就像雪萊一樣孩子氣，希望舊愛能贊同新歡的存在。然而，沙特並沒有未全盤托出。當一九三〇年代波娃大部分時間都在盧昂（Rouen）教書、跟他一起暫住柏林或其他地方時，他給了她一枚婚戒戴著，但這就是她距離婚姻最近的距離了。他們有私下表達感情的方式，入住飯店時，他們會簽下像有機夫婦（Monsieur et Madame Organatique）或美國的百萬富翁摩根．哈蒂克夫婦（Mr and Mrs Morgan Hattick）等這樣的假名。但沒有證據顯示他曾經想要娶她，或是給她更正式結合的選擇餘地，但她不知道的是，他曾經好幾次跟「外圍」的對象求過婚。波娃顯然對他們的生活方式感到格格不入，她從未心平氣和地接受沙特的情婦們。她怨恨瑪麗．維爾，她更怨恨歐爾佳．柯薩基維奇（Olga Kosakiewicz）。歐爾佳是最被惡意對待的一個，而且她還是波娃的學生，波娃非常不喜歡歐爾佳，以至於把她寫進小說《女客》（*L'Invitée*）裡，並在小說中謀殺了她。[37]她在自傳中坦承：「我對沙特把情況搞成這樣非常惱火，也氣歐爾佳利用了這個局勢。」她反擊：「我不打算屈服於她的主權地位，我始終都占據這個位置，宇宙的最中心。」[38]但是任何覺得自己的愛人處於「宇宙最中心」的女人，都沒有堅定的立場去阻撓沙特偏離軌道。波娃的做法是透過參與，試著掌控他們。這三方——沙特、波娃與女孩（多半是學生，不是他的學生就是她的學生）形成三角關係，而波娃負責監督。他們經常利用「收養」的形式，到一九四〇年代初期，沙特變得以誘姦自己的女學生而臭名遠播。勞勃．法蘭西斯（Robert Francis）在對《無處可逃》

不友善的評論中寫道：「我們都曉得沙特先生。他是個奇怪的哲學老師，專門研究他學生的『內衣』。」[39]可是當波娃教了更多適合的女孩，就有更多受害者變成了她的學生。確切來說，波娃當時曾經很接近老鴇的角色，同時，她在不想失去愛情的渴望裡，形成自己跟這些女孩們的親密關係。當中有一位是俄國流亡者的女兒娜塔莉（Nathalie Sorokine），是波娃在戰爭期間於帕西（Passy）的莫里哀中學（Lycée Molière）教書時最優異的學生。一九四三年，娜塔莉的父母正式對波娃提起訴訟，告她誘拐未成年人，是會被判入監服刑的嚴重刑事罪名。共同的友人居中調停，最終撤銷了告訴。但波娃被禁止進入大學，並被吊銷了終身教職，餘生不得在法國任何地方教書。[40]

戰爭期間是波娃最接近沙特實際妻子的時刻：為他洗衣煮飯、做針線活、幫他管錢。但戰爭結束，他突然發現自己很有錢，被女人包圍，這些女人既是被他的才氣誘惑，也是被他的錢吸引。一九四六年是他俘虜女性戰果最佳的一年，並標誌著他跟波娃的性關係真的走到盡頭了。韋特曼（John Weightman）這麼說：「在他『外圍』不斷變動的後宮，她很早便識相地接受了資深的、在床上退休的假妻角色。」[41]她埋怨「他把錢全花在她們身上」，[42]她擔憂地提到，隨著沙特年紀增長，他的女友越來越年輕——十七或十八歲——他提到了「收養」，在法律意義上，代表她們能繼承他的版權。她本可給她們規勸與警告，就像海蓮娜對布萊希特的女朋友們所做的那樣，儘管她不像這位德國女人占有法律地位。她不斷接收到謊言，在一九四六與一九四八年，當沙特前往美洲旅行，她收到他跟多洛莉絲（Dolores）炙熱的外遇細節；但沙特當時告訴她，他厭倦了這女人對他「令人精疲力竭的熱情」，實際上他當時向她求婚了。接著是作曲家維昂金髮甜美的妻子蜜雪兒（Michelle）、歐爾佳漂亮的妹妹汪妲（Wander），另外伊芙琳（Evelyne Rey）是個充滿異國情調的金髮女演員，沙特在其最後的劇作《譴責阿托納》（*Les Séquestrés d'Altona*）中為她寫了一個角色阿萊特（Arlette），沙特弄到手時她只有十七歲——波娃最討厭她——還有赫蓮娜（Hélène Lassithiotakis）這個希臘女孩。一九五〇年代晚期，他一度同時有四個情婦，蜜雪兒、阿萊特、伊芙琳與汪妲，還有波娃，並以某種方式來欺騙她們。他在一九六〇年將《辯證理性批判》（*Critique de la raison dialectique*）一書公開題獻給波娃，卻私下要他的出版商蓋利馬（Gallimard）製作兩本印刷上「獻給汪妲」字樣的副本。當《譴責阿托納》出版後，汪妲與伊芙琳都被分別告知，他是題獻給她們的。

波娃討厭這些年輕女人，理由之一是她認為她們慫恿沙特過著縱欲過度的生活，不光是性方面縱欲過度，還有飲酒與吸毒。在一九四五年至一九五五年間，沙特寫作與其他工作都產量驚人，為了達到這個產量，他漸漸提高了酒精與巴比妥酸鹽類（barbiturates）

這種神經抑制劑的攝取量。一九五四年在莫斯科時，他因飲酒過度而昏倒，不得不匆促送進一間蘇聯診所。可是，等身體復原，他就繼續一天寫三十到四十頁，經常為了繼續工作吞下整管的臟得樂錠（Corydrane），這種藥物在一九七一年因為太危險而被回收。確實，《辯證理性批判》顯然是在酒精與藥物的影響下寫出來的，他的傳記作者索拉爾說他經常在兩小時的午餐時間喝掉一夸脫的紅酒，利普啤酒館、圓頂咖啡館（Coupole）、巴札爾餐館（Balzar）或其他他經常光顧的愛店，而且她數過，他此時每日攝取的興奮劑包括兩包菸、幾管黑菸草、一夸脫酒精（主要是紅酒、伏特加、威士忌跟啤酒）、兩百毫克的安非他命、十五克的阿斯匹林、幾公克的巴比妥酸鹽類，外加咖啡與茶。[43]事實上波娃對年輕情婦並不公平。她們都努力讓沙特改過自新，而最年輕的阿萊特是最努力的一個，甚至逼他寫下書面承諾，保證不會再碰臟得樂錠、菸草或酒精——但他馬上就違背諾言。[44]

沙特身邊圍繞著崇拜他、但經常表達不滿的女人，所以這輩子很少花時間與男人相處。他有許多男祕書，其中如尚・庫（Jean Cau）就很能幹。他身邊有一票年輕的男性知識分子，但都是仰賴他支付薪水、施捨或是資助。他對於地位、年齡或資歷跟他相當的男性知識分子，始終都無法忍受太久，他們可能隨時都會挫他銳氣，批評他的論點鬆散又空洞。尼贊還沒跟他決裂就死了，但他跟其餘的人都起過口角：阿宏（一九四七年）、柯斯勒（一九四八年）、梅洛－龐蒂（一九五一年）、卡繆（一九五二年），這裡提的只是比較重要的幾個而已。

他跟卡繆的口角就像盧梭和狄德羅、伏爾泰跟休謨、托爾斯泰跟屠格涅夫的爭執一樣激烈——跟最後一對不一樣的是，雙方沒有和解。沙特似乎一直嫉妒卡繆長得好看，對女人極具吸引力，也嫉妒他身為小說家十足的威力與原創性：《鼠疫》（*La Peste*）在一九四七年六月發行，馬上風靡年輕人，並迅速賣掉三十五萬冊。他在《摩登時代》上發表了意識形態的批判，雖然尷尬但雙方友誼還是持續下去。當沙特變得更加左傾，卡繆變得更加傾向無黨派，某種程度上卡繆的地位等同於英國的喬治．歐威爾：他確立自身反對所有獨裁主義體制的立場，並視史達林為跟希特勒一樣邪惡的人。他就像歐威爾，而且跟沙特不一樣，一直認為人民比理念重要，波娃描述一九四六年時，卡繆向她吐露心聲：「我們的共通點是，妳和我，都認為個體是最重要的。我們喜歡有形事物勝過抽象事物，喜歡人民更勝學說。我們把友誼置於政治之上。」[45]

波娃的內心深處或許贊同卡繆的說法，但是當由於一九五一年至一九五二年卡繆的著作《反抗者》（*L'Homme révolté*）使得最終的決裂來臨時，她當然選擇站在沙特那一方。沙特和他在《摩登時代》的助手認為這本書抨擊史達林主義，決定分兩階段抨擊。首先，沙特提名讓當時年僅二十九歲的年輕人簡森（Francis Jeanson）來主持決議此事的編輯會議，「他說話刺耳，但至少有禮貌」。然後，當卡繆答辯時，沙特親自寫了一篇毫不客氣、對卡繆人身攻擊的譴責：「你已經被一個兇暴又拘禮的獨裁佔有了，這種專制受到抽象的形式主義支持，假裝根據道德律來統治。」他說卡繆罹患了「受傷的虛榮心」，沉迷於「小作家的口角」、「你那令人生厭的自大與脆弱，總是打消大家對你坦言相告的念頭」。[46]此時沙特已經獲得所有有組織的極左派支持，他的攻擊確實對卡繆造成傷害，也可能讓他心靈受創——卡繆是個脆弱的人——偶爾他會對因為沙特決裂而心情低落。其他時候他只是哈哈大笑，視沙特為可笑之人，「一個老母還在替他繳所得稅的人」。

沙特跟才智相當的任何人都無法維持友誼的情形，這解釋了他的政治觀點前後矛盾、不著邊際，偶爾十分輕浮的現象。實情是，他不是天生的政治動物，他在四十歲前對於邏輯上的「必然結果」沒有看法。在他跟柯斯勒與阿宏（兩位的判斷力都在一九四〇年代晚期變得成熟，成為政治要人）分道揚鑣後，立場搖擺不定。在一九四六年至一九四七年間，他意識到自己在年輕人中極具威望，於是感到緊張，不知道要支持哪個政黨。看起來他似乎認為，身為知識分子，有種必須支持「工人」的道德責任。問題出在沙特並不認識、也沒有花心思去會見任何工人，除了他那優秀的祕書尚．庫是無產階級出身，保留濃厚的奧德省（Aude）口音，勉強還算是一個。那麼，是否該支持最多工人支持的政黨呢？在一九四〇年代的法國，這表示要支持共產黨，但是沙特不是馬克思主義者，確切來說，馬克思主義跟他所鼓吹的強烈個人主義的哲學完全對立。雖是這樣，他還是無法譴責共產黨或史達林主義——這是他跟阿宏與柯斯勒起爭執的原因之一。他以前的學生尚・卡納帕（Jean Kanapa）如今是共產黨最重要的知識分子，厭惡地寫道：「他是個喜歡跟馬克思主義調情的危險動物——因為他沒讀過馬克思，儘管他或多或少知道知道馬克思主義的內涵。」[47]

沙特唯一的積極作為，是他在一九四八年二月，協助成立一個非共產主義者的左翼反冷戰運動，叫做革命民主同盟（RDR），意在徵召世界各地的知識分子——他稱為「國際智慧」——而主題思想是歐陸聯盟。「歐洲青年，團結起來吧！」沙特在一九四八年六月一場演講中說：「塑造你自己的命運！……創建歐洲，這個新世代將創造民主。」[48]實際上沙特如果真的想打歐洲牌並創造歷史，大可支持政治經濟學加尚・莫內（Jean Monnet），他當時正在為該運動打基礎，而該運動在十年後催生出歐盟。但這必須要高度關注經濟與行政細節，這個沙特辦不到，照當時情形，追隨他的革命民主同盟組織幹部盧瑟（David Rousset）發現他相當無能：「儘管他神智清醒，但他活在一個與現實完全隔絕的世界裡。」盧瑟說「他對理念的戲劇與運動相當投入」，卻對實際的時局不太感興趣，「沙特活在泡泡裡」。一九四九年六月，該政黨第一次舉辦全國代表大會時，到處都找不到沙特：他人在墨西哥，和多洛莉絲一起，正努力說服她嫁給他。革命民主同盟就這樣解散，沙特游移的注意力也轉移到戴維斯（Gary Davis）可笑的世界公民運動去了。莫里亞克（François Mauriac）是偉大的小說家與喜愛譏諷的天主教公理會教徒，這回他給沙特一些明智的公開建言，呼應了羅素不滿女友時譏諷的字眼：「我們的哲學家必須聽從理性——放棄政治吧，查內托[6]，去學數學！」[49]

沙特不聽勸，反倒把時間花在同性戀竊賊尚・吉內（Jean Genet）的個案上，他是個狡猾的騙子，對沙特輕信的本性有強烈吸引力——沙特需要一些信仰的替代品。他寫了一本跟吉內有關而可笑的長篇著作，篇幅將近七百頁，實際上是在頌揚廢棄道德律論（antinomianism）、無政府狀態與性別不明。根據他較為明理的友人，這顯示沙特不再做一個嚴肅、系統性的思想家，成為一個在智識上譁眾取寵的作家。[50]怪的是，波娃一個更理性的傢伙，在某些方面外表、裝扮與思想都像是一個老派的哲學家，卻沒能阻止他幹下這種蠢事。她急於留住沙特的愛與自己在後宮的地位——用韋特曼的話說，就像曼特農夫

6 查內托（Zanetto）是歌劇中四處遊蕩、與美麗妓女戀愛的吟遊詩人。

人與法王路易十四[7]——同時也擔心他喝酒與用藥的情形。為了保住他對她的信賴，她覺得自己必須跟他觀點一致。因此寧可附和而非規勸他的過失，而這成了他們相處的模式：她強化他的誤判，為他的愚蠢行為背書。她比他更不具政治敏銳度，漸漸地，她也開始對世界時局大放厥詞。

一九五二年，沙特解決了他對共產黨的兩難，決定支持共產黨。這是在經歷兩次共產黨鼓動宣傳的活動後，而做成的非理性判斷：分別是「亨利．馬丁事件」[8]，以及由共產黨策畫的無情鎮壓暴亂，後者是為了對抗美籍的北約指揮官李奇威（General Matthew Ridgeway）。[51]一如當時許多人預見的，共產黨發起釋放馬丁的運動實際上導致當局把他關得比原本更久，而共產黨並不在乎，他被監禁正符合他們的目的。但只是沙特應該要更有判斷力才對，他的政治眼光從他譴責守舊的總理皮奈（Antoine Pinay）建立獨裁政權時就能看出端倪。[52]沙特從未顯示他真的懂、或是對議會民主感興趣，更別說是懷抱熱情了。在多黨制的社會投票表決，根本不是他所定義的自由。那他指的自由是什麼？這問題就更難回答了。

沙特在一九五二年與共產黨人密切合作，完全沒道理。此時西方以文件證明並承認史達林的可怕罪行，其餘左翼知識分子也正成群地離開共產黨。沙特發現自己左右為難。

他觀察到自己對史達林陣營心神不寧地緘默，而他為自己的緘默所辯護的論點，卻跟他在《摩登時代》所承諾的宣言完全抵觸。他無力地主張：「由於我們不是該黨黨員或公開的支持者，我們沒有書寫蘇聯勞改營的責任。只要沒有發生對社會學有重大意義的事件，我們有自由不關心該體制本質之爭論。」[53]他也逼自己對布拉格斯蘭斯基（Slánský）和其他對捷克猶太裔共產黨人駭人的審判保持緘默。更糟的是，他讓自己在一九五二年十二月，共產黨人的世界和平運動（Communist World Peace Movement）在維也納舉行的荒唐大會裡，被當成淪為一隻表演把戲的熊。沙特這是在抱法帝耶夫（叫沙特鬣狗與豺狼的那位）的大腿，他告訴會議代表他畢生最重要的三件事，是一九三六年的人民陣線、法國解放運動，與「這次大會」——這是公然說謊，尤其是在共產黨大頭的一聲令下，他終止了他的反共舊劇作《骯髒的手》（*Les Mains sales*）在維也納的演出。[54]

在沙特持續支持共產黨路線的這四年期間，他的某些言行簡直令人難以置信。他就像

---

7 路易十四一生情婦眾多，共有十六名私生子女，一六八三年與曼特農夫人（Madame de Mainteno）祕密結婚。

8 亨利．馬丁（Henri Martin）是海軍士兵，因拒絕參與中印戰爭而入獄。

羅素一樣，讓人想起笛卡爾名言中令人不快的真理：「沒有什麼荒謬不可信的東西，是不曾被哲學家擁護過的。」一九五四年七月，在造訪俄羅斯後，他接受了同情共產黨的《解放報》（*Libération*）記者兩小時的訪談。這是自一九三〇年代初期蕭伯納惡名昭彰的考察隊以來，重量級的西方知識分子對蘇聯最卑躬屈膝的說法了。[55]他說蘇聯治下的公民之所以不出國，不是因為被限制，而是因為他們沒有離開他們超棒國家的欲望。他主張：「比起來，蘇維埃公民對政府批評得更多，也更有效。」確切來說，他主張：「在蘇維埃社會主義共和國聯盟裡，有評論的完整自由。」多年後，他坦承他說謊：

> 我一九五四年第一次造訪蘇聯，我說了謊。實際上，說謊可能是太過強烈的說法：我是寫了篇文章⋯⋯說了些蘇聯的好話，但我並不相信。我這麼做，部分原因是一回國就詆毀款待你的東道主，我覺得不太禮貌，部分原因是我真的不知道在蘇聯跟我的理念之間，我該抱持什麼立場。[56]

這是來自「數萬青年的精神領袖」的奇怪告白，此外，它就跟他原本的謊話一樣是騙人的，因為當時沙特很清醒，並且是蓄意讓自己跟共產黨站在同一陣線。事實上，對他在一九五二年至一九五六年的某些言行避而不提，是更仁慈的做法。到一九五六年時，沙特在法國與世界的聲譽已經非常低落，低到他不可能沒有感受。他以攻擊蘇聯入侵匈牙利來替自己解圍，作為跟莫斯科和共產黨決裂的理由，或至少是個藉口。同時，他對迅速發展的阿爾及利亞獨立戰爭（Algerian War）產生興趣——尤其是一九五八年後，戴高樂再度執政，提供了一個現成的討人厭的人物——為他贏回了在獨立派左翼中的聲譽，尤其是年輕人。某種程度而言，這個策略是真誠的，在有限的程度上也是成功的。沙特體驗到阿爾及利亞戰爭的「美好」，一如他體驗到第二次世界大戰的「美好」，和羅素不同的是，雖然他很努力，卻沒有成功被逮捕過。一九六〇年九月，他說服了大約一百二十一名知識分子連署一份聲明，主張「(公務員與軍隊等）在阿爾及利亞戰爭中有權抗命」，第四共和政府差一點就把他關進牢裡了。但第五共和政府比較老練，是由兩位在知識與文化上的傑出人士，戴高樂自己和馬爾羅所主宰。馬爾羅說：「最好讓沙特在協和廣場（Place de la Concorde）大叫『恐怖分子萬歲！』然後再逮捕他，讓我們自己為難尷尬。」戴高樂以維永、伏爾泰與羅曼．羅蘭為例，告訴內閣說最好別動知識分子：「這些人在紅極一時的時候帶來很多麻煩，只要與我們的法律、國家的團結不相衝突，我們必須繼續尊重思想與言論的自由。」[57]

一九六〇年代，沙特大部分時間都在遊歷中國與「第三世界」，這是一九五二年地理學家索維（Alfred Sauvy）發明的用語，但將之普及的卻是沙特。他和波娃成為家喻戶曉的人物，經常能看到他們與非亞獨裁者談天的留影——他穿著他第一世界的西裝與襯衫，她則穿著她女教師的羊毛衫，搭配吸睛的「民族風」裙子與圍巾。對於邀請沙特的那些政權來說，他發表的談話比較能夠接受，至少沒有比他對史達林執政的俄羅斯的讚譽更誇張。他說卡斯楚：「從古巴革命中誕生的國家，是直接民主。」說狄托（Tito）執政的南斯拉夫：「實現了我的哲學。」說納塞執政的埃及：「過去我一直拒絕談論社會主義跟埃及政權的關係。現在我知道錯了。」他對毛澤東主政的中國特別熱情，他喧鬧地譴責美國在越南的「戰爭罪行」，將美國比作德國納粹黨（但他又拿戴高樂來跟納粹比，忘了巴黎淪陷期間，他自己的劇作登台上演時，這位將軍正在對抗納粹）。他跟波娃一直都反美：一九四七年，在訪美之後，波娃在《摩登時代》寫下荒謬的報導，充滿了可笑的拼字錯誤，比如「格林尼威治村」（Greeniwich Village/Greenwich Village）、「馬克思．吐溫」（Max Twain/Mark Twain）、「詹姆斯．艾利吉」（James Algee/James Agee）和瘋瘋癲癲的斷言，例如只有有錢人才獲准進入第五大道的商店。幾乎所有說法都不是真的，因此成為瑪麗．麥卡錫（Mary McCarthy）絕妙辯論的笑柄。[58] 如今到了一九六〇年代，沙特在羅素名譽掃地的越南戰爭罪法庭（於斯德哥爾摩舉行）扮演重要角色。這些不太有意義的活動，對世界沒有產生任何影響，只是讓沙特不管對嚴肅話題發表什麼談話時，影響力都大受打擊。

儘管如此，沙特對第三世界的仰慕者提出的建言，還是有更邪惡的一面。雖然沙特不是行動派——這是卡繆更傷人的嘲笑之一，說沙特「嘗試在脫離現實的情況下創造歷史」——但是他一直都鼓勵別人採取行動，而所謂的行動是指暴力。他成為弗朗茲·法農（Frantz Fanon）的資助者，法農是一位非洲的思想家，或許能稱為現代黑色非洲種族主義的奠基者。沙特為法農宣揚的暴力聖經《大地上的受苦者》（*Les Damnés de la terre*）作了一篇甚至比正文更嗜血的序。沙特寫道，對一個黑人來說，「射殺一個歐洲人是一石二鳥，讓一個壓迫者被摧毀，同時又消滅了被壓迫者」。這是更合乎時代需求的存在主義：透過謀殺來自我解放。正是沙特發明了確認既存秩序是否「暴力」的文字技巧（擷取自德國哲學），例如「制度化的暴力」，這樣就有了正當理由可以為了推翻這種暴力而殺人。他主張：「對我來說，根本問題是，要否決左翼不該以暴制暴的理論。」[59]注意：他說的不是「一個」問題而是「根本」問題。由於沙特的文章廣為流傳，在年輕人的圈子裡尤其如此，他因此成為許多恐怖主義運動的學術教父，從一九六〇年代晚期以來，這些運動便開始壓迫社會。他沒有預見到，他從哲學上激勵的大部分黑人暴力活動，並未用來反抗白人，而是去打擊其他黑人，但這是作為一個有智慧的人應該要預見的。扶植法農來煽動非洲，讓非洲局勢益發惡化，他促成了席捲非洲大陸大部分地區、從一九六〇年代至今的內戰與大屠殺，對越戰即將結束的東南亞危害更甚。柬埔寨從一九七五年四月起發生駭人的紅色高棉大屠殺，死亡人數介於總人口數的五分之一至三分之一，是由一群名為「最高組織」（Angka Leu）、說法語的中產階級知識分子所籌謀的，該組織一共有八位領袖，包括五名教師、一位大學教授、一位公務員，還有一位經濟學家。他們一九五〇年代都在法國留學，不但都加入共產黨，還吸收了沙特哲學中行動主義與「必要暴力」的信條。這些大屠殺是他思想的產物。

在沙特人生最後的十五年，其行動沒有多少意義。他有點像羅素，拚命維持著先鋒的地位，一九六八年，他表明立場支持學生，一如他從為人師表的第一天起就這麼做。在一九六八年五月的諸多事件中[9]，很少人因為有功而崛起——阿宏是法國傑出的例外[60]——因此沙特的有失尊嚴的表現或許不值得特別責難。在一場盧森堡廣播電台的訪談中，他向學生設置的街壘致敬：「暴力是學生們加入父權體制之前，唯一不被改變的事物……目前，我們軟弱的西方國家唯一反對國家統治集團的力量，便是以學生為代表……這取決於學生認定他們該如何建立他們的作戰模式。我們甚至無法針對此議題，為他們提供建議。」[61]這一個花了三十年光陰給年輕人建議的人，說出了這種老套的說法。還有更昏庸的說法，他告訴學生：「你的行動最令人關注之處，就是它驅動想像力快速前進。」波娃也一樣滿腔熱血，她熱情地說，學生在巴黎大學牆上塗鴉的「大膽」標語之中，她最感動的是「禁止是被禁止的」。沙特屈尊地訪問只做了一天學生領袖的龔─本第（Daniel Cohn-Bendit），並在《新觀察家》（*Nouvel-Observate*）雜誌寫了兩篇文章。他覺得這些學生「百分之百正確」，因為他們要摧毀的政權是「懦弱的政治……必須要扼殺」。其中一篇文章大部分是在攻擊他之前的朋友阿宏，而阿宏幾乎是當時一堆愚蠢行為中唯一保持清醒的人。[62]

但是這些滑稽的動作並不出自沙特的內心，是他的年輕奉承者們敦促他動起來。當五月二十日他現身巴黎大學的圓形露天劇場，向學生發表演說時，他看起來像是一位困惑的老人，因為四周都是明亮的燈光、煙霧，以及「尚─保羅」的呼聲──他的助手們絕不敢這樣直呼其名。他的發言不太好懂，結尾時說：「我要離開你們了。再不走，我最後會說出一大堆蠢話。」一九六九年二月十日是他最後一次出現在學生面前，他慌張地被攙扶著，就在開始演講前，有人唸了一張學生領袖寫的無禮紙條給他聽：「沙特，要清楚，

9 指「五月風暴」，始於學生因反對越戰而發起的學運，最後整個法國癱瘓，一年後戴高樂被迫辭職。

要簡潔。我們還有很多規章、討論跟通過。」這不是他過去習慣接受、或是能夠遵守的建議。[63]

不過這回他已有了新的愛好。和托爾斯泰與羅素一樣，沙特的專注力很短暫。他對學生革命的興趣維持不到一年。同樣短暫但不尋常的是，他緊接著企圖使自己與「工人們」成為一體，他為這群不可思議但被理想化的存在寫了那麼多文章，卻始終不理解他們。一九七〇年春天，法國的極左派企圖將毛澤東的文化大革命歐洲化，這是遲來的嘗試，該運動被稱為無產階級左翼（Proletarian Left），而沙特同意共襄盛舉，名義上他成為其刊物《人民事業報》（*La Cause du peuple*）的總編輯，但這主要是為了避免被警察查封。該運動的目標非常暴力，甚至超過沙特的口味——呼籲把工廠經理送進監牢，把議會代表私刑處死——但實際上是原始的浪漫精神、幼稚與強烈的反智。沙特在裡面實無容身之處，他自己似乎也感受到了，抱怨說：「我若繼續跟激進分子混在一起，總有一天會被人推著輪椅擺布，擋到每個人的去路。」但是他被一群年輕的追隨者簇擁，到頭來還是抗拒不了政治表演的誘惑。於是巴黎把他視為奇觀，這位六十七歲、就連戴高樂（沙特討厭他）都尊稱一聲「親愛的大師」的沙特，在街頭叫賣品質低落的報紙，在無聊的分流道旁印傳單。有一位攝影師捕捉到他在香榭麗舍大道的身影，那是一九七〇年六月二十六日，他一身嶄新的無產階級裝束，白色運動衫，厚夾克與鬆垮垮的褲子。他甚至計畫讓自己被逮捕，但不到一小時就被釋放了。十月，他再度現身街頭，在比揚古（Billaincourt）的雷諾車廠外，站在汽油桶上對著汽車工人滔滔不絕。《震旦報》（*L'Aurore*）一篇報導譏諷道：「工人們聽不懂。沙特的觀眾根本沒幾個，全是他自己帶去的毛澤東主義者。」[64]十八個月後，他又去了另一家雷諾車廠，這回他偷偷進入工廠內部，並口頭支持絕食抗議；但保全人員找到他，把他趕了出去。沙特的努力沒有勾起實際車廠工人們半點的興趣。一如既往，他結交的全是中產階級的知識分子。

但對一個行動失敗的人來說，從任何實質意義來看，他確實從來就不是一個行動主義者，始終都只有「詞語」而已。他為自傳取名《詞語》，恰如其分地反映現實生活，他的座右銘「Nulla dies sine linea」，意思是「沒有一天不寫作」，這是他矢志維持的習慣。他寫作甚至比羅素更不費力，一天可寫上萬字，大部分品質粗劣，或者不如說是自矜不凡、言過其實，而且欠缺有肌理的內容，只是虛胖。我是在一九五〇年代早期自己在巴黎發現的，當時我偶爾會翻譯他的論戰文章：這些文章以法文讀起來很好，但一以英文的措詞方式來表達就不行了。沙特不太重視品質。一九四〇年寫給波娃的信裡，省思他所寫下的大量文字，他坦言：「我一直認為量大是美德。」[65]怪的是，在他餘生最後十年，他越來越迷戀福樓拜，而福樓拜是一個過分講究，尤其在雕琢詞句方面，會發狂地一直修改作品的作家。他探討福樓拜的書，最終足足有三冊，共二八〇二頁，許多內容都不值一讀。沙特寫出很多書，有些篇幅龐大，儘管許多素材在別部作品裡有回收再利用，但更多是沒寫完的——有一個論法國大革命的大部頭出書企畫，還有一本講義大利畫家丁托列托（Tintoretto）的書。另一個艱鉅的出書企畫是他的自傳，篇幅可跟夏多布里昂（Chateaubriand）的《墓中回憶錄》（*Mémoires d'outre-tom*）媲美，《詞語》基本上就是從中摘錄出來的。

沙特坦承詞語是他全部的生命：「我投注了一切在文學上……我領悟到文學就是宗教的替代品。」他坦言詞語對他而言更勝字面上的意義：它們是有生命的，就像研習神秘經典的猶太學生，從《摩西五經》的文字中感受到宗教的力量：「我感受到詞語的神祕主義……漸漸地，無神論吞噬了一切，我不再傾力寫作並把寫作從宗教中分離出來……身為一個不信神的人，我回歸詞語，渴望知道言詞的意義……我全心全意，但在我面前，我感到一個夢想的死亡，一種歡快的殘酷，駭人的永恆誘惑。」[66]這段文字寫於一九五四年，當時沙特還有好幾百萬字待寫。這有什麼意義？可能沒什麼。沙特總是寧可東拉西扯也好過什麼都沒寫。他是應驗了約翰遜博士尖銳評論的那種作家：「不管他們知不知道，法國人就是得一直說個不停。」[67]就像他自己的說的：「（寫作）是我的習慣，也是我的職業。」

他對他寫的東西效果如何，態度悲觀。「多年來我以筆為劍，而今我理解到我們多沒價值。不管了。我正在寫，我應該會繼續寫書。」

他也愛說話，偶爾講到停不下來，沒人在聽他也不管。電影導演約翰・休斯頓（John Huston）的自傳中有一段沙特精彩的小插曲，他們在一九五八年至一九五九年時共事，一起寫佛洛伊德的劇本，沙特因此得借宿休斯頓在愛爾蘭的家。他描述沙特「是個矮個子，說多醜就多醜。他的臉浮腫又坑坑洞洞的。一口黃牙，而且斜視。」但他的主要特色是說個沒完：「跟他沒有對話這種事。他說個不停，你插不上話。你想等他喘口氣，但他不會。他說話像洪水滔滔，不絕於耳。」休斯頓看見沙特在自己說話時做筆記很驚訝。有時休斯頓會離開房間，受不了他綿綿不絕的詞語，但離開後沙特的聲音像是無人機般繼續跟著他。等休斯頓回到房間，他發現沙特還在講話。[68]

這種語言腹瀉症最終摧毀了他的演講魅力。當他談辯證法那本悲慘的書出版時，尚・瓦爾還是邀請他到巴黎哲學學院（Collège de Philosophie）演講。從晚間六點開始，沙特從非常巨大的文件夾拿出手稿，以一種「機械、匆忙的聲調」朗讀。他沒有從手稿裡抬過一次眼，看起來全神貫注在他寫的東西裡。一個小時後，聽眾煩躁起來。講廳裡擠滿了人，有些人還得站著。一小時又四十五分鐘後，聽眾筋疲力竭，有些人已經躺在地板上，沙特似乎忘了聽眾在場。最後瓦爾必須打暗號叫沙特停下來。沙特突然把所有手稿收好，沒講一個字就離開講廳。[69]

但總是會有一群人聽他說。漸漸地，當沙特年邁，奉承阿諛者越來越少。一九四〇年代末與五〇年代初，他賺了非常多錢，但也花得很快，他對錢向來漫不經心。小時候，當他想要錢，就去母親的皮包拿，成為學校教師後，他和波娃四處借錢。她坦言：「我們跟每一個人都借過錢。」[70]他說：「錢具有我喜歡的那種易損耗的特質。我喜歡看著錢從我的指縫中流逝。」[71]這種漫不經心有令人愉快的一面，和許多知識分子（尤其是知名的）不同，沙特對錢是真心大方。他很樂於在餐館或餐廳裡為別人付帳單，多半是他幾乎不認識的人。他捐錢，捐給革命民主同盟超過三十萬法郎（以一九四八年的匯率換算，超過十萬美元）。他的祕書尚．庫說他「對他人不可思議的慷慨與輕信」，[72]他的慷慨與偶爾的幽默，是他的性格中最好的一面。但他對錢的態度是沒有責任感的。他假裝自己對版權與代理費用很在行——一九四九年他曾與海明威碰面，這兩位作家什麼都沒談，就只討論這個話題，非常符合海明威品味[73]——但這只是在裝模作樣。尚．庫的繼任者克勞德．福克（Claude Faux）作證：「沙特堅持拒絕碰錢。覺得浪費時間。但他還是不斷需要錢，用來餽贈或幫助他人。」[74]結果便是他向出版商欠下巨額債務，並面臨需要補繳金嚇人的所得稅。沙特的母親偷偷幫他繳了稅——因為卡繆把這件事當笑柄——但她財力有限。到了一九五〇年代晚期時，沙特深陷財務困境，從此就沒有真正擺脫困境過。儘管持續擁有高收入，他還是負債，常缺現金。他的支付名單上總是有一批人，職責不一，等著他發薪或發放救濟。這些人構成他的外廷，內宮則是女人。在一九六〇年代尾聲，內宮隨著他的財務狀況疲弱銳減，外廷也縮小規模了。

到一九七〇年代時，沙特越來越像個可憐兮兮的名人，未老先衰，幾乎全盲，經常喝醉，為錢操煩，想法變來變去。一個來自開羅的年輕猶太人走進他的生命，名叫班尼·李維（Benny Levy），以維克多（Pierre Victor）為筆名寫作。一九五六年至一九五七年，蘇伊士運河危機爆發時，他的家人逃出埃及，他沒有國籍，沙特協助他獲准居留在法國，並聘他為祕書。維克多作風神祕，戴墨鏡，有時還戴上假鬍子，他的看法古怪，往往極端，盡力把想法強加給他的雇主。沙特的名字會出現在兩人合寫的奇怪聲明或文章裡，[75]波娃害怕維克多會成為另一個拉夫·蕭恩曼，尤其當他跟阿萊特結盟時，她變得非常痛苦。她開始對維克多又恨又怕，一如索妮亞對契爾特訶夫那樣。但此時的沙特無法再做那麼多公開蠢事了，他的私生活依然多樣化，時間由後宮分攤。他的假期過法如下：與阿萊特在他們共同持有的南法住宅過三週；兩週分給汪妲，多半在義大利；幾週跟赫蓮娜，在一座希臘島嶼上；然後是花一個月跟波娃在一起，通常在羅馬。在巴黎，他經常在不同女人的公寓之間搬來搬去。他最後一年的人生被波娃殘忍地寫在她的小書《再見，沙特》（*Adieux : A Farewell to Sartre*）上：他大小便失禁、醉態狼狽，女人們可以給他灌幾瓶威士忌，好爭取他殘存的一點神志。一九八〇年四月十五日，當他死於布魯塞醫院（Broussais Hospital）時，她們應該都如釋重負。早在一九六五年，他就祕密收了阿萊特當養女。因此她繼承了一切，包括他的文學資產，並在其死後主持手稿的出版事宜。對波娃來說，這是最後的背叛：「中心」在「外圍」的陰影下黯然失色。這位法國知識分子左派的皇太后，在他死後又活了五年。但沒有孩子，也沒有繼承者。

沙特確實跟羅素一樣，對公共政策的看法沒有任何類型的連貫與一致，沒有任何主義在他死後繼續生存。結果跟羅素一樣，到頭來他所擁護的，不過是屬於左派與青年陣營的成員，那種模糊的渴望罷了。身為一個知識分子，沙特畢竟曾以一種突出的生活哲學（儘管亂七八糟）受到認同，雖然令人不滿意，但總有一大批受過教育的公眾，需要知識分子領袖。盧梭雖然罪大惡極，死後還是廣受尊敬，而沙特是另一頭「聖獸」，在巴黎也由知識分子們籌辦了隆重的葬禮，超過五萬人跟著他的棺柩進入蒙帕納斯公墓，大部分是年輕人。為了能看清楚一點，有些人爬到樹上。其中一人摔下來撞在棺材上。是什麼原因讓他們來參加葬禮？這一大群人出席葬禮，想要擁護的是什麼信念？是跟人性相關、有見地的真理嗎？我們會想好好問一問。

第十章

威爾森

迷失在太平盛世的懺悔者

Edmund Wilson

1895-1972

「馬克思主義是知識分子的精神鴉片。」

——威爾森

艾德蒙·威爾森（Edmund Wilson）的例子很有啟發性，因為他讓我們得以釐清傳統文人與我們所探討的知識分子之間的差異。事實上，威爾森的職涯可說是始於文人，接著變成尋找救世方案的知識分子，然後是——變成一個更憂傷、更有智慧的人——回到他年輕的時候，專注於他真正的專長：文學。他出生時，美國文人已經是個牢固而悠久的團體，確切來說，他們在亨利·詹姆斯身上找到了傑出的模範，對詹姆斯來說，文學是生命，他鄙棄世俗知識分子那種光憑理念就能變出魔法，轉化這個世界與人性的念頭。對他來說，歷史、傳統思想、秩序與既定的形式，構成了文明的傳承智慧，以及人類行為唯一可靠的指引。詹姆斯對公共事務有著嚴肅的、客觀超然的興趣；他在一九一五年放棄英國公民資格，以從事自己認為正確的理想事業，這個動作顯示，他認為藝術家應該在重大議題上挺身而出。但文學總是位居第一，那些為文學獻上生命的人——守護祭壇的祭司們——絕不應該為了追求政治上的虛妄眾神而獻身。

威爾森實際上有類似詹姆斯的傾向，儘管他更像是一個粗暴、屢教不改的美國人。跟詹姆斯不一樣的是，他認為歐洲，尤其是英國，在憲政上是腐敗的，而美國儘管有諸多不完美之處，卻是一個高貴理想的化身；這解釋了為什麼在他傳統主義者的外殼下，偶爾會冒出激進主義者的樣子。還有，不論是家世背景還是（至少某一段時間的）性格傾向，他都走上了詹姆斯一世時代（Jacobean）的道路。他來自一個非常大的新英格蘭長老教會家庭，孩提時期幾乎不認識家族以外的人，父親是律師，曾任紐澤西州的州檢察長。他有做法官的天性，威爾森遺傳了這種本能。他說他父親看人是「看優點」，但「某種程度來說是居高臨下地看」。而且，就像幫威爾森編輯報紙的里昂·艾戴爾（Leon Edel）指出的，把文學作者當作原告交叉質詢，以及像是坐在奧運裁判桌上評判的習性，是威爾森作為文學評論家最顯著的特質，[1]但是他也遺傳到父親對真理的熱愛與不屈不撓找出真理的決心。這最後成了他的救贖。

威爾森的母親是個對藝術一竅不通的普通人。她喜歡園藝跟觀賞大學的美式足球比賽，到晚年還出席了普林斯頓大學的美式足球賽。她對威爾森的期許是成為一個卓越的運動員，對他寫的東西沒有興趣，這或許剛好避開了海明威跟他那聰明、精通文學的母親之間，越來越嚴重的毀滅性緊張關係。威爾森去了常春藤預備學校希爾中學（Hill School），然後在一九一二年至一九一五去了普林斯頓，在那裡受到高斯（Christian Gauss）良好的教導。他有一段令他厭惡的軍營生活，是以《紐約太陽晚報》（*New York Evening Sun*）記者身分，前往法國一個軍醫單位，戰爭結束時他的身分是情報機關的陸軍中士。

威爾森一直都是個能賣力、堅持不懈、系統性閱讀的人，他的筆記顯示在一九一七年八月到停戰的十五個月期間，他讀了超過兩百本書：除了老作家如左拉、勒南（Renan）、詹姆斯與伊迪絲・華頓（Edith Wharton），也讀當代作家，從吉卜林、柴斯特頓（Chesterton）到司特雷奇、康普頓・麥肯齊、麗貝卡・韋斯特（Rebecca West）與詹姆斯・喬伊斯。作為讀者，沒人讀得比威爾森更透徹、更縝密。他以有如法官的方式讀書，這輩子讀書都像在審判作家。然而，身為作家，他卻沒那麼有條理，他似乎無法做長期規畫。他的著作本身不斷演變，篇幅越來越長，他的非虛構作品剛開始只有隨筆，小說則是從短篇開始。起初他只想當個記者，但後來，隨著他對一個主題投入感情，他對真實世界做出判決的熱情，迫使他挖掘得更深。但他還是花了一段時間，才找到真正想做的事。一九二〇年代他在《浮華世界》（*Vanity Fair*）工作，然後是《新共和》（*New Republic*）。接著在《日晷》（*Dial*）嘗試評論戲劇，然後重返《新共和》。他寫詩、寫報導，寫了一本小說《想起黛西》（*I Thought of Daisy*），以及賣力研究現代作家的《阿克賽爾的城堡》（*Axel's Castle*）。他享受過常春籐名校單身漢的生活，一九二三年至一九二五年短暫地與女演員瑪麗・布萊爾（Mary Blair）結了婚，再次恢復單身，然後二度結婚，在一九二九年娶了瑪格麗特・坎比（Margaret Canby）。此時他已是初出茅廬的文人，廣受文學同行矚目，以擁有令人稱羨的敏銳客觀判斷力著稱。

一九二〇年代的繁榮是如此驚人，看起來如此持久，久到抑制了政治的激進主義，就連林肯．史蒂芬斯一九〇四年寫的《城市之恥》（*Shame of the Cities*）——這一部「專門收集並揭發名人醜聞」的進步時代里程碑，也認為美國的資本主義可能會跟蘇聯的集體主義一樣令人信服其中寫道：「民族會以某種方式存續，我想兩種方式都行。」[2] 斯圖爾特．蔡斯（Stuart Chase）在《國家》（*Nation*）雜誌開起了三個月的專欄，探討繁榮的持久性，第一篇就在一九二九年十月二十三日星期三時刊登，正值股市第一次大崩盤。可是當崩盤的嚴重程度以及隨之而來的蕭條越來越清楚，知識分子的見解卻是朝反方向反彈。作家們受經濟衰退的打擊特別重，到一九三三年時，書籍銷量只剩一九二九年的五〇%了。老牌的波士頓公司利特爾布朗（Little, Brown）形容一九三二年至一九三三年，是一八三七年他們開始發行書籍以來「最糟的」一年。史坦貝克（John Steinbeck）抱怨他什麼都賣不出去：「當大家破產，第一樣放棄的就是書。」[3] 不是所有作家都轉向左派，但大部分都加入了廣泛、模糊、組織鬆散，往往有爭議但毫無疑問是激進派的運動。回顧當時，屈林（Lionel Trilling）看見這股力量在一九三〇年代初期崛起，是美國歷史一大轉捩點：

或許有人會說，就我們目前所知，樹立美國知識分子階級的，是其卓越的聲望與影響力。透過一切觀點的浮沉盛衰，它穩固了這個階級的存在，其中絕大多數是左派。除了輿論以外，美國三〇年代的政治傾向，是由這個階級的作風所界定的——激進主義帶來道德的急迫性、危機感，與對個人救贖的關切，這在在都標誌著美國知識分子的存在。[4]

屈林提到葉慈（W. B. Yeats）的評論已經定義了知識分子的本質，亦即人不能「逃避心靈智識的偉大工作」，而且——

沒有比清洗人類骯髒的操行記錄
更偉大的工作了。

屈林補充道，問題出在一九三〇年代，太多人急著翻轉詹姆斯的看法，以及「用力把家庭、階級、種族或文化團體，和一般社會所塗抹的歷史紀錄刷洗乾淨」。[5]

為這群沸騰的知識分子掃蕩焦慮，在空白上重新寫上文明基礎文獻的，是艾德蒙．

威爾森。在一九三〇年至三一年的冬天，憂懼不已、士氣低落的《新共和》雜誌束手無策，是威爾森提議該採取社會主義路線，在《對革新主義者的呼籲》一文中，他主張，一直到華爾街崩盤之前，美國的自由主義者與革新主義者一直都冀望資本主義能履行諾言，為所有人打造合理的生活。但資本主義失敗了，他希望「美國人現在願意首度將理想主義與他們對組織的才幹，投入一場激進的社會實驗」。俄羅斯會成為美國的挑戰者，因為蘇聯具備「幾乎所有美國人會讚美的特質——極致的效率，結合艱鉅的英勇事蹟，其經濟自豪的熱切氣氛中，透過共同的行動來實現——就像一台自由債券的傳動裝置（Liberty Loan Drive），在五年內成功完成某件大事[1]」。[6]

威爾森拿史達林第一個五年計畫跟自由債券比較，顯示在這個階段，新型的激進知識分子有多麼無知。不過，他開始以他常有的、類似第二個五年計畫斯達漢諾夫運動（Stakhanovite）的精力來閱讀馬克思、列寧與托洛斯基完整的政治作品。到了一九三一年底，他已經很篤定，改革必須規模龐大，知識分子必須找出具體的政治與經濟解決方案，並以詳盡的程序或綱領來體現。一九三二年五月，他跟帕索斯、安德森（Sherwood Anderson）和

1 指蘇聯的五年計畫，蘇聯自一九二八年至一九九一年解體為止，共實行了十三個五年計畫。

歷史學家孟福（Lewis Mumford）、共同起草了一份宣言，以政治神學之神職的措辭方式，提出「一場社會經濟革命」。[7]緊接而來的是該年夏天他以個人聲明說明信念的起源，「我期待下一個秋季的大選，能投給共產黨候選人」。他似乎未曾考慮過真的加入共產黨，但認為共產黨的領導者是「原汁原味的美國典型」，在主張「必須服從權力中心，否則不可能實現嚴肅的革命工作」的同時，也「不失對美國現況的掌握」，共產黨主張「赤貧的人民別無選擇，必須接管基礎工業，並為公共利益經營這些產業」是正確的。[8]

威爾森很清楚，他跟他的朋友可能會被視為有錢的局外人，跑來玩工人階級的政治。確切來說這個看法是正確的，扣除閱讀馬克思主義，他對這個理想的貢獻，就只是幫共產黨領袖福斯特（William Z. Foster）辦了場雞尾酒會，福斯特在酒會上回答問題，而提問者是正在思考截然不同的新政策的作家們。威爾森津津有味地引述政治評論家李普曼（Walter Lippman）的一個小故事。有一次暴風雨時，李普曼在他的華盛頓大宅裡，穿著燕尾服，「伸手拿著一把小平底鍋，試著拿來盛載因天花板漏水而導致的洪水氾濫」——知識分子無力對付這場危機的精準比喻。[9]但是他不自覺也給了別人相同印象，在那段小插曲中，他感謝他的黑人忠僕哈蒂（Hatty），「神奇地加大並修補了」他舊燕尾服的褲子，讓他得以穿去參加蘇聯領事館舉辦、慶祝他們「新組織設立」的晚宴。[10]

但是威爾森實際上和本書所描述的其他知識分子不大一樣，他對真相的熱情是誠摯的，他認真、真心實意且特別努力地去了解社會情況，他希望自己能成為救世的教皇。一九三一年，他一寫完《阿克賽爾的城堡》，馬上投入現場報導，在全美各地寫文章，這些文章後來在一九三二年彙編成《美國恐慌》（*The American Jitters*）一書。威爾森擅長傾聽，觀察犀利，又是個謹慎而精準的記錄者，他調查伯利恆（Bethlehem）、賓州的鋼鐵工業，然後又到底特律去視察汽車工業。他報導了新英格蘭一次紡織業的罷工，以及西維吉尼亞洲與肯塔基州的採礦業。接著他來到華盛頓，穿越堪薩斯州與中西部，再北上到科羅拉多州，然後南下新墨西哥州，並進入加州。他的報導值得注意，是因為不帶偏見、捕捉細節的天賦，對常態、非政治性與不尋常之處的關切，更重要的是對人的利益與理想同樣重視——簡言之，與恩格斯的《英格蘭工人階級的工作條件》完全相反。亨利·福特（Henry Ford）被描述為「富有想像力的怪異組合，結合奢華與廉價，卑賤與高尚的意志，西北部的簡樸與蒼桑，還有一種經久耐用的特性」。威爾森提到：「底特律到處都有人爆粗口。」他記錄了與股市崩盤不相干的爭執、犯罪、謀殺等趣聞，描述密西根的冬天、加州奇怪的建築物和新墨西哥州的觀光農場。有個中西部女孩告訴他，她正在「充分利用資本主義的最後二十四小時」。加州拉古納海灘（Laguna Beach）的老油井鐵架塔，「就像德魯伊教（druid）蓄鬍的老僧侶，鬍子長到懸在胸前」。在聖地牙哥（San Diego）遠方的燈塔若隱若現，令他想起「陰莖在陰道裡有節奏地脹大」。[11]

一九三二年冬天情勢惡劣，超過三百萬人失業，威爾森加入一群知識分子，一起去視察肯塔基州的煤業罷工，並寫下一篇令人痛苦的所見所聞。作家們帶來了救難物資，並被郡檢察官告知：「你們想發送多少食物都不要緊，但只要你們違法，我很樂意履行我的職責起訴你們。」威爾森記錄小說家沃爾多·法蘭克（Waldo Frank）以報導威脅一位市長。法蘭克：「就像莎士比亞說過的，筆誅更勝劍伐。」那位市長說「無論何時，我都不怕共產黨員的筆」。參訪的知識分子被搜索槍枝，有些被踢出去，有些被毆打。在共產黨總部，他提到：「畸形的人……駝背的人管照電梯，矮小的婦人戴著眼鏡，有女人臉上有一部分變色了，像是燒傷，但變色的區塊又長出某種突出的東西。」他對這類參訪的價值流露出有益的懷疑態度，寫信給多斯·帕索斯說：「整件事對我們來說很有意思——但不曉得能對礦工帶來多少幫助。」[12]

威爾森三十幾歲時的激進主義，最值得注意的面向是，他獨立思考，以及他真的在意真相，讓他不至於像海明威那樣，淪為被共產黨操縱的工具。就像他告訴帕索斯的，作家們應該明確地成立自己的獨立團體，「這樣同志們才不容易上當受騙」。他已經體認到激進的中產知識分子容易缺少一種人類基本特徵，就是把自己與所屬的社會群體視為一體。他在一九三三年一篇叫做《共產主義者的特質》的文章中，點出知識分子的弱點所在：

> 他只能把興趣放在被剝奪法律權益的少數派，把自我的認同和他們連結起來……他的團結只存在於他對人類進步的想像之中——這是一種動力，但這種力量不能高估——他在直接的人際關係中所失去的，可以藉由另一種能力來彌補：他的目光可以越過家人與鄰居。家人與鄰居。[13]

對一個像威爾森這樣對人類生活與特質深感興趣的人來說，這樣的彌補一點也不夠。但他還是決心不光是探討共產主義的理論根源——他著手一本即將成為闡釋馬克思主義者歷史的重要著作《到芬蘭火車站去》（*To the Finland Station*）——還要去看看在蘇聯的實際運用情況。在某些方面，他比一九三〇年代其他知識分子都更努力釐清真相，他會讀、說俄語，他精通俄語原文的文學作品。一九三五年春天，他申請了古根漢獎學金（Guggenheim scholarship）去俄羅斯留學，獲得兩千美元的資助。他搭乘前往俄羅斯的船，來到列寧格勒

（Leningrad），很快就開始與人交談。他從列寧格勒旅行至莫斯科，再搭船沿著窩瓦河來到下游的奧德薩市（Odessa）。當時大清洗已經開始，但遊客還是能自由來去，到處旅行。不過，在奧德薩市，他腎臟急症發作，服用了猩紅熱的藥物，有好幾週的時間，都待在一間破舊、汙穢，但又自由的出奇的隔離醫院裡面，那裡是仁慈與臭蟲、社會主義與穢物的混合物。許多人物都像是直接從普希金的作品中走出來一樣。確實，這地方是普希金在世時建造的，它給了他進入俄羅斯社會的入口，而如果不是普希金的作品，他也找不到門路。結果他離開時越來越討厭史達林，對整個產生制度不安的質疑，但還是非常尊敬俄羅斯人民，對他們的文學欽佩與折服。

顯然是威爾森對人難以抑制的興趣，讓他不願意讓人民被理念抹殺，這使得他無法維持知識分子的姿態太久。到一九三〇年代晚期時，所有文人的本能與欲望都回來了，但是把自己從馬克思主義的誘惑中解放出來的過程並不容易。《到芬蘭火車站去》篇幅越來越長，到一九四〇年時都還沒出版，而且一直到第二版，威爾森才譴責史達林主義是「他所知道世上最駭人聽聞的暴政」。這本書本身是混合物，有些篇章可以追溯到馬克思主義對他在思想上擁有壓倒性衝擊的那段時間，例如，他把馬克思三部激進的政治宣傳，《法國的階級鬥爭》（*The Class Struggles in France*）、《路易・波拿巴的霧月十八日》（*The Eighteenth Brumaire of Bonaparte*）與《法蘭西內戰》（*The Civil War in France*）連結起來，視為現代人文科學歷史的重要產物，但實際上這些書是肆無忌憚地混雜著謬誤、一廂情願的想法與惡言謾罵，沒有什麼歷史價值。他為馬克思的反猶太主義辯護或駁斥——「如果馬克思瞧不起他的種族，或許主要是摩西發現以色列的孩童在金牛犢面前跳舞的那種憤怒」[2]。他說馬克思對錢的態度源自「近乎瘋狂的理想主義」，而沒去提他欺騙工匠，非常渴望親戚死去（包括他的母親），借錢卻完全不打算還錢，或是在股市交易上投機（威爾森可能沒注意到最後一項活動）。對於馬克思為了他「人文科學」事業所帶給家人的痛苦，威爾森一點也不困擾。從理論上來說，他能想像自己也這麼做。

但實際上呢？威爾森顯然欠缺世俗知識分子漠視真相與偏愛理想勝過人民的正字標記。但他是否依然保有這群人都擁有的特質：極端的自負呢？當我們檢視他這部分的特質，並檢驗他的私人行為，證據是不太充分。威爾森有四任妻子。他和第一任是協議分手，因為他們各自的職業事後證明無法和諧共存，雙方仍維持良好關係。第二任在一九三二

2 猶太教禁止偶像崇拜。根據《出埃及記》，摩西為了領受十誡，離開以色列人四十晝夜。以色列人擔心他不再回來，造了金牛犢。摩西得知消息後，憤怒地摔碎寫有十誡的石板，並毀掉金牛犢。

年九月穿著高跟鞋參加一場聖塔芭芭拉（Santa Barbara）的派對，失足跌下台階，死於頭蓋骨骨折。他在對馬克思主義—俄羅斯最熱情的期間維持單身，但是一九三七年他遇見了瑪麗．麥卡錫，一個小他十七歲、才華洋溢的年輕作家，翌年他結婚了。

第三任妻子為威爾森的政治生活增添了新風貌。瑪麗．麥卡錫是多種出身與趨勢的優異混合體，她來自西雅圖，從母親這一方獲得猶太與新英格蘭的新教徒血統，他父親的雙親是愛爾蘭農場拓荒者第二代，靠著裝有升降梯的穀倉交易而致富。她出生於一九一二年六月二十一日，有三個弟弟，但接著全都成了孤兒。瑪麗先是交由苛刻專制的天主教徒叔熟和嬸嬸扶養，後來轉由新教徒的祖父母扶養長大。[14]她所受的教育裡有兩個極端，一個是天主教的修女團，另一個是在瓦薩（Vassar）的知名女子學院。[15]可能會有人預測，她嶄露頭角時，是被寵壞的修女和賣弄學問的女學者的混合體，而她真正的抱負卻在劇場，視寫作為萬不得已的最後一招。但她非常擅長寫作，也很快便建立起敏銳非凡的評論家名聲，首先是書評，然後是劇評。她和哈羅德．揚斯魯德（Harold Johnsrud）結了婚，但成就很快便遠遠超越這位失敗的演員兼作家，三年後他們婚姻破碎，後來在她上乘的小說《殘酷野蠻的治療》（*Cruel and Barbarous Treatment*）裡剖析得很透徹。[16]她的下一段冒險經歷，是跟俄羅斯出生的《黨派評論》（*Partisan Review*）總編輯菲利普．拉夫（Philip Rahv）同住一公寓。

這讓她走進了紐約激進圈子的核心。

一九三〇年代，有一個矛盾但卻真實的看法，認為紐約「成了蘇聯最有趣的部分……在這個地方，史達林與托洛斯基之間的鬥爭可以公開進行」，[17]交戰絕大部分是在《黨派評論》內部及其周圍進行。《黨派評論》創辦於一九三四年，最初由共產黨控制，但其總編輯拉夫有著不服從指令的靈魂，只照他自己的想法做事。他接受正規教育只到十六歲，此後他獨立生活，睡在紐約公園椅上，在公共圖書館讀書。他和威爾森一樣，在一九三〇年代初期變成馬克思主義者，《給青年的一封公開信》標誌著他的信仰改變，他在信中主張：「我們必須跟這種被稱為資本主義的瘋狂文明，切斷一切聯繫。」[18]在《黨派評論》，他以不偏不倚的精準，寫出那個時代的主流觀點——中產階級的知識分子的窮苦已經向下沉淪到農工階級。他寫道：「為了成為輔助無產階級的知識分子，我急忙脫下那件受中產階級作家影響，而變得偽善的祭司禮袍。」[19]他是他所謂「文學階級戰爭」（這是他一篇文章的標題）的重要推手。[20]但是在一九三六年，拉夫因為莫斯科審判[3]而跟共產黨人士決裂，他認定那是陰謀詭計。拉夫是文學作家的嫻熟牧人，對他們的集體情緒特別敏銳，

3 莫斯科審判（Moscow trials）指三〇年代蘇聯大清洗時期，由史達林主導的一系列「作秀公審」。

他把《黨派評論》停刊了一段時間，觀察文學輿論動向，然後以支持托洛斯基主義的姿態重新開始，結果他發現猜對了：在當時的社會背景中，重要作家都站在他這一邊。這當中包括瑪麗・麥卡錫，她也成為他的情婦，這個漂亮活潑的年輕女人是個意外的收穫。[21]

關於史達林與托洛斯基的鬥爭之間，吸引瑪麗的不是政治，而是當中所產生的戲劇興奮感。芝加哥小說家法洛（James T. Farrell）寫道：「現在，史達林與托洛斯基的支持者之間畫出一條血腥的界線，而這條界線看起來像是一條無法通行的河流。」[22]共產黨領袖白勞德（Earl Browder）說，被逮到在共產黨會議上發傳單的托洛斯基主義者，應該被「消滅」。瑪麗後來描述《黨派評論》就像聯合廣場（Union Square）上孤立無援的守軍：「整個地區都是共產黨的版圖；『他們』無處不在——在街上、在餐館。幾乎每一棟廢棄的建築物裡，都至少有一組他們的外圍團體，或是派系或刊物。」當《黨派評論》搬到阿斯托廣場（Astor Place），跟共產黨的《新群眾》共用一棟大樓時，「在電梯裡遇見『他們』，靜默地下樓，忍受他們冷酷的徹底審查，可以預見，是一種可笑又可怕的情景」。[23]她看起來是發現了一場宗教戰爭，因為帶有神學仇恨的強烈氛圍而感到興奮。有趣的是，她所受的天主教道德訓練以一種自負的姿態殘留下來，例如拒絕跟違反她嚴格的道德、知識和政治規則的人說話，共進午餐或是打交道。她對政治的實際了解或關注其實不多。她後來坦言，她漸漸形成的政治立場，往往是為了炫耀或好玩。她太吹毛求疵，無法成為三〇年代的那種共產黨同志。她後來曾經拿托洛斯基跟甘地比較，可見她對這兩個人都認識不多，就連在當時，她也會在左翼政黨中引起騷動，因為她在微醺時揭漏了保皇主義勢力的根基，又提起沙皇家人遭到殘忍謀殺。[24]回想起來，她給人的印象完全不是政治動物：先是對共產主義無知，後來成為共產主義者，再來是意外成為一個托洛斯基主義者，然後變成反共產主義者，然後就只是個溫和、多用途的激進分子。但她始終有著批判意識，部分是出於天性，部分是因為在英格蘭所受的文學批評訓練；而且實際上，她真正感興趣的是人而不是理想，同樣地，根據我們使用至今的定義，她也更像是知識分子的女人，而不是她本身就是知識分子。

但瑪麗是否更想做一個知識分子的女人，勝過文人的女人呢？拉夫無疑是知識分子，但他不是一個有吸引力的男人。在專精於指點所謂的「一群獨立思想的人」[25]時，他對自身的內心感受，卻藏得格外嚴密。威廉．史代隆（William Styron）寫道：「他城府頗深，幾乎不可得知。」瑪麗也曾提及：「若說世上沒有兩個人是一樣的，那他應該比任何人都更不像任何人。」[26]評論家諾曼．波德里茨（Norman Podhoretz）後來作證說，「他是個對權力有強烈欲望的人。」[27]此外，就像他的新情婦很快就發現的，這股欲望最常見的表現方式，是對其他人施壓。

因此瑪麗．麥卡錫，這個熱愛紐約黨派鬥爭的浪漫靈魂，很難長期受拉夫的宰制，很自然地溜走，嫁給了威爾森。理論上，這應該是一種文學的結合，是沙特與波娃之間那種馳名且持久的、知識分子的結合。但實際上，這種結合需要兩個截然不同的人才能成功。當然，威爾森對女人的態度，有一部分跟沙特是一樣的：也就是自我中心與剝削利用。一九五六年他跟英國文學評論家西里爾．康諾利（Cyril Connolly）有一場關於妻子的對話，極具啟發性，透露了他的想法，他認為妻子的主要功能是服務丈夫。威爾森叫康諾利擺脫現任妻子，即小說家斯克爾頓（Barbara Skelton），他說：「你該娶個不一樣的女人，會好好照顧你那種。」康諾利回答，他確實正在嘗試這個建議，並拯救他自己：「我還在捕蠅紙上——我的腿已經自由了，但還無法抽身。」這兩位男士討論妻子，都像在討論某種高級僕人。[28]

但是威爾森跟沙特不同，他對女性存疑，也有一定程度的恐懼。他年輕時曾提到，女人是「保守主義勢力中最危險的代表」，是文學英雄「一生都在對抗」的對象。他認為，藉由進行知識分子向來喜愛的「開誠」政策的某種變體，便能保護自己：他在筆記本裡長篇大論地記錄他跟女人們最私密的情景，尤其是他們的性關係。威爾森寫虛構作品也寫評論，他寫筆記的習慣，大多是受到詹姆斯・喬伊斯《尤里西斯》的影響，他似乎認為藉由寫下發生過的事，能驅散某些他對性的驚恐，以及女人們對他施加的壓力。他的筆記裡對美麗的女詩人埃德娜・米萊（Edna St Vincent Millay）著墨很多，她是他的初戀，或許也是用情最深的一個，威爾森深深為她著迷。他寫到跟他一起分租公寓的年輕人畢夏（John Peale Bishop）也愛上了她——兩人約定好必須共享她，畢夏愛撫她的上半身，威爾森則是下半身，米萊叫他們「地獄的唱詩班少年歌手」[29]。威爾森說起他在一九二〇年第一次買保險套：「我去格林威治街的藥局，緊張兮兮地在店外探頭探腦，要確定店裡沒有女士。」然後，店員「拿出一個他大力推薦的橡膠製保險套，像氣球般把它吹大，向我展示它有多可靠」，但這玩意兒突然爆破，「事後證明這是一個凶兆」。他說他得了性病。他寫到，他是「許多性冒險的受害者……墮胎、淋病、感情糾纏和心碎」[30]。他對那些女人們為了讓他進入，而不得不脫掉的衣服有著可怕的興趣，脫掉「那些該死的腰帶當中的一條」，就像「在吃貝類」。[31]

許多完整不間斷的段落，涉及他的第二任妻子瑪格麗特，「在十二街的客廳裡，她脫掉衣物佇立，那渾圓、柔軟，女人的乳房（白皙的肌膚）。」她「短小身材，當我擁抱她的時候，她赤足裸體站著，豐滿的臀部與大而柔軟的胸脯，軀幹大而雙腿小」。他還提到

「小而有力的雙手（緊緊抓牢）……躺在床上時，手臂與雙腿小小的，烏龜般的手掌，伸向每一個角落」。他描述在沙發上跟穿著藝術學院化妝舞會（Beaux-Arts Ball）服裝的她做愛，「有點難處理——她是把腿擱在手臂上嗎？」，還有「她脫下洋裝時，內衣褲也跟著脫下了……她說，『我是那些動作敏捷的女孩』」。[32]

然後偶有婚外情。有個女人「真的嚇壞我了，她說希望我揍她。她有個朋友喜歡換妻。我買了一把金屬刷毛的梳子……先是刷她，然後用來打她。我覺得這實在很難，或許是因為拘謹吧。事後她說非常享受。」另一個對象「以為男人的陰莖一直都是硬的，因為無論什麼時候，只要他們為了引她注意靠近她，就都是硬的」。有個在倫敦寇松街（Curzon Street）釣到的妓女「工作積極又專斷」。許多女人對他的器官——太多次，多到像是真的——說：「你好大！」諸如此類的話。[33]

他的第四任妻子得到相同的對待。例如，在一九五六年選舉期間：「……我們坐在沙發上聽史蒂文森（Adlai Stevenson）在麥迪遜廣場花園（Madison Square Garden）的競選演說，我開始感覺到她。她半坐起身，雙腿張開，想要做愛……當演說被中斷時，我們繼續做著更有活力的事更。」他繼續寫道：「而今我似乎永遠都不滿足。」在英格蘭，受夠了牛津大學萬靈學院（All Souls）「修道院的陳腐」，他趕回倫敦，「我急著撲在艾蓮娜（Elena）身上，她已經在床上了」。[34]

他跟瑪麗．麥卡錫的第三段婚姻期間，筆記本中沒有這類色情文學的材料，也或許只是沒發表。兩人的結合從一九三八年二月持續到戰爭結束，但似乎從一開始就失敗了。沙特對待波娃的方式或許像是奴隸，但從沒告訴過她該寫些什麼，而威爾森卻堅持瑪麗．麥卡錫應該要寫小說，對待她就像是個需要監督學業的聰明女學生。她顯然是在他的懇求之下才嫁給他的，婚後才發現他很專斷：他身為裁判沒有給予太多意見，而這些意見她稱之為「批准的版本」。他酒喝很兇，每次一喝醉，要是瑪麗對他露出嫌惡的態度，他有時會變得暴力。喝醉、挑釁、紅髮的男人（威爾森是紅髮棕眼）後來成為瑪麗的小說裡的人物，也有被丈夫打得眼圈發青與一身瘀青的女人。[35]

這段婚姻拖到一九四六年，但關鍵的決裂在一九四四年夏天，一切就如瑪麗申請分居的證詞那樣。一場有十八人與會的派對後，每個人都回家了，她在洗盤子：

我問他是否願意倒垃圾，他說：「自己倒。」我開始倒兩大桶的垃圾。當我穿過紗門，他譏諷地一鞠躬，又說了一次：「自己倒。」我賞他一巴掌——沒多用力——接著走出去倒垃圾，然後上樓。他呼喚我，於是我下樓。他從沙發站起來，狠狠地朝我打來，打中我的臉，還有全身。他說：「妳覺得跟我在一起不開心。好啊，我就給妳不開心。」我跑到屋外跳進我的車子。[36]

這場為了倒垃圾引發的爭吵，後來被寫進她一九五五年的著作《魅力人生》（*A Charmed Life*），書中的瑪莎非常害怕紅髮的麥爾斯．墨菲，「除了麥爾斯，沒有人恫嚇她成功過……跟麥爾斯在一起，她鎮靜地做著她所痛恨的事情」。當瑪麗寫信告訴威爾森，麥爾斯不是在寫他時，他回說他沒讀過那本書，但是「我假定它只是妳另一本描寫歹毒紅髮愛爾蘭人的書」。

真相是，瑪麗性格太過強烈，天分太過特殊，很難成為那種把自己當神一樣、眼光又高的人的理想伴侶。起初，她或許延長了威爾森對左翼政治的參與，但是終究，她獨立的精神反倒讓威爾森對所有宣稱進步的激進意見感到厭惡。她的離去標誌著威爾森終於不再當一個知識分子，再次認為文人的角色更加合適他。一九四一年，他在麻薩諸塞州鱈魚角（Cape Cod）的韋爾弗利特（Wellfleet）購置了一間老式大宅，後來他又繼承了家族在紐約偏僻的石造宅邸，此後他便根據季節，在這兩地隆重地搬來搬去。他的第四任妻子艾蓮娜本名赫蓮．夢（Helène-Marthe Mumm），有一半德國人血統，是來自法國蘭斯（Rheims）香檳區葡萄酒商的女兒。他語帶得意地稱讚她，提到「她坦率不受束縛的生命活力，跟她拘謹高貴的舉止反差很大」，也發現她「是很棒的接替者」，讓這個家開始「恢復正常運作」。她以某種程度的老派歐洲紀律為他持家，為他的生活帶來舒適與優雅。他滿意地接受了這個例行程序：一整天穿著睡衣睡袍馬不停蹄地專心工作，然後在下午五點時穿上筆挺的西裝、新襯衫跟領帶現身，進行他所謂的「社交約會」。

一九四八年一月十九日，作為一個將注意力轉向文學的傳統仕紳階級，他在筆記上記錄他的新生活。他遛狗群，「牠們在一片雪中看起來健美」，覺得溼地「在鱈魚角陰鬱的天空下，廣闊，金黃，肥沃」。他「度過了認真工作的一天」，並「喝了兩杯上好的純蘇格蘭威士忌」，現在他「在宅邸中享受它的明亮與愉快——飯廳的拱窗，閃耀著的燭光……」。[37]八年後，他寫了篇沒有公開的隨筆，標題是《六十歲的作家》，讚美傳統與堅持的重要，他提到：「美國的生活大多容易遭受分裂與挫折，悲慘地崩潰與逐步地枯竭。」年輕時他就感受到這種宿命的威脅，而今「在我六十一年的歲月裡，我發現最令我滿意的是領受我的堅持不懈」。他回到鄉下，「周遭都是孩提時的書本，和屬於我父母的家具」。他是否「活在過去的影響中」呢？一點也不，他是位處「一切的核心——因為核心只存在人的腦中，而我的感受與想法，可能和許多人共有」。[38]這種生活的方式與亨利・詹姆斯相去不遠。

但值得觀察的是，威爾森即便化身為文學仕紳，還是依然保留了一些促使他投身激進知識分子生活的特質。他是一個經常為真理而認真努力的人，但他的腦中有一些成見，讓他把真理殘暴地拒之門外。他的仇英心理，混合著反帝國主義、痛恨英國階級制度以及全然的不安全感，這些在他所有其他激進動力消褪時保留了下來。他的戰後筆記給人的印象是，他應該是一邊寫作一邊咬牙切齒說邱吉爾「噁心，令人受不了」。他（相當嚴肅地）評述道：「英國人低調而謹慎地，要把大麻生意弄到手。」這有幾分事實，也有幾分非事實，一個法國的二等領事可能會這麼報告。他小心翼翼地忍受一切，在冷淡又沒誠意的「牛津式拒絕」、「英國的競爭惡意」、「他們說『是』有兩種方式」中搞清楚自身的處境。實情是「他們有個特殊用語叫『文明』，這在別處通常叫『禮貌』」，他們有「煽動暴力」的習性與「偽善的國際聲譽」。他提到「背信棄義的阿爾比恩」（perfide Albion）和「傲慢的英格蘭人」，並坦言：「我變得很反英，反英到開始支持史達林，因為他讓英國窒礙難行。」[39]

一九五四年他再度造訪英格蘭，這段旅程不光是被他描述得很惡毒，還有一篇牛津大學教授柏林（Isaiah Berlin）所寫的有趣的速寫，柏林是萬靈學院負責招待他的東道主。威爾森宣告：「我在英格蘭的當前對策，是審慎進取」。他很開心地發現英國知識分子比以往更「偏狹」與「孤立」，牛津變得「破舊與沒落」。他在萬靈學院的房間是「令人悲傷的小牢房，就像紐約四流的出租房間」，而「校園的雇工顯然心懷不滿」。參加派對時遇見小說家佛斯特（E. M. Forster），他語帶挑釁地說：「一個小個子的男人，乍看會以為他是櫃台人員或是眼鏡行裡的人。」儘管他跟佛斯特一樣喜愛《戰爭與和平》、《神曲》（*The Divine Comedy*）和吉朋（Gibbon）的《羅馬帝國衰亡史》（*Decline and Fall*）這三本書，但是「我認為《資本論》也可歸為同一類。」相較於知識分子，這是一個文人令人吃驚的評論，而且威爾森注意到這個評論讓佛斯特「倉皇失措」，那也不令人意外。佛斯特急忙把話題帶到安全的珍．奧斯汀，然後再慢慢脫身：「嗯，我不該阻止你和其他人接觸。」這是一種輕視的諷刺說法，所幸威爾森沒有察覺。[40]當柏林問他是不是「討厭英國遇到的每一個文學圈子的人」時，威爾森回答：「不，我最喜歡伊夫林．沃和西里爾．康諾利。」

「為什麼？」

「因為我本來以為他們很卑鄙下流。」[41]

威爾森對其他作家的敵意，確實是另一個他跟許多其他知識分子共有的特徵：即便是馬克思，也無法以更帶惡意的方式來記錄這些看法。比如他說，D．H．勞倫斯的頭「小到不成比率。有人認為他屬於某個次等的社會階級——煤礦中某種繁衍下來的未成熟種族」，對史考特．費茲傑羅也有很糟糕的描述，說他醉得可悲，躺在角落的地板上。他曾描述詩人洛威爾（Robert Lowell）瘋癲又狂熱，說卡明斯（E. E. Cummings）的聲音「像女孩」，說奧登是「老於世故的胖子……突然開始告訴我們他不擅長用鞭子打人」。桃樂西．帕克噴了太多廉價香水，評論家布魯克斯（Van Wyck Brooks）「不懂卓越的文學作品」。康諾利「從不聽任何人講俏皮話或假話」，T．S．艾略特「體內」有一個「壞蛋」，英國西特韋爾三姐弟（Sitwells）了無生趣。[42]這位像神一樣的評判，心懷許多敵意。

對於世界的一般事務缺乏平衡處裡的心態，是在知識分子中常見的情況，而我們也屢屢看見像威爾森這樣的文人，在離開知識分子的隊伍後，依然有著這樣的問題。這在威爾森與美國國稅局官員的憤怒交戰後突然且災難性地出現，為此他寫了本憤慨的書。他的問題很簡單：一九四六年到一九五五年期間，他未曾申報所得稅，這在美國與其他大部分國家，都是重罪。確切來說，在美國，按慣例會被處以嚴重的罰緩與徒刑，而當威爾森第一次向律師坦承他的違法行為時，律師「馬上告訴我，在這一團混亂中，顯然最好的做法就是成為他國公民」。[43]他未能遵守法律的理由軟弱無力，因為成年後的大部分歲月，他都是一個不受雇於人的自由作家。一九四三年底他在《紐約客》找到一份正職，那裡的收入會預扣稅款；一九四六年，他出版了小說《黑卡蒂郡回憶錄》（*Memoirs of Hecate County*），是他商業上的一大成功，在此之前，他的最高收入是在《新共和》裡做副主編的七千五百美元。然而，他就在這一年再婚了，得為兩次離婚支付費用，為此他花掉了《黑卡蒂郡回憶錄》得到的意外之財。他說當時這本書依然暢銷，打算等錢進來再來彌補他的繳稅義務，但這本書突然惹上了言語猥褻的麻煩，從此再無進項。因此他說：「我認為等我再多賺點錢，再來申報一九四五年以來的所得稅會比較好。」此事發生在一九五五年，當時《紐約客》出版了他對聖經抄本「死海古卷」（Dead Sea Scrolls）長期且備受讚揚的研究成果，匯編成一本成功的書。便是此時他去見稅務律師，對其建議感到震撼：「當時我不知道我們的稅變得有多重，或是沒有申報所得的懲處有多嚴厲。」[44]

這是非常不尋常的招供。這人在整個一九三〇年代針對社會、經濟與政治問題廣泛寫作，曾為當局熱烈地提供加重公共支出與主要產業國有化等建議，他還出版了一本大書《到芬蘭火車站去》，滿腔熱情地研究那些透過「奪走中產階級資產的革命」來改變一般人處境的理念，究竟是如何發展而來的。他怎麼看待他大力支持的「新政」（New Deal），國家如何在高支出下收支平衡？難道他感受不到對所有改革工作有其個人責任，尤其是那些像他這樣，直接表達對弱勢有道德義務的人？還有他贊同的馬克思主義者警句「各盡所能，各取所需」呢？還是他覺得這適用於他人，但不適用於自己。簡言之，這是一個偏愛人類群體，卻沒想過人類個體的情況嗎？如果是這樣，他也不必擔心，反正馬克思本人這輩子，似乎也沒付過一毛錢的所得稅。威爾森的態度事實上是知識分子中的一個引人矚目的例子，大多數知識分子在告訴世人這個世界該如何運行時，是以相當道德權威的語氣，認為這些建議的實際後果跟他們無關——這些建議是給「一般人」的。

用了兩個律師和一群會計，總計五年的時間，威爾森才結清國稅局的帳。國稅局自然沒讓他太好過，他們對他課了六萬九千美元的稅，補足了十年六%的利息，外加九〇%的罰金——五〇%罰詐欺行為，二五%是罰違法行為，五%是沒有申報，一〇%是涉嫌低報所得。但這已經是相當輕微的處罰了，因為威爾森每一次沒有申報，都能判處一年徒刑。此外，他以貧窮和必須支付一萬六千美元的律師費為辯護理由，國稅局最後寬赦了他，以折衷方案只跟他清算了兩萬五千美元，所以他理當覺得自己很走運。但正好相反，他寫了一本謾罵的書，《冷戰與所得稅：異議》（*The Cold War and the Income Tax: a Protest*），這在各方面來說都是失去理智的回應。該書以最挑釁的方式，訴說徵稅的角色，讓他深刻了解現代國家的令人恐懼的殘酷與恐懼——但這是對一個富有想像力、且從事國家理論與實務研究的人來說，不該感到意外的。他以最沒說服力的道德立場來攻擊政府，卻在強力支持國家以人本主義者的立場進行擴張時，大幅地漠視其潛在的弊端，卻在自己因為疏失觸法時，起而抗議國家。這就是威爾森的態度，在他的書中，他為了替自己不一致的行為開脫，主張大部分的所得稅都被花在冷戰妄想症造成的國防支出了。但他後來也沒繳州所得稅，而這些稅金也沒有用在國防上面。他也忽略了這一點：他定居美國時，聯邦所得稅率急遽上升，是用來作為社會福利支出的。逃這種稅也具有道德正當性嗎？簡言之，這本書顯示威爾森最壞的一面，但可喜可賀，這位仁兄那時四十歲，基本上已經不再是個涉足政治的知識分子了。

也可以說，藉由回到他文人的真實角色，威爾森的熟年變得非常多產。包括一九五五年的《死海古卷》（*The Scrolls of the Dead Sea*）、一九五九年論印第安人聯盟的《向北美印第安人部族致歉》（*Apologies to the Iroquois*），以及一九六二年探討美國南北戰爭文學的《愛國的高爾》（*Patriotic Gore*）。這些書與其他著作都具有勇氣和勤勉的特性——研究死海古卷得學習希伯來語——還有對真理不偏離正道又持續不懈的追求。這件事本身就讓他有別於大部分知識分子了。更何況是威爾森的研究與寫作，集中在對人們強力、溫暖、敏銳與文明的關懷，而不是抽象的理念。正是這種關懷讓他的文學評論生動活潑，讀之有味。對威爾森來說，最好的情況是牢記這個領悟：書本不是脫離現實的存在，而是來自活生生的男男女女的所感所思，而理解他們的關鍵，取決於他們與作者的交互影響。理念的殘酷之處在於預設人類可以屈己以配合理念，卓越人文學科帶來的幫助，在於能從個人的啟發進一步發展為通則。威爾森以動人的才情文筆，探討埃德娜．米萊，提出了一個詩人該如何發揮作用的完美定義：

最重要的是深刻感受個人經歷，讓她得以對更普遍的人類經驗感同身受，挺身而出，成為人類心靈的發言人，大聲說出人類的困境與興衰。但作為一個人性表達方式的大師，透過語言本身的壯闊，她讓自己超然於普遍的困窘、壓迫與驚恐之外。[45]

是威爾森的人本主義，讓他得以理解這些過程，從而擺脫追尋太平盛事的謬論。

第十一章

戈蘭茲

苦於良知的出版大亨

Victor Gollancz
1893-1967

「我收俄羅斯的文稿，好壞都收，因為它們『正統』。我退了其他稿子，是有誠意的社會學家與正直的作家寫的，因為他們不是……身而為人，我很肯定這全是錯的。」

——戈蘭茲

逐一研究任何知識分子，會有種強烈感覺油然而生，就是他們欠缺對真實性的尊重。他們急於發揚救贖、超脫的真理，將真理的確立視為他們對人類的使命，他們對平凡、日常的實情（以客觀事實為代表）沒有太多耐心，這些實情妨礙了他們的說理論證。這些帶來不便、不重要的實情於是受到漠視、竄改，甚至蓄意隱匿。這當中最突出的例子，便是馬克思。但我們所檢視的知識分子，在某種程度上都因此受罪，唯一的例外是威爾森，但他或許根本不能算是知識分子。接下來兩位知識分子，其工作與生活都以欺騙（包括自欺）為核心，確切來說，欺騙扮演了決定性的角色。

第一位是維克多．戈蘭茲（Victor Gollancz），他之所以重要，不光是因為他自己孕育出一個突出的理念，也因為他是許多理念的代理人，這些理念成果明顯，讓人印象深刻，使社會意識到其重要性，他或許是我們這個世紀傑出的知識分子宣傳人員。他絕對不是邪惡的人，即便他做錯了，通常也會意識到錯誤，因而感到良心痛苦不安。但他的職涯顯示，欺騙在推廣千禧年式的太平盛世理念的過程中，所扮演的角色多麼異乎尋常。即便在他有生之年，曾經與他往來的人，都知道他對真理可以多麼傲慢。但現在，多虧了他女兒莉維亞（Livia Gollancz）的誠實，公開了他的文章，也要感謝一流的傳記作家愛德華的巧妙處理與公正無私，我們才得以檢驗他欺騙的確切本質與程度。[1]

戈蘭茲的出身很幸運，更別說是他的婚姻了。他來自一個學風鼎盛、英才輩出的家庭，並經由結婚成為另一個門當戶對家庭的成員。戈蘭茲家族原是猶太教的正統派（Orthodox Jews），起初來自波蘭。他祖父是漢布羅（Hambro）猶太教堂唱詩班的領唱者，父親亞歷山大（Alexander）是個賣力工作且成功的珠寶商，虔誠而好學，他的叔叔赫曼．戈蘭茲爵士（Sir Hermann Gollancz）是一位拉比與閃語學者，提供廣泛的公共服務，另一位叔叔以賽亞．戈蘭茲爵士（Sir Israel Gollancz）是研究莎士比亞的學者，曾任英國國家學術院（British Academy）祕書，算是創建了倫敦大學的英文系。[2]有一個嬸嬸是劍橋學者，另一個是傑出的鋼琴家。他的妻子露絲（Ruth）也受過良好教育，上過聖保羅女子學校（St Paul's School for Girls），受過藝術家的訓練。他所屬的洛伊家族（Lowys）一樣在學術、藝術與商業成功方面引人注目，家中的女性對藝術、音樂與文學的追求，跟男性一樣充滿活力。補充：格雷茲（Graetz）著名的《猶太人史》（*History of the Jews*）就是由貝拉．洛伊（Bella Lowy）翻譯成英文的。

戈蘭茲一輩子身邊都是這種最精通歐洲文化的人，自幼便有機會從中得到樂趣。身為唯一的兒子，他受到熱愛他的雙親與順從他的姐姐們的寵愛，實際上被當成唯一的孩子對待；他有很多零用錢，很早就迷上了歌劇，才二十一歲就看過四十七次《阿依達》（*Aida*）；一直到晚年，巡訪歐洲歌劇院都是他標準的度假模式。[3]他拿到了去聖保羅中學唸書的獎學金，接受上乘的古典教育（每週兩次把《泰晤士報》的社論翻譯成希臘文與拉丁文）然後以開放學生（Open Scholar）身分進入牛津大學新學院（New College）。等時候到了，他拿到拉丁文散文校長獎，古典文學課程拿到優等成績。

他已經是一個激進的知識分子了，從許多文學家、音樂家身上汲取養分，比如易卜生、梅特林克（Maeterlink）、威爾斯（Wells）、蕭伯納與惠特曼（Walt Whitman）。他似乎很早就立志做大事，此後沒看見任何改變觀點的理由。在中學與大學裡，他的同儕認為他固執己見，對自己過度自信，因此他並不受歡迎。他很早就放棄了猶太教正統派的信仰，理由是他無法忍受走四十分鐘路程（安息日禁止交通運輸），從位於倫敦麥達維爾（Maida Vale）的家走到貝斯沃特（Bayswater）的猶太教堂。這是典型的誇張說法，其實走路只要十五分鐘。在高尚的無神論者莫瑞（Gilbert Murray）幫助下，他從猶太教革新派變成什麼也不信了。但後來他自創柏拉圖式基督教的特別版本，以耶穌為中心，「具有至高無上的特點」。這種具有滲透性的宗教有重要優勢，無論戈蘭茲採取何種世俗立場，都能提供宗教支持。但他也行使猶太人的特權，說些無傷大雅的反猶笑話。

視力不佳一度使他沒有參與第一次世界大戰，但接著是一段在皇家諾森柏蘭燧發槍團（Northumberland Fusilliers）擔任二級中尉的悲慘歲月，他在此期間違反規定，讓自己徹底地不得人心，並受到少尉軍事法庭的威脅。他躲到列普敦（Repton）教古典文學。他教的是預科（英國教育制度）中較高的第六學級，所有的學生都預計很快就會上前線，可能就此陣亡，他證實了自己即便有暗中起破壞作用，也是才華橫溢的老師。在那時，他已經是半個和平主義者（但是是特別激進的那種），一個理論上的女性主義者，勉強稱得上社會主義者，也是一個死刑的反對者與刑法改革者，以及哲學上的不可知論者。他決心要在這些議題上讓人改變信仰，他後來寫道：「我決定要跟這些男孩子們，以及任何能聯繫上的人談論政治，日復一日。」[4]這成了他的終生格言：他是一位先知、一位賢者，他已經理解了某種真理，並決心要灌輸給其他人。男孩的父母可能不希望他們服從一個被視為危險分子所宣傳的思想，只因他有權利能接近這些學生，而且濫用職權本身就是欺詐；但家長的想法並未讓他卻步，事實上，他和他的同事索梅弗爾（D. C. Somervell）一起為他的方法辯護，寫了兩本小冊子，一本是《寄宿學校的政治教育》（*Political Education at a Public School*），呼籲以學習政治為寄宿學校教育的基礎，另一本是《學校與世界》（*The School and the World*）。該校校長是奸詐的費雪（Geoffrey Fisher），後來成為了坎特伯里大主教。他承認戈蘭茲能力優異，但也提到大部分教職員都受不了他，警告他已經做得太過火了——然後聽從英國陸軍部指令，他們正在編輯「和平主義者在列普敦的活動」的資料，學校於是在一九一八年的復活節突然開除了他。

戈蘭茲接下來的職涯是在糧食部（Ministry of Food）負責符合猶太教規的食物配給，有段時間在新加坡工作，然後在激進研究公司（Radical Research Group）與朗特里信託機構（Rowntree Trust）待過，最後終於在貝恩兄弟出版社（Benn Brothers）找到一生的職志，做一個出版人。這家出版社發行許多雜誌，例如《水果種植者》（*The Fruit Grower*）和《可燃氣的世界》（*Gas World*），戈蘭茲覺得很乏味，也有出書，大多是參考書。他說服了厄涅斯特．貝恩爵士（Sir Ernest Benn）讓他把圖書部門切出來成為獨立公司，給他職權與持股，短短三年內，他就讓這家公司取得出奇的成功。貝恩在日記中說：「這是對戈蘭茲的才幹最大的信賴，因為他是一個人全權負責。戈蘭茲是猶太人，也是教育、人文知識與商業能力的罕見組合。」[5]戈蘭茲的祕訣是出版多種類別的書，涵蓋所有價格等級，而且所出的書種不受季節與流行的波動影響，並以厚顏的輕浮廣告，選擇性地推銷這些書。他出版新技術的書，是該行業必須要懂的，例如自動電話，但也容許出版小說。他開啟了貝恩大獲成功的六便士文庫（Sixpenny Library），是後來的企鵝出版集團（Penguins）前身，另一方面他也採用俄國藝術家巴克斯特（Bakst）的設計，出版價格等級在另一端、昂貴許多的美術書籍，例如《沉睡的公主》（*The Sleeping Princess*）。根據他所延攬的傑出助手英國劇作家傑洛德（Douglas Jerrold），美術叢書中有某些欺騙行為，因為裡頭的彩色插圖，是由微圖畫家（miniaturists）造假畫出袖珍畫、再攝影得來的。[6]到一九二八年時，他年收入已達五千英鎊。但他想要一半的股份，並把公司名稱改成「貝恩與戈蘭茲出版社」，貝恩拒絕後，戈蘭茲自己開了一家，並帶走一些貝恩最好的作者，例如推理小說家桃樂絲・榭爾絲（Dorothy L. Sayers）。

新出版社的公司非常奇特，具有戈蘭茲的一切正字標記，他以驚人的能力說服大家為了照顧他的利益犧牲自身利益。[7]他投入的資本額不到一半，卻讓自己當上執行董事，握有絕對的投票控制權，以及股份配息之前可先拿到一〇％的淨利。這跟礦業大亨羅德斯（Cecil Rhodes）為南非鑽石與黃金企業所發想的機制如出一轍，搞不好戈蘭茲的靈感就是從這裡來的。這樣的遊戲規則行得通，主要是因為這家公司從一開始就大舉獲利，投資人從一開始就拿到滿意的報酬，而戈蘭茲成功是因為他賣的書相當暢銷，尤其是小說，而且售價壓得很低，以便宜的方式大量印製，書封像是穿上新制服般，由天才印刷師莫里森（Stanley Morison）親自設計，統一用種黃紅兩色書封，並以前所未見的強力宣傳方式，在英國和美國大力促銷。

除了上述合理、商業的理由，讓這家公司繁榮的秘密，還包括不斷地偷工減料，為盈利不擇手段的行騙。他在其他公司安插間諜，向他報告內部事務，尤其是對出版社懷抱不滿的作者。如果戈蘭茲覺得該作者值得爭取，就寫一封他擅長的洋洋灑灑的馬屁信給他。有些作者是不請自來，因為戈蘭茲在其全盛時期，是大西洋兩岸新作家最厲害的推手，也是最擅長把平凡的書變成暢銷書的出版商。他的「宣傳花招」做得十分到位，甚至早在這一詞在倫敦廣為人知之前，就精通此道。不過，只要加入戈蘭茲陣營，作家們就會發現條件對他們不利，戈蘭茲真心認為在書籍的銷售過程中，他的宣傳手法遠比書籍內容更重要，所以他強迫作家們領取較少的預付版稅，以提高他的廣告預算，對此他完全不會感到良心不安。他討厭版權代理人，因為這些人不喜歡這種事。要是可能的話，他會說服他所有作家完全不要雇用版權代理人，他喜歡的作家是對錢不在意的那種，例如莫里哀（Daphne du Maurier）。他經常「基於友情」跟人口頭約定，自認記憶力完美，但倒不如說，是他改寫記憶的能力令人吒異，而且會以激昂的堅定捍衛新版本。當小說家高丁（Louis Golding）譴責他未依約支付他《木蘭街》（*Magnolia Street*）的暢銷獎金時，戈蘭茲回了他一封六頁的信，以真誠的憤怒和受委屈的正直，證明自己的行為無懈可擊。他曾寫信給一個質疑他記憶力的版權代理，信中說：「你竟敢！我不會出錯。」[8]這些明目張膽的商業手段，是用令人卻步的憤怒叫囂來維持，被激怒時，整棟大樓都聽得到他的聲音。他喜歡線很長的電話，這樣當他對著電話那頭的版權代理或其他敵人怒吼時，還能在辦公室裡走來走去。他的信多采多姿，從近乎歇斯底里的盛怒到油腔滑調的懇求都有（都寫得好極了）有時嚴肅且帶有教訓意味，像是單篇的使徒書。盛怒時，他會延後一天寄信，好讓他「含怒到日落」（《聖經》有云「不可含怒到日落」）。結果，他的檔案中有許多文件都標注「未寄出」。有些作家畏縮屈服。其餘作家偷偷離開，向比較風平浪靜的海岸靠攏。不過在一九三〇與一九四〇年代，靠向他的作家還是比較多的。

獲利這麼高，還有其他理由。戈蘭茲給薪一直都很低。當有人真的需要錢的時候，他會馬上餽贈一筆錢，或是借貸，不會加薪或給予預付款。在許多方面，他都像是狄更斯小說裡的角色，在特別吝嗇的時候，他會訴諸他的橡皮圖章董事會，宣稱董事會強迫他過於儉省，並聲明：「我的董事會，在我寫這封信時指示我要加上……」[9]他之所以能維持這種低薪（照出版業的標準來看也是如此）還有一個理由是他雇用女性而非男性。就女權主義的觀點來說，這算是德政，但真正的理由有二。第一，女性可以被誘導接受較低的薪資與較惡劣的服務條件。第二，她們更願意遵守他非常人治的管理方式。他會對她們發飆，把她們逼哭，然後擁抱她們（他胡亂親吻女員工的習慣在一九三〇年代並不常見）對她們直呼其名或小名，說她們有多漂亮。有些女員工喜歡這種可能會導致情緒激昂的辦公室氣氛，她們也知道，雖然薪水不高，戈蘭茲的公司卻是一家可望能升上高階管理職的公司。他也給她們機會欺壓別人。有分一九三六年四月的人事備忘錄，能一窺戈蘭茲辦公室的全盛時期：

我近來感受到，過去能激勵員工的舊風氣不見了……這種舊的愉快氛圍消失，讓我個人很不愉快。我們或許需要多一點領導統御，才能回到以前的情況。所以我決定讓迪比絲（Dibbs）小姐成為主要樓層所有女性員工的主管兼督導……實際上，她即將坐上的位置，是某家俄羅斯工廠裡的蘇聯主管。[10]

有些女性在這個家長制的統治之下飛黃騰達。其中一位是席拉・林德（Sheila Lynd），她被拔擢為他的眾多情婦之一，獲得三次假期，獲准稱呼他「親愛的老闆」。男性則生存得很不自在，這不是因為戈蘭茲看不出男性職員的才幹，恰恰相反，他很擅長，但他不喜歡男生，男職員也不喜歡他，他無法跟他們長期共事。他慧眼看出傑洛德是他那個世代最優秀的出版人，卻食言沒有帶他到新公司去。他發現了柯林斯（Norman Collins），另一個傑出的媒體創辦人，但最終還是找個理由跟他吵架，把他趕走，換了個乖乖聽話的女性。他和莫里森（是這家公司成功的締造者之一）的交情，終結於一場大聲嚷嚷的爭吵，莫里森離開了，他跟男性作家們也有一些史詩級的爭吵。戰後他讓外甥魯賓斯坦（Hilary Rubinstein）進了公司，這是另一個能力出色的管理人才，魯賓斯坦很清楚等時候到了，自己將繼承衣缽。結果在多年的剝削利用後，魯賓斯坦也被趕走了。

本書的主題思想之一，是說明重要知識分子的私生活與公開的立場不能分開：兩者能互相闡明，私德與弱點幾乎總是反映在世界舞台的行為上。戈蘭茲是此一原則的顯著例子，他是自欺的怪物，然後又以英雄般的規模欺騙大眾。他認為自己是一個本質良善的偉人，是人類真正的朋友，實際上他無可救藥的自私與自我中心。他對女性的行為最能說明這一點。他公開宣稱自己致力於女性的利益，尤其是他的女人，事實上他只在她們為他效力時愛她們。和沙特一樣，他想做搖籃裡被當嬰兒對待的成年人，圍繞他的都是全心全意愛他、散發香水味的女人。由於他母親的生活是以他父親——而不是他——為中心，他便把母親摒除在他的人生之外。她在他的自傳中幾乎沒有出現，而他在一封一九五三年寫的信中坦承：「我不愛她。」他一輩子身邊都圍繞著女人，但他得成為她們最重要的利益才行。他覺得男性相互競爭的概念令人難以忍受。年輕時他有疼愛他的姐姐們，成年後他有崇拜他的妻子（像是來自另一個家庭的姐妹），等時候到了又給他生了一連串崇拜他的女兒。因此，他是六口之家裡唯一的男性。露絲聰明能幹，但是為戈蘭茲做事必須是她的職業，不過，有一點她不會屈服：他希望她別再上猶太教堂。其他方面上，她是戈蘭茲的奴隸，不但為他管理倫敦與鄉下的諸多房產，必要時為他開車，為他理髮，幫他管錢（他無法自己管錢真的很怪）跟給他零用錢，還有跟他的貼身男僕聯手，監督他所有的私人要務。他在許多方面都像孩子般天真無助，這也許是蓄意的，他喜歡叫她「媽咪」。當他們出國時，孩子與保母們會另住便宜一點的旅館，好讓露絲全副心思都在他身上。她默許他許多的不貞行為，以及親暱撫摸女人的討厭習慣，英國的文學評論家普利斯特里（J. B. Priestley）曾經評論，跟戈蘭茲的調情相比，任何通姦行為都算是清白純潔。他顯然喜歡由她來監督他的情婦們——就像是布萊希特的海蓮娜，和沙特的波娃那種文藝風格——因為這代表她寬恕了他，使他不必愧疚。但她無法堅強地順服。他要求所有女人，家人跟員工都一樣，必須堅定不移地對他忠心耿耿，就連見仁見智的問題也一樣。他曾經拒絕雇用一個女人，只因她不贊同他的死刑廢除觀點。

他需要女性無條件的奉獻自己，至少某種程度來說，是為了平息他非理性的恐懼。他的母親相信，當他父親一早出門去上班，就永遠不會回來了，然後便開始表現出複雜的焦慮儀式。戈蘭茲繼承了這種恐懼，使他把持著露絲。他從少年養成奇怪的工作習慣，導致他長期失眠，結果更加重了他的許多恐怖行為。儘管他騙人的能力卓越，但他始終無法平息潛伏的良知，它不斷地以內疚的形式伏擊他。他的疑病症（hypochondria）經常顯示出這種內疚感，而隨著年紀增長，有越來越嚴重與變形的傾向，例如他認為自己頻繁通姦一定會得性病，但他對性病所知甚少。事實上他的自傳作家認為他罹患的是「歇斯底里性病」。二戰期間他精神衰弱，皮膚極度痛苦地發癢與疼痛，他感到恐懼跟嚴重的衰弱，霍德勳爵（Lord Horder）醫師認為他罹患的是末梢神經過敏症，但是最明顯的症狀是他認為自己的陰莖無法再使用。一如他在自傳中的一卷所說的：「我一坐下……我的陰莖就會消失。我會感覺到它正退回我的體內。」和盧梭一樣，他為他的陰莖煩惱，儘管比起來動機不那麼明顯。他會不斷掏出來檢查是否罹患性病，或是確定陰莖是否還在。這個儀式一天會在他的辦公室上演好幾次，他以為他的磨砂玻璃窗是完全不透明的，但事實並非如此。對面是一家劇院，戲院的員工指出，他這種習慣令人困擾。[11]

戈蘭茲的自欺讓自己也讓他人受苦。但顯然，一個對客觀現實的理解力如此薄弱的男人，在某種程度上，也自然不適合給予人類政治建言。他一輩子都算是某種社會主義者，他認為這是致力於幫助「工人」的主義，他很篤定自己知道這些「工人」的想法與所需，但沒有證據顯示他認識任何一個工人階級的人，除非英國共產黨領袖哈利．波利特（Harry Pollitt）也算是一個，因為波利特做過鍋爐製造工。戈蘭茲在他倫敦拉德伯克街（Ladbroke Grove）的宅邸有十名佣人，他在伯克郡（Berkshire）布里姆敦（Brimpton）的鄉下住處有三個園丁，但他自己除了寫信，鮮少跟他們當中任何一人溝通。但他卻憤怒地否認自己對無產階級並不了解，當他的一位作者哈里森（Tom Harrisson）正在進行「大眾觀察」的調查，譴責他扣住了他需要發給員工的款項，卻得到他典型的憤怒回應：「等你到了我這把年紀，還跟我一樣這麼賣力為工人階級做事時，你就不會這麼差勁了。我告訴你，我年紀比你大多了……我賴以維生的視力比你差很多。」[12]在戈蘭茲的信念裡，他過著類似修道院的苦行生活。他實際上在一九三〇年代中期，他一直都過著有司機開車、抽大雪茄、喝頂級年分香檳的生活，倫敦的薩佛伊飯店每天都為他保留午餐席位的愉快生活。他總是投宿最好的飯店，沒有證據顯示他曾經對任何想要的事物有所節制。

有個令人詫異的事實，是戈蘭茲積極參與反資本主義者的事業，這可追溯至一九二八年至一九三〇年，當時他自己正成為一個非常成功的資本家。他認為資本主義鼓勵人往貪婪與暴力的方向發展，到了一九三九年九月時，他寫信給劇作家利維（Benn Levy），說馬克思的《資本論》「在我看來是世界文學史最迷人的第四卷」，結合了「一流的偵探小說與福音書的魅力」（他有可能真的讀過嗎？）。[13]這是他和蘇聯長期戀愛的序曲，他輕易便接受了社會主義學者韋伯夫婦（the Webbs）對蘇聯體制如何運作的迷人說法，[14]形容它「令人著迷，不可思議」，並說「該書最重要的篇章」，是那些為了消除對蘇聯政權民主本質的「錯誤想法」部分。[15]等時候到了——在名為「大清洗」的那個時期——他提名史達林為「年度人物」。

戈蘭茲開始從世政治活動，是始於向工黨領袖麥克唐納（Ramsay Macdonald）索討一個國會席位，但始終一無所獲。他專注於教誨大眾的出版事業則剛好相反，到一九三〇年代初期時，他以低價大量的方式，出版了越來越多的左翼政治書籍。當中包括費邊社成員柯爾（G. D. H. Cole）的《混亂世界的智者指南》（*The Intelligent Man's Guide Through World Chaos*）與《馬克思的真實意涵》（*What Marx Really Meant*），還有斯特拉奇的《即將到來的權力鬥爭》（*The Coming Struggle for Power*），這本書當時對大西洋兩岸的影響力，可能比任何政治書籍都大。[16]正是在這個時候，戈蘭茲不再是個以營利為本位的出版商，而成為一個政治的傳道者，也是在這個時候，他開始了系統性的欺騙。他新策略的徵兆，是一封給西敏寺迪默牧師（Reverend Percy Dearmer）寫的信，委託他編輯《基督教與危機》（*Christianity and the Crisis*），他規定該書必須看起來「官方」，內容要有「相當多名教會高層要人」的貢獻。但他又寫道：「我可能實在是個罕見的出版人，對於我認為至關重要的題目，渴望不要發行任何我不同意的書籍。」因此，本書必須由以下立場出發：「基督教不單單是個人救贖的宗教，其本身也必須關心政治」，而且對於當前的、有實用價值的社會主義與國際主義，必須「竭盡全力去做」。[17]

儘管有這些明顯欺騙與下指導棋的要素，這位詠禮司鐸還是遵照辦理，讓這本書於一九三三年準時上市。他也以同樣的態度給其他作家指示。倫納德・吳爾夫（Leonard Woolf）在編輯《智者防止戰爭的方式》（*The Intelligent Man's Way to Prevent*）時，戈蘭茲告訴他，高潮必須在最後一章《國際社會主義是和平的關鍵》，其餘章節則必須「引起爭議，為最後一章鋪路」，不過，要隱藏這個目的，前面的章節得「勾起欲望」，不能寫得「與大眾心中的社會主義有明顯的關連性」。[18]隨著一九三〇年代向前邁進，欺騙的成分變得越來越多，越來越露骨。戈蘭茲在一封寫給編輯的內部信件中，批評共產黨人馬罕（John Mahan）所寫的探討工會的書，戈蘭茲抱怨：「他越寫越像左翼的論述，在這個主題上，尤其應該避免。」他繼續說，他要的「不是闡述左翼，而是來自左翼的筆，讀起來卻不帶偏見的論述」。他意味深長地寫道：「你心裡什麼詭計都會出現……兩邊的觀點都能這樣呈現，用一種崇高的氛圍、無懈可擊的公正，讀者必然會被導向正確的結論。」

戈蘭茲的書確實都以各種欺騙讀者的「詭計」作為開頭。例如，盡量用「左翼」來代替「共產黨」。戈蘭茲的許多信裡也反映出徹底的箝制，而且經常伴隨著他自憐地反覆訴說他良心極度的痛苦，例如一封寫給戰地記者米勒（Webb Miller）的信，談到一本西班牙的書，他下令刪去他知道是實情的兩個章節。開頭說「要寫這封信，我很苦惱，幾乎是難為情」，他知道米勒的描寫「在任何方面都未誇大不實」，但「為了證明『共產黨人野蠻落後』的宣傳目的，這幾章許多段落極有可能被摘錄與大量引述」，「絕對很難避免」。他覺得他無法出版任何「對手陣營會趁機拿來宣傳」、任何會「削弱對共產黨人的支持」的東西。他補充說，米勒可能會認為這是在「玩弄真相，並不全然是如此：人必須考慮最終的結果」。最後他懇求「請原諒我」——就像他要露絲赦免他不該養著一個情婦。[19]

戈蘭茲有一些給作家與編輯的指令，儘管明顯是囑咐他們不要誠實，卻還是使人頭腦混亂——無疑是因為他的良心極度痛苦——完全看不出來是要叫他們對什麼事特別不誠實。例如對一個歷史參考書作者，他寫道：「我希望內容做到最大程度的公正，但我也希望我公正的作者保有激進的精神。」他補充說，「作家的激進主義」將給予他「保證，要是盡了一切努力，還是呈現某種政治傾向」，應該不會是「方向錯誤的傾向」。戈蘭茲實際上是在說，就像當時他的信中不斷暗示的，他希望他發行的書表面上沒有立場傾斜，而但實際上有。

這些在戈蘭茲的檔案中留存的信特別迷人，因為它們是少數得以一窺知識分子阻礙真相大白於世的直接證據，他知道自己這麼做是錯的，並訴諸理想高於真相，來為自己辯護。戈蘭茲很快就開始養成大規模不誠實的習慣，一九三三年一月，希特勒上台後，他決定砍掉所有不賺錢或沒有宣傳目的的書目。他還展開大型冒險事業，主要是用來推銷社會主義和提升蘇聯的形象，首先是新蘇維埃叢書（New Soviet Library），這是由蘇聯大使館與政府直接安排的蘇聯作者，所寫的一系列大外宣叢書。但是在掌握內容上出現了預料之外的困難，因為該系列內容的構思期，適逢大清洗發生，許多被推舉的作者突然在古拉格群島（Gulag archipelago）失蹤，或是被行刑隊拘捕，有些稿子寄給戈蘭茲時作者名字是空白的，因為作家被處決了，等待正式替換後才填上。更膽戰心驚的挫折是蘇聯的檢控官（Andrei Vishinsky），他在史達林政權中所扮演的角色，猶如希特勒政權的人民法院院長弗萊斯勒（Roland Freisler），負責撰寫《蘇維埃的正義》（*Soviet Justice*）一冊，卻忙著批准前同志的死刑而沒空寫。當稿子終於寄達時，因為寫得太匆促拙劣而無法出版。戈蘭茲的讀者們很幸福，對這些問題渾然不知。

無論如何，這個書系推出時，戈蘭茲已經投入更大的冒險：成立左書俱樂部（Left

Book Club），最初成立是為了反擊書商們不願意進貨極端左翼的宣傳書目。左書俱樂部在一九三六年二月到三月間，發起漫天的廣告攻勢，與共產國際在歐洲實施的「人民陣線」策略一致：突然間，民主的社會主義黨派，例如工黨，不再是「社會的法西斯主義者」，反變成「鬥爭的同伴」了。加入左書俱樂部的會員接受為期至少半年、每月都購買半克朗由三位委員所選的書，這三人分別是戈蘭茲、斯特拉奇，與倫敦經濟學院的拉斯基（Harold Laski）教授，此外會員還能免費拿到每月的《左書新聞》（*Left Book News*），以及參加各種廣泛活動的權利——暑期學校、大集會、電影欣賞、討論小組、戲劇、合辦外國度假、午餐會以及俄語班，還可以使用俱樂部中心。[20]一九三〇年代是參與團體的美好時代。希特勒在德國之所以這麼成功，理由之一便是他為各種年齡與興趣，建立了許多團體，共產黨延續他的作法，而左書俱樂部恰恰顯示了這項技術多麼有效。戈蘭茲原本希望在一九三六年五月之前吸收二千五百人訂購，實際上會員數是九千人，最後攀升至五萬七千人。俱樂部的影響甚至比這些數字更廣闊。在三〇年代的媒體機構中，它是決定議題、指導趨勢的成功機構。然而，它的根基是一連串的謊言，第一個謊言是文宣資料上說，選書是「委員會一起選的，能充分代表大部分積極與嚴肅的『左派』運動意見」。事實上左書俱樂部進行一切措施的目的，都是為了共產黨的利益，斯特拉奇在那個時期完全受共產黨控制，[21]而拉斯基是工黨成員，才剛入選工黨的全國執行委員會（National Executive Committee）。但後者在一九三一年改信馬克思主義，並且一路追隨共產黨路線，直到一九三九年。[22]戈蘭茲在一九三八年之前，也一直都是個可靠的共黨同路人，他為共產黨機關報《工人日報》（*Daily Worker*）寫獻媚文章「我為什麼閱讀《工人日報》」，被拿來當作該報的宣傳資料。他標榜該報獻身於真相、正確度，以及對讀者智慧的信任（他知道上述全部無憑無據）並提到：「其特色是男人和女人，而非淑女與紳士。就我自身的部分，我遇過很多淑女與紳士，發現他們當中許多人都非常令人生厭，而該報品質特別煥然一新。」[23]他也曾在一九三七年造訪俄羅斯，並斷言：「我第一次感到全然的幸福……因為這裡可以讓人忘卻世上其他地方的邪惡。」[24]

然而，戈蘭茲對左書俱樂部最大的實際貢獻，是用自己的人馬做俱樂部的職員。席拉・林德、埃米爾・伯恩斯（Emile Burns）、約翰・路易士（John Lewis）編輯了所有原稿，還有打理俱樂部所有團體的貝蒂・里德（Betty Reid），他們當時都是共產黨成員，或是受黨的控制。一切決策，就連芝麻蒜末的小事，都是跟共產黨高幹討論的。戈蘭茲經常直接受共產黨總書記波利特的指揮，這些大眾都不知道，左書俱樂部蓄意在提到共產黨員時說成是「社會主義者」，以隱藏他們跟共產黨的關連。入選的頭十五本書，除了三本不是，其餘都是共產黨員或祕密黨員所寫——這讓戈蘭茲憂慮，不是因為事實本身，而是擔心這會給人俱樂部並非獨立營運的印象。俱樂部公認的獨立性，確實是共產黨眼中最大的資產。杜特（R. Palme Dutt）是共產黨重要的思想家，曾在一封寫給斯特拉奇的信中，非常高興大眾相信俱樂部是「一家獨立的營利企業」，而非「特殊的政治大外宣機構」，這構成了對黨的價值。

第二個謊是戈蘭茲一再重申，整個左書俱樂部的組織，包括團體、集會與公開活動，「本質上是民主的」，這比迪比絲小姐和她的「辦公室蘇維埃」更有效。在這種標榜寡頭政治的表面下，實際上是戈蘭茲的一人專制，理由很簡單，因為他掌控財務。確切地說，他並沒有把左書俱樂部跟戈蘭茲股份有限公司的帳分開，俱樂部的進帳與經費全進了他的公司，結果便是無從得知戈蘭茲的事業到底是賠是賺。當有人批評戈蘭茲因此發了大財，他告他們誹謗。他在私人書信中告訴作者們他賠慘了，但又補充道：「以下是絕對的機密：從許多角度來看，比起讓大家知道我們正在賠錢，說我們現在獲利巨大比較不危險。」[25]但他這麼做很可能只是為付給作者微薄、甚至沒付版稅，找個正當理由罷了。如果單就共同分擔管銷費用，以及幫忙促銷其他的書，我們必須假設左書俱樂部讓這家公司受惠。無論如何，戈蘭茲經手款項，並支付薪資與帳單，做一切事務的最終決定。俱樂部任何成員對任何事都有發言權的想法，這只是一個幻想。在找人編輯《左書新聞》時，他規定他必須「自動自發，加上絕對、馬上、毫無疑問地服從我的指令，不管這些指令對他來說有多愚蠢」。[26]

第三個謊言是約翰．斯特拉奇說的：「我們不希望僅僅因為不同意其結論，就拒選一本書。」扣除一、兩本工黨的書——如工黨領袖艾德禮受邀撰寫的《透視工黨》（*The Labour Party in Perspective*）——有壓倒性的證據顯示，恪守共產黨路線，通常是選書的主要標準。特別明目張膽的例子是德國馬克思主義理論家塔爾海默（August Thalheimer）的《辯證唯物主義導論》（*Introduction to Dialectical Materialism*），戈蘭茲認為此書是正統的，在一九三七年五月同意出版，但同時該作者在莫斯科捲入某些晦澀難明的爭端，波利特要戈蘭茲打壓這本書。這本書已經做了預告宣傳，戈蘭茲反對打壓，認為俱樂部的敵人會抓住沒有出版這個把柄，「證明左書俱樂部只是共產黨的分支」。波利特以他那假裝無產階級的口吻回答：「別出版！別在我得應付老畜生、大畜生跟主任牧師的血腥紅屁股的時候！」這裡指的是史達林、杜特，與備受崇敬的坎特伯里祭司長約翰遜（Hewlett Johnson）教士。結果戈蘭茲照辦了，壓下那本書，但後來寫了封發牢騷的信向波利特抱怨：「我痛很且不喜歡這麼做：我生來就是這樣，這種虛假不實會毀了我內在的一部分。」共產黨想要打壓的另一本書是《為什麼資本主義代表戰爭》（*Why Capitalism Means War*），是地位與資歷極高的社會主義者布萊爾斯福德（H. N. Brailsford）寫的，因為該書批評了莫斯科審判。一九三七年九月，當原稿拿給伯恩斯看時，就連他也建議大幅刪改這本書，但是黨仍然不接受。這回戈蘭茲也是全書封殺，他寫信給作者：「對這件事，我不能做出違心之舉。」出版一本批判莫斯科審判的書，就像「犯下違背聖靈的罪」。但是拉斯基本身對莫斯科審判不滿，作為布萊爾斯福德的老友，他說這本書一定要出版，並揚言要辭職，而這會毀了左書俱樂部「流行前線」書系的門面。所以戈蘭茲勉為其難地照拉斯基的要求做了，但是選在八月出版，而且完全不為此書宣傳，布萊爾斯福德說這是「在遺忘中埋葬了這本書」。戈蘭茲還發明了「技術性原因」一詞，是為了打壓倫納德．吳爾夫的一本書，因為書中有批判史達林的內容。但吳爾夫有自己就的出版社，而且比戈蘭茲更懂印刷，他拆穿了謊言，並揚言要是破壞協議，將會公開謊言訴諸輿論。戈蘭茲再次讓步，但還是設法讓這本書賣不起來。

事實上，左書俱樂部的出版品是以欺騙的方式，蓄意宣揚共產黨路線。就如同戈蘭茲寫給俱樂部教育書系，左派總部大學叢書（Left Home University Library）的編輯說的，「處理方式當然不該是做一個有攻擊性的馬克思主義者」。書的寫法應該是「讓讀者無論何時都將獲得正確的結論，讓還沒讀過的人，不會因為感覺『喔，又是馬克思主義的東西』而遲疑」。戈蘭茲有時跟共產黨掌權者的關係極度緊密：有記錄顯示，他曾數度以現金匯款給波利特——「我在想今天早上你能否讓我拿到一些英鎊紙鈔。抱歉麻煩你了，戈蘭茲，但你是知道情況的。」[27]共產黨的審查後來越審越細；例如後來的《工人報》（*Worker*）編輯坎貝爾（J. R. Campbell）便負責從圖書目錄中移除托洛斯基和其他「被排斥的人」的作品。

戈蘭茲的行為，儘管被他的傳記作者稱為「大量可顯示有罪的資料」無法辯解且有文件證明，但還是必須在脈絡裡理解。一九三〇年代是謊言的時代，大大小小的謊言，比我們這個世紀的任何一個年代都還要多。納粹與蘇聯政府說謊的規模驚人，投入大量財務資源，雇用數以千計的知識分子，過去被讚揚獻身給真理的崇高機構，現在正在蓄意打壓真理。在倫敦，《泰晤士報》編輯道森（Geoffrey Dawson）的說法是，他自家通訊記者寫的東西，若可能破壞英德關係，就「不讓它上報」。在巴黎，知名的人權聯盟（Ligue des Droits de l'Homme）重要成員費利辛．查萊（Félicien Challaye），覺得自己必須辭職，以抗議該機構協助掩蓋史達林暴政的真相。[28]共產黨人士經營專業的說謊組織，其具體目的是透過各種陣線組織，欺騙同情他們的知識分子，例如反帝大同盟（the League Against Imperialism）。這種組織最初是柏林開始經營的，然後是希特勒主政後在巴黎出現，德國的共產主義者明岑伯格（Willi Muenzenberg），被《新政治家》編輯馬汀形容為「能力卓越的大外宣行家」，他的左右手捷克共產黨人卡茨（Otto Katz），被馬汀描述為「狂熱而殘忍的蘇聯政委」，並延攬了許多英國知識分子幫忙。[29]這些人還包括前《泰晤士報》記者卡柯本（Claud Cockburn），他是左翼八卦雜誌《週刊報導》（*The Week*）的編輯，協助卡茨策畫全然虛構的新聞報導，例如摩洛哥的得土安（Tetouan）發生「反佛朗哥的暴動」。卡柯本後來將他的這些豐功偉業出版時，受到國會議員克羅斯曼（R. H. S. Crossman）的譴責，在《新聞紀事報》（*News Chronicle*）中說他不要臉，以編造謊言為樂。克羅斯曼在一九三九年至一九四五年戰爭期間，正式加入了英國政府的「散布假訊息活動」（也就是說謊），他寫道：「骯髒的宣傳手法在戰爭中或許有其必要，但我們大部分人在實施時都很厭惡我們的作為。」克羅斯曼剛好是典型的知識分子，總是認為理念比人優先，缺乏對真相的強烈意見。卡柯本指責克羅斯曼的觀點是：「如果你能停止大笑，那就是宜人的道德立場。至少對我而言，看到一個人批評自己的大外宣謊言，這種奇景看起來頗幽默……但是能因為『厭惡自身行為』讓良心保持乾淨。」對卡柯本來說，為了理想奮鬥，那是值得為它去說謊的。[30]（什麼理想！明岑伯格與卡茨雙雙被史達林以「叛國罪」賜死，卡茨被殺的理由是跟克勞德．卡柯本那種「西方帝國主義者」廝混。）

戈蘭茲不誠實的行為，必須在此背景下考察，這當中最臭名遠播的是他拒絕出版喬治·歐威爾的《向加泰隆尼亞致敬》（*Homage to Catalonia*），該書揭露共產主義者對付西班牙無政府主義者的暴行。他不是唯一拒絕歐威爾的人，馬汀也拒絕刊登歐威爾探討相同議題的一系列文章，三十年後他依然捍衛他當時的決定：「在跟德國作戰期間，我寧願刊登戈培爾的文章，也不想刊登他的。」他還說服了他的文學編輯雷蒙·莫提默（Raymond Mortimer）拒登歐威爾所寫的「可疑」書評，但莫提默後來深感懊悔。[31]戈蘭茲與歐威爾的關係持久，複雜、敵對又低劣而骯髒。早在左書俱樂部開始營運之前，他就出版了歐威爾的《通往威根碼頭之路》（*The Road to Wigan Pier*），當他決定出版此書的俱樂部版本時，便決定要壓下書中異議的部分。雖然歐威爾不讓他這麼做，但他硬是出版了。他在俱樂部版本裡自己寫了篇導言，試圖以「中下階層的一員」的身分，解釋歐威爾書中的「錯誤」。先不管他是什麼階層（他肯定比歐威爾富裕很多），他此前此後都跟工人階層幾乎沒有接觸，因此這篇導讀特別不誠實。後來戈蘭茲深感羞愧，並在美國出版商轉載這篇導讀時勃然大怒。[32]

等到戈蘭茲跟歐威爾的爭吵來到最高峰時，他對於自己跟共產黨人的關係已經改變想法。會這樣有幾個理由。其一可能是他正在損害他的商業前景。探索者與沃伯格出版社（Seeker & Warburg）亟欲奪走《向加泰隆尼亞致敬》等書的發行權，這些書和作家本來會由戈蘭茲出版，卻因共產黨反對而作罷。事實上，戈蘭茲的共產黨出版線為他自己的公司創造了難以對付的競爭者。第二個理由是戈蘭茲注意力的廣度有限。書、作家、女人（除了露絲）、宗教與理想，不會永無止盡地讓他維持熱情。有一段時間，戈蘭茲很享受經營左書俱樂部，共產黨協助他在皇家阿爾伯特音樂廳（Albert Hall）籌辦超大型集會，在那裡，坎特伯里祭司長會吟誦：「上帝保佑左書俱樂部！」他那時發現他頗有公開演說的天賦。但永遠都是共產黨的明星們，尤其是波利特本人，獲得訓練有素的觀眾最多的掌聲，戈蘭茲不喜歡這樣。到一九三八年秋季時，他已經出現對整件事不耐與厭倦的跡象了。

在此心境下，他越來越傾向於接受新思想。在巴黎度聖誕假期期間，他讀了莫斯科審判的詳情，更加篤定他們騙人。回倫敦後，他告訴波利特，左書俱樂部不再宣傳莫斯科出版線，至少對這個議題是這樣。二月時，他甚至在《左書新聞》上坦承「蘇聯對充分的知識自由，有某種阻礙」。歐威爾非常意外，春季戈蘭茲決定出版他的小說《上來透口氣》（*Coming Up for Air*），這是改變路線的確定徵兆。到夏季時，戈蘭茲顯然急著跟莫斯科斷絕關係，八月他聽說希特勒與史達林簽了《德蘇互不侵犯條約》（Hitler-Stalin Pact），就算無法完全放鬆——這代表戰爭一定會發生——也是天上掉下來跟共產黨完全決裂的大好機會。他立刻開始寫反莫斯科的文宣，指出大量邪惡行為的實例，而大部分明智的人這些年來早就意識到這個問題。就像歐威爾評論高樂（Geoffrey Gorer）的話：「人們有這等影響力卻如此無知，是很可怕的。」[33]

左書俱樂部在戈蘭茲與莫斯科決裂後，就不再是從前那個左書俱樂部了。人事已經分裂。席拉·林德、貝蒂·里德和約翰·路易士忠於共產黨，戈蘭茲決定不開除路易士與林德（此時已不再是他的情婦），但他還是很典型地好好利用這次機會降了他們的職等跟薪水，縮短他們的離職預告期。[34]不像馬汀，直到死前都經常保護他三十幾歲的同路人，也不像克勞德·卡柯本嘲諷地誇耀自己的行為，戈蘭茲決定徹底悔改。一九四一年，他編了一本書，收錄了拉斯基、斯特拉奇和歐威爾的文章，名為《左派的反叛：對共產主義政策的考察與反駁》（*The Betrayal of the Left: An Examination and Refutation of Communist Policy*），在書中正式坦承左書俱樂部的罪行：

> 我收俄羅斯的文稿，好壞都收，因為它們「正統」。我退了其他稿子，是有誠意的社會學家與正直的作家寫的，因為他們不是……我只出版辯護莫斯科審判的書，並請批判這些書的社會主義者去別的地方出書……身而為人，我很肯定——當時我心裡很確定——這全是錯的。

戈蘭茲的改變心意與認罪有多真心與洗面革新，很難說。他肯定在戰爭期間經歷過靈魂的黑夜，並在前述的身體危機中達到最高潮。但對一個知識分子來說不尋常的是，之後在蘇格蘭，他聽見了上帝的聲音，上帝告訴他，祂「必不輕看」一顆「憂傷痛悔的心」。他因此消除了疑慮，獲得了一種新宗教，其形式是他自己的基督教社會主義版本，也得到一位新情婦外加新的出版熱情，促成一系列由工黨大力宣傳的叢書，名為「黃禍」（The Yellow Perils）。但他很快就開始重拾他的老把戲。一九四四年四月，他退了歐威爾辛辣的諷刺作品《動物農莊》（*Animal Farm*）：「我不可能出版一本在本質上對俄羅斯全面攻擊的書。」這本書後來也在探索者與沃伯格出版社出版，結果，他們也拿到了歐威爾名氣最響亮的暢銷書《一九八四》（*Nineteen Eighty-Four*），逼得又氣又懊悔的戈蘭茲，不屑地說這本書「評價高得太誇張了」。[35]他餘生都被歐威爾的正直糾纏——確切來說還包括馬汀——並且因為被激怒而抨擊歐威爾，但這麼做在道德上並不合理，確切來說，不管抨擊誰都不合理。他寫說，他不能接受「（歐威爾）知識分子的正直無懈可擊……要我說，他太不顧一切地急著誠實以對……這不算是某種愚蠢嗎？任何一個像他這樣地位崇高的知識分子，多少都會有點不誠實吧？我自己是這麼想的。」[36]

戈蘭茲活到一九六七年，但再也沒有發揮出他在一九三〇年代那樣的權力與影響力。

許多人認為他影響了《新政治家》與《每日鏡報》（*Daily Mirror*），也讓工黨在一九四五年大選獲得歷史性大勝利，為戰後的英國與歐洲多數地區奠定了政治框架，直到柴契爾時代來臨。可是首相艾德禮並沒有給予他覺得相稱的貴族爵位。確切來說戈蘭茲什麼都沒得到，直到哈羅德．威爾遜當上首相。他慷慨多了，在一九六五年給了他騎士爵位。戈蘭茲的虛榮心為他惹上麻煩，他總以為自己比實際上更出名或是更惡名昭彰。一九四六年他正在度假，當船隻要停靠加納利群島（Canary Isles）時，他突然恐慌發作，大叫一上岸佛朗哥的警察就要來逮捕他、刑求他，結果堅持英國領事必須登船保護他。領事派出職員向他擔保，島上沒人聽過他的名字——這實在是令戈蘭茲失望，「連他都沒聽說過我」。

戈蘭茲戰後的職涯，實際上是垂死的沉淪。他寫了些相當賣座的書，但他自己的事業卻逐漸被擠下市場龍頭的位置。他沒跟上時代，看不出知識分子中崛起的新星。當路德維格．維根斯坦在一九四五年九月寫信給他，指出他的公開論點中有缺失時，他信只回了一行「感謝來信，相信你是非常好意」，而且還拼錯這位哲學家的名字，以為他是個沒沒無聞的大學教員。[37]他流失了一些最好的作家，錯過一些重要著作沒有簽下。他盛讚納博科夫（Nabokov）的《蘿莉塔》（*Lolita*）是「理解性靈的罕見傑作」，但沒買到版權便憤怒地斷定它是「一本極其齷齪下流的書，文學價值被過於高估」，最後還向《讀書人》（*Bookman*）

雜誌譴責它是「色情文學」。他在一場廢除死刑的運動中扮演要角——這是他所有理想中投注心力最久的一個，也可能是他最重視關心的——但他在此一大膽冒險運動中的角色，卻被他討厭的亞瑟・柯斯勒（Arthur Koestler）的光芒蓋過去，還有論述簡練確切又辯才無礙的加德納（Gerald Gardiner），這兩人獲得了所有的榮耀。更糟的是，一九五七年，核裁減運動剛成立時，戈蘭茲沒拿到高位，他當時離開了，要回去又覺得受辱，並發現自己甚至沒受邀加入委員會。他很重視這件事，說這是「令人震驚的羞辱」，讓他「心都碎了」。起初他怪罪老友約翰・柯林斯牧師，因為此人坐上了委員長的位置，而戈蘭茲認為這位子應該自己坐才對。但事實上柯林斯為了把他納入委員會而輸了一次爭取。然後戈蘭茲覺得該怪普利斯特里，把他們之間的不和追溯到一九三〇年代初期普利斯特里的《英格蘭之旅》（*English Journey*）這本書，實際上普利斯特里只是核裁減運動眾多的發起人之一，而這群人都說，無論如何都不想與戈蘭茲共事。

到最後，幾乎所有人都發現戈蘭茲自我中心的虛榮令人無法忍受，尤其它的表現方式經常是令人不快的狂怒發飆。一九一九年時，他曾告訴姐夫，他無法決定是要做溫徹斯特公學的校長還是英國首相。[38]實際上他很幸運，他的生意頭腦讓他得以建立一個不容任何人質疑他的私人獨裁體制，而他做不到讓其他人也喜歡他，其實一點也不重要。傳記作家愛德華引述了戈蘭茲檔案中一封典型的信，比任何對他性格描述都出色。他受邀且答應為紀念貝爾主教（Bishop Bell）發表演講，貝爾主教是唯一公開強力反對對德國進行區域轟炸的人，但由於出現了更有吸引力的邀約，戈蘭茲取消出席貝爾主教的紀念演說。理所當然，這惹惱了主辦人之一皮特曼（Pitman），他寫了封信斥責戈蘭茲。戈蘭茲回了封砲火猛烈的長信，指責皮特曼「在日落前含怒寫了這封信」，並以極其翔實的細節解釋，是如何駭人的負荷讓他取消了演講，他用最強烈的措辭，抗議皮特曼說他有「道德上的責任」去發表演說，還應該對這個任務產生熱情，他繼續說：「事實上，我正在發飆，因為我正在口述這封信。我必須說，這樣的評論顯然是不合理的。」接著又用了整整兩段指責皮特曼「非常傲慢無禮」，最後說：「我知道這封信開頭口氣還算客氣，但寫到最後卻過頭了。不管我勸過你什麼，我現在不想含怒到日落，所以指示我的祕書馬上寄出這封信。」這種自矜自負的長篇抨擊，在其他情況都相同的前提下，很可能是盧梭、馬克思或托爾斯泰的手筆。但這當中，有沒有一丁點自我嘲諷的可能呢？我們必須懷抱希望。

第十二章

海爾曼

雙手遮天的好萊塢女傑

Lillian Hellman
1905-1984

「她寫的每一個字都是謊話，包括『and』跟『that』。」
——麥卡錫，海爾曼的死對頭

戈蘭茲是為他的太平盛世目標竄改真相的知識分子，麗蓮．海爾曼（Lillian Hellman）的欺騙則似乎是來自天性。她和戈蘭茲一樣，參與了西方知識分子的一個陰謀：掩蓋恐怖的史達林主義。但和戈蘭茲不一樣的是，除了極其敷衍且虛偽的方式，她從未承認自己的錯誤與欺騙。的確，她所做的事，是更加明目張膽、厚顏無恥地說謊。或許有人會問：幹嘛為麗蓮．海爾曼費心呢？難道她不是虛構的藝術家嗎？也許對她來說杜撰有其必要，且現實世界與幻想可能重疊，一如海明威，另一個惡名昭彰的說謊家。對一個虛構作品的發明者，期待絕對的真實，是否公平呢？對海爾曼來說，可悲之處在於，在她的人生與工作中，漠視真相占據了核心位置。之所以很難忽略她，有兩個理由：第一，她是首位獲得國際地位的女性劇作家，並因此成為世界各地受過教育的女性象徵人物。第二，在她人生的最後數十年，她在美國知識分子圈子當中所達到的聲望與權力，後來很少人能企及，而部分原因，就出於她的欺騙。海爾曼引發了一個重大問題：知識分子作為一個階層，該對他們所欽佩的對象，期待與要求真相到什麼程度？

麗蓮．海爾曼是一九〇五年六月二十日出生，雙親是中產階級的猶太人，和戈蘭茲一樣，她出於政治與私人因素，在其自傳中貶抑母親、頌揚父親。她的母親來自富饒的紐豪斯（Newhouses）與馬克思（Marxes）家族，在美國的資本主義下蓬勃發展，艾薩克．馬克思（Isaac Marx）循著一般的猶太移民模式，在一八四〇年代從德國來到美國，剛開始是一個流動攤販，後來安頓下來，成為零售商，並在美國內戰期間發跡致富。其子創立了馬克思銀行（Marx Bank），先是開在阿拉巴馬州的戴摩波里斯（Demopolis），後來開在紐約。海爾曼描述她的母親朱莉亞．紐豪斯（Julia Newhouse）是個蠢人，實際上朱莉亞受過藝術薰陶與良好的教育，海爾曼的天賦可能就是出自於母親。但是海爾曼發現屏棄紐豪斯與馬克思家族在政治上是有好處的，而且她幾乎是在蓄意假裝她母親的家族不是猶太人。[1]

反之，他父親麥斯（Max）是她的英雄。海爾曼是唯一的孩子，父親寵壞了她，令母親施加管教的企圖受挫。她說父親是一個激進分子，一八四八年時以政治難民的身分逃往美國。她誇大了父親的學識與才智，事實上，他似乎和紐豪斯與馬克思家族的人一樣，急著讓資本主義為他效勞，只是比較不諳此道而已。他的事業在一九一一年失敗（海爾曼後來怪罪一個不存在的事業夥伴），此後他便仰賴富裕的妻子家度日，當銷售員終老。除了海爾曼的說法，沒有證據顯示他是個激進主義者，她在另一篇談到種族關係的文章中，提及父親如何拯救一個黑人女孩不被兩個白人強暴。但後來她又說了另一則故事，說她

十一、二歲時，堅持她跟她的黑人保母蘇佛朗妮亞（Sophronia）一起坐在有軌電車上的「白人專區」，以及她們如何在吵嚷的抗議後被趕走。這可比現代民權運動之母羅莎・帕克斯（Rosa Parks）一九五五年知名的反抗行動早了四十年，要是真的，似乎不大可能這般輕描淡寫。[2]

麥斯的姐妹們經營一間供膳的宿舍，海爾曼其實是在那裡出生，也在那裡度過大部分時光，她是個孤獨但愉快、洞察力敏銳的孩子，她觀察住在那裡的人，自己編出他們的故事。她從寄宿生身上獲得許多寫作素材，後來在曼哈頓，她和管理她所住旅館的編劇韋斯特（Nathanael West），會一起偷拆顧客的信——這是韋斯特《寂寞芳心小姐》（*Miss Lonelyheart*）的來源，也成為她許多劇作裡頭的情節。她形容自己是「超會惹麻煩的小孩」，這我們可以相信；但她抽菸，在紐奧良（New Orleans）駕車兜風，離家出走，經歷神奇的冒險，這些事比較不可信。當她父親為了工作搬到紐約，她去上紐約大學，考試作弊，長成一個身高約一百六十二公分、「其貌不揚」的女孩，相貌平平但有獨特魅力。她似乎十幾歲就具有堅定自信的性魅力。

根據她的傳記作家萊特細心公正的追查，海爾曼早年的職涯和她的童年一樣，很輕易便能從她極度不可靠的自傳中釐清真貌。[3]十九歲時，她在當時紐約最具創業精神的波尼與李維萊特出版社（Boni and Liveright）找到工作，在李維萊特（Horace Liveright）手底下做事。他後來宣稱是她挖掘了福克納，並負責出版他背景設定在紐奧良的諷刺小說《蚊群》（*Mosquitoes*），事實證明並非如此。她去做了墮胎手術，然後再次懷孕，嫁給了戲劇經紀人柯博（Arthur Kober），離開了出版業開始從事評論工作。她和後來成和《生活》（*Life*）雜誌外國編輯的寇特（David Cort）發生婚外情。在一九七〇年代，他提議要出版她的書信，當中有一些信的頁邊空白處還有色情塗鴉，她採取法律行動阻止了他——他過世時很貧困，這些信則是被意外銷毀了。嫁給柯博後，海爾曼前往巴黎、波昂旅行，在波昂考慮加入納粹青年團或前往好萊塢。她短暫地做過劇作家尼可斯（Anne Nichols）的劇本審稿人，後來聲稱是她挖掘了鮑姆（Vicki Baum）一九三二年上映的電影《大飯店》（*Grand Hotel*），但這也不是事實。[4]在好萊塢，柯博找到一份代筆的工作，而她以五十美元的週薪為米高梅公司（Metro-Goldwyn-Mayer）審讀劇本。

海爾曼的激進主義始於她開始參與電影工會，工會裡的作家都對大片場的待遇感到痛苦。而她的政治生涯與感情生活所遇到的最關鍵事件，是在一九三〇年遇到推理作家漢密特（Dashiell Hammett）。由於她後來把他們之間的關係說得很傳奇，所以有必要釐清他的為人。[5]漢密特來自馬里蘭一個古老、貧窮的上流社會家庭，十三歲離開學校打零工，打了第一次世界大戰並受了傷，然後在平克頓偵探事務所（Pinkerton）做私家偵探，了解了警察工作的內幕。在該事務所時，是綽號胖子的喜劇演員阿爾巴寇（Fatty Arbuckle）雇用漢密特來為自己的律師做事，阿爾巴寇因官司纏身而破產，被指控強暴維珍妮亞（Virginia Rappe），之後她便死了。根據偵探告訴漢密特的消息，那位女性不是死於強暴而是性病。這個案子似乎讓他憤世嫉俗地討厭起一切權威（同時開始對胖子罪犯著迷，他的虛構作品裡大量出現這種反派角色），他遇見海爾曼時已經出了四本小說，並即將因他最出色的《馬爾他之鷹》（*The Maltese Falcon*）而成名。

漢密特嚴重酗酒。這本書的成功對他來說可能是最糟的事情；這本書帶給他的名氣跟金錢，意味著他不太需要工作了。他不是天生的作家，而且似乎覺得創作的活動非常令人氣餒。確實，一九三四年他在多方努力下完成了《瘦子》（*The Thin Man*），為他帶來更多的名利，但此後他就完全沒寫了，他會帶著一大箱約翰走路紅牌威士忌躲進旅館，把自己灌醉喝到吐。酒精讓一個偶爾看起來有守有為的男人道德崩潰。他有妻子約瑟芬（Josephine Dolan）和兩個孩子，但他偶爾才支付家用而且付得很反覆無常，任性多變。偶爾他很慷慨，但多數時候都忘了妻小。有一封寫給他的出版商克諾夫（Alfred A. Knopf）可憐兮兮的信留存至今：「過去七個月漢密特先生只寄給我一百美元，也沒寫信解釋有何難處——現在我很絕望——孩子們需要衣服，也無法吃到好的食物——我也找不到工作——我和父母住在一起，而他們越來越年邁，無法再幫助我們了……」漢密特和一份劇本合約一起被尋獲，發現時正在洛杉磯貝沙灣（Bel Air）喝酒。片場派給他的祕書路易斯小姐（Mildred Lewis）無事可做，因為他成日躺在床上不寫東西。她說她聽見妓女躡手躡足地上在樓梯上上下下，多是黑人或東方女人，是用法蘭西斯女士（Madame Lee Francis）的電話叫來的。當妓女來時，她會翻過身去，好讓妓女看不見她。[6]漢密特從寫作中賺到的錢可能超過兩百萬美元，但經常搞到自己身無分文、負債累累，得穿上他所有衣服，偷偷溜出積欠大筆帳單的旅館，例如他在紐約的皮埃爾飯店（Pierre）就欠下一千美元。

酒精也讓漢密特變得辱罵與暴力，對女人尤其如此。一九三二年，他被女演員薇安娜（Elise de Viane）指控侵犯人身罪，她宣稱他在自己的旅館喝醉了，企圖跟她做愛，她在反抗時被痛打一頓。漢密特對訴訟毫不抗辯，被判了兩千五百美元賠償金。不久後他便遇到海爾曼，他在一場派對上出拳打了她下巴，而且打到她倒下。他們之間的關係絕對不輕鬆自在，一九三二年以及一九三六年又一次，他因召妓染上淋病，第二次特別難治癒。[7]他們也因為他的女人們吵架，我們確實不清楚他們實際上同居了多久，儘管最後他們都各自和配偶離婚了。多年後，當海爾曼許多其他謊言被徹底揭穿後，小說家維陀（Gore

Vidal）諷刺地問：「有誰曾見過他們在一起嗎？」

顯然海爾曼是為宣傳自己才利用他們之間的關係，但他們的關係還是有事實根據的。一九三八年她搬到紐約時，她有一間市內住宅，另有一座農場在歡樂谷（Pleasantville），報導說漢密特在比佛利威爾榭飯店（Beverly Wilshire Hotel）醉到不省人事，並積欠了八千美元的帳單。她搭飛機送他到紐約，再讓他由救護車載去醫院。後來有段時間漢密特住在她的房子，但他養成了光顧哈林區（Harlem）妓院的習慣，那裡很合他的口味，所以他們就吵更兇了。一九四一年，他喝醉後向她求歡，被她回絕，從此他就不曾再次或嘗試跟她做愛。[8]但他們還是繼續交往，如果這種淡薄的形式算數的話，而他一生的最後三年（他在一九五八年過世）在她紐約的住處過著行屍走肉的生活，在她而言這是無私之舉，因為這意味著犧牲她所鍾愛的工作空間，她會對來客說：「請小聲一點，樓上有個垂死之人。」[9]

他們之間的關係，作為一個作家，海爾曼顯然欠漢密特很多。事實上他們的寫作職涯難以理解，有些人會認為事有蹊蹺。就在漢密特遇見海爾曼不久後，他的寫作逐漸減少，先是稀稀落落，然後全然枯竭。而海爾曼正好相反，開始寫得順暢又成功，彷彿創作的靈魂從一人移到另一人，之後便一直在她身上直到他過世。而他一死，她就再也沒寫出一齣成功的劇作了。這一切可能純屬巧合，也可能不是巧合，就像海爾曼周遭幾乎每一件事，很難得知真相。可以確定的是，漢密特跟她第一部成功且風行一時的作品《雙姝怨》（*The Children's Hour*）大有關係，有人說過漢密特曾經想出了整個劇情。自從一九二六年紐約警察禁止波德（Edouard Bourdet）的女同性戀劇作譯本《俘虜》（*The Captive*）上演以來，將女同性戀的主題搬上舞台，一直都是百老匯的爭議。當海爾曼開始為百老匯導演與製作人舒姆林（Herman Shumlin）審讀劇本，並開始自己創作劇本時，漢密特要她留意一本書，即羅赫德（William Roughhead）的《壞同伴》（*Bad Companions*）。這本書是關於一八一〇年發生在蘇格蘭一件駭人聽聞的案件，一位黑白混血女孩，以沒由來的敵意與熟練的謊言，毀了兩個姐姐的人生。這兩個姐姐經營一所學校，她指控這是一間由女同性戀開設的學校。難以理解的是，謊言所造成的破壞，尤其是女性說的謊，讓海爾曼和漢密特都很著迷。女人的謊言是串起《馬爾他之鷹》中精彩的複雜內情的線索。喝醉時，漢密特跟其他酒鬼一樣胡說八道，清醒時，他比較像是一個為了實事求是而爭執小事的人，即便這對他來說非常麻煩。當他在海爾曼身邊時，他會約束海爾曼的天馬行空。她則正好相反，迷戀謊言且常常說謊，她經常說跟《雙姝怨》來歷和第一夜上演情況的謊話。此外，她並未表明她受惠於羅赫德的著作，當劇本出版後，有個評論家布朗（John Mason Brown）指控她抄襲——這只是她必須面對的諸多指控的第一個。[10]

不管如何，這是一齣傑出的劇作，它對原作小說的改編，是其刺激與生動的關鍵。現在無法證明漢密特在實際寫作上參與多少（如果有的話），海爾曼最受矚目的豐沛天賦之一（和蕭伯納一樣），是能為她最該受指責或最不被同情的角色，提供貌似有道理的說詞，這是她的劇作產生強大張力的主要來源。由於主題的關係，《雙姝怨》勢必會引起爭議，其雄辯與銳利的語言激發了反對者的敵意，也激發了辯護者的熱情。在倫敦，宮務大臣拒絕核發牌照，這齣戲在芝加哥與許多其他城市也被禁了（在波士頓，這齣戲的禁令效期長達二十五年）。但在紐約，警察沒有動作，讓這齣戲在此立即獲得關鍵票房上的成功，一共上演了六百九十一次。此外，該劇主題之大膽、論述之精彩——最重要的是，激怒了保守人士——立刻就讓海爾曼在革新派的知識分子中取得特殊地位，一直到她過世都是如此。該劇沒能得到一九三四年至一九三五年的普立茲獎的最佳劇本，是因為評審之一菲爾普斯牧師（Reverend William Lyon Phelps）反對其主題，紐約圈內劇評人（New York Drama Critics Circle）的成立，就是為了創立一個能頒發給她的新獎。

《雙姝怨》的成功也為她帶來一份合約，以週薪兩千五百美元為好萊塢寫電影劇本。接下來十年，她在電影劇本與百老匯之間交替寫作。成就好壞摻半，但整體來說令人讚歎。她談罷工的劇作《未來的日子》（*Days to Come*）徹底失敗，這齣戲在一九三六年十二月十五日開演，只上演了六天。另一方面，一九三九年的《小狐狸》（*The Little Foxes*）談的是大約一九〇〇時代南方的金錢欲望，是以她小時候認識的人為原型寫出來的，則是另一次的成功，總共上演了四百一十次，歸功於漢密特殘酷但有建設性的批評，這是她寫得最好、構思最佳，上演最多次的劇本。此外，值得一提的是，這是在非常激烈的競爭中取得的成功：一九三九年旺季，上演的戲劇還包括安德森（Maxwell Anderson）的《蓋世梟雄》（*Key Largo*）、哈特（Moss Hart）與考夫曼（George S. Kaufman）的《來吃晚飯的人》（*The Man Who Came to Dinner*）、威廉・薩洛揚（William Saroyan）的《你的時刻》（*The Time of Your Life*）、巴里（Philip Barry）的《費城故事》（*The Philadelphia Story*）、波特（Cole Porter）的《留給我，與父親的生活》（*Leave It to Me, Life with Father*）和一些熱門的英國輸入作品。她在兩年後推出的作品《守望萊茵河》（*Watch on the Rhine*），又成功帶動了風潮。同時，她寫的六部好萊塢電影劇本，有一半成為經典，她為高德溫（Sam Goldwyn）寫了《雙姝怨》的電影劇本，高德溫說服她改名為《三人行》（*These Three*）並去除女同元素，結果大獲成功。還有她一九三七年的傑作《死角》（*Dead End*）也頗成功。她寫的《守望萊茵河》電影劇本在海斯辦公室（現名「美國電影協會」）的一場爭論中贏得了顯著的勝利。由於劇中的左翼英雄、德國的反納粹分子穆勒（Kurt Müller），最終用計殺死了壞人泰克伯爵（Count Teck），海斯辦公室提出抗議，根據他們的電影製作守則，殺人者必須受到懲罰。海爾曼反對，說在戰爭期間，謀殺納粹或法西斯主義者是正當行為。最後她的論點獲勝。這齣電影獲選在羅斯福總統面前公益播放。那可是個時代象徵。她為高德溫一九四二年的另一部電影《豪情英雄》（*North Star*），是純粹支持蘇聯的大外宣電影，劇情是一座令人愉快的蘇聯集體農場，是好萊塢僅有的三部共產路線電影之一——另外兩部是《莫斯科使團》（*Mission to Moscow*）和《俄羅斯之歌》（*Song of Russia*）。[11]

海爾曼的電影劇本與劇作的主題，暗示著從一九三〇年代中期開始，她密切參與了激進左派的活動。然而，說她是被漢密特延攬入共產黨，可能是錯的。首先，她在政治上比他更有進取精神。如果有區別的話，那也應該是她吸引他投入嚴肅而定期的政治活動。此外，當她跟漢密特藕斷絲連地繼續維持著性關係直到一九四一年（但根據她的說法，是一九四五年）時，同時還跟其他人有許多風流韻事：雜誌經理英格索爾（Ralph Ingersol）、兩位百老匯製作人，還有美國大使館駐莫斯科的三等祕書梅爾比（John Melby）等等。海爾曼是出了名的會主動勾引男人，她也享受屢屢的勾引成功。就像一位朋友說的：「很簡單。她對性交很積極，而當時沒有女人這樣。可能其他人也在濫交，但天知道，她們是不會主動出擊的。海爾曼則從不遲疑，如探囊取物。」[12]當然，不是每次都成功，瑪莎・蓋爾霍恩（海明威第三任妻子）說她一九三七年在巴黎勾引海明威就失敗了。劇作家彌勒（Arthur

Miller）將她對他的仇視歸因於自己拒絕了她：「海爾曼勾搭每一個她遇到的男人。我沒興趣，她因此不原諒我。」[13]到了中年後期，她不得不自己花錢買英俊的年輕男人陪她。但是她釣男人成功太過常見，以至於流言蜚語給了她奇特的聲譽。例如，謠傳她去參加作家菲爾德（Frederick Vanderbilt Field）家中舉辦的純男性撲克牌聚會，勝利者可以把海爾曼帶進臥房。她的回憶錄儘管愛自吹自擂，卻沒提到她這方面的征戰戰果。

一個擁有這種名聲與愛好的女人，不可能深受一九三〇年代的美國共產黨信賴，這是一個相當教條主義的團體，但她的名氣對他們而言當然是有用的。她是否實際加入過共產黨？她講罷工的劇作《未來的日子》並非受馬克思主義啟發的作品，《守望萊茵河》與一九三九年八月至一九四一年六月初的共產黨路線背道而馳，該劇劇情支持希特勒與史達林的《德蘇互不侵犯條約》。但另一方面，海爾曼在好萊塢電影編劇協會（Hollywood Screen Writers Guild）非常活躍，該組織受共產黨控制，尤其是在一九三六年至一九三七年烽煙四起的期間，她曾說過漢密特加入了共產黨，那麼說她在一九三七年加入也很合理。那一年是共產黨黨員人數的高峰，當時該黨到處支持小羅斯福的新政與人民陣線的政策。有鑒於一九三〇年代早期的皈依者多傾向為嚴肅的理想主義者，他們閱讀馬克思與列寧（就像威爾森），並在一九三七年時不辭而別。人民陣線的路線讓共產黨短暫地流行過一陣子，從娛樂圈招募了不少新血。他們對政治了解不多，但急著積極參與知識分子的社會生活。[14]海爾曼很符合這一類別，但實際上她又繼續支持蘇聯政策很多年，沒有隨著潮流退去而背棄，這強烈地暗示她應該真的是蘇聯共產黨官員，儘管官位可能不高。她本身始終拒絕入黨。針對這一點，編劇貝克萊（Martin Berkeley）作證說，在一九三七年六月，漢密特隨同海爾曼、桃樂西・帕克、唐納・史都華（Donald Ogden Stewart）和艾倫・坎貝爾（Alan Campbell），出席了在他家舉辦的一場會議，目的是在好萊塢建立共產黨的分支。後來，海爾曼援引《美國憲法第五修正案》，並拒答有關這次開會的審訊。國會的反美活動委員會對她的審問，強烈暗示她在一九三七年至一九四九年間是黨員，她的聯邦調查局檔案近千頁，儘管多是常見的廢話且重複性很高，但還是有很多可靠的證據。除了貝克萊，還有《工人日報》前主筆、蘇聯間諜布登茲（Louis Budenz）與其他兩位告密者，也指認她是共產黨員。其他人則指證她在黨會議上相當活躍。[15]

極有可能（但未經證實）的情況是，因為諸多理由，包括她的濫交，讓共產黨覺得她做地下黨員而非公開黨員更省事，因而決定讓她做一個受黨控制的同路人，並給予她一些選擇的自由，能決定要做什麼事或怎麼做事。這是在此期間符合她作為與態度的唯一解釋了。除了劇作與電影腳本，她當然盡其所能地協助了共產黨滲透美國知識分子的圈子，促進蘇聯政策的目標。她參與了共產黨關鍵前線團體，一九三八年六月，她出席了紐約的共產黨第十屆全國代表大會。一九三七年十月，她在支持史達林的《紐約時報》特派記者杜蘭蒂（Walter Duranty）的指導下造訪了俄羅斯，當時莫斯科大審判正來到最高潮。但回國後，她說她對此一無所知。至於西方自由主義者對大審判的抨擊，她說她無法分辨「來自深惡痛絕的真實指控」與「混合著對某地與人民視而不見的痛苦所編造的罪行」之間的區別。但翌年她的名字出現在《新群眾》上的廣告，認可莫斯科大審判的連署中——連署者還有馬科姆·考利、艾格林、歐文·肖（Irwin Shaw）與理察·萊特（Richard Wright）。在惡名遠播的捷克共產黨人卡茨的力主下，她在一九三七年自費兩度造訪西班牙，並連同其他作家一起捐款五百美元，拍製支持共產黨大外宣的電影，這部電影跟海明威也有關連。但她對於自己在西班牙的作為，說法顯然充滿謊言——都被瑪莎·蓋爾霍恩詳細地反駁了——而且如今很難證實她在那裡到底做過些什麼。

和大部分知識分子一樣，海爾曼忙著與其他作家滿懷惡意地吵架，而這讓她的政治立場變得惡毒又複雜。她急著支持西班牙的蘇聯路線，導致她跟《紐約時報》特派記者卡尼（William Carney）吵架，因為卡尼堅持發表與莫斯科版本不符的真相。她指控卡尼人在安全舒適的蔚藍海岸（Côte d'Azur）報導西班牙的戰爭。此外，她支持一九三九年蘇聯入侵芬蘭，說：「我不信人人都在哀悼那個美好、可愛、小小的芬蘭共和國。我去過那裡，它對我來說是個支持納粹的小共和國。」這導致她跟一位女演員班克赫德（Tallulah Bankhead）發生衝突，班克赫德是飾演《小狐狸》舞台版的明星，已經因為許多理由成為她的敵人（主要是爭風吃醋）。班克赫德為救濟芬蘭完成了一次公益表演，海爾曼控訴她拒絕了為西班牙義演的類似邀約，班克赫德則反駁說這項指控是「無恥的無中生有」。巧的是，沒有證據顯示海爾曼去過芬蘭，她的傳記作者認為這不太可能發生。[16]但就連這位女演員死後，海爾曼還是繼續在不同的出版物中抨擊班克赫德。她寫到班克赫德的家人酗酒、吸毒，勾引黑人服務生。她在她具有自傳色彩的《原筆重現》（*Pentiment*）裡，編造了一個令人反感的故事，說班克赫德堅持要給訪客看她丈夫勃起的陰莖有多巨大。

海爾曼與班克赫德真正爭執的是誰站在「工人」這邊。真相是，除了偶爾有情人出自這個階層，雙方對工人階級都一無所知。海爾曼曾在費城，為紐約的自由主義晚報《PM》進行一項調查，訪談了一位計程車司機、兩個商店裡的男人與兩個黑人兒童。她從中得出的結論是，美國是警察國家。但是她在工人當中沒有朋友，除了碼頭工人史密斯（Randall Smith），是她戰後在度假勝地瑪莎葡萄園島（Martha's Vineyard）結識的。史密斯曾在西班牙的林肯旅（Lincoln Brigade）服役，當然不是典型的美國無產階級。此外，他也越來越討厭海爾曼、漢密特和他們有錢的激進朋友。他說：「身為一個前共產黨人，我一直怨懟他們的態度——如此高傲與知識分子。我懷疑他們當中有誰曾經去開過會或做過事。他們就像軍官，而我曾經做過士兵。」他特別討厭漢密特在公司裡的習慣，藉由「用拐杖把他現任女友的裙子撩起」來炫耀他對女人的權力。[17]海爾曼所過的生活和她喜歡稱為「艱難」的情況肯定相去甚遠，在她位於紐約東第八十二街的住處，和占地一百三十英畝的西徹斯特（Westchester）農場，她過的是富豪的生活，有女管家、司膳總管、祕書跟私人女僕。她去看最熱門的精神科醫師齊爾伯格（Gregory Zilboorg），每小時要價一百美元。她的舞台與電影劇本，為她帶來了尊榮與財富。一九四四年九月她應蘇聯政府之邀前往莫斯科時，借宿在駐蘇聯大使哈里曼（Harriman）的宅邸，她就是在此與外交官梅爾比私通。不過她在莫斯科的大都會飯店（Metropole Hotel）、國家飯店（National Hotel）還有大使館，都有保留了房間。這趟旅行也製造了大量謊言：她說她在俄羅斯待了五個月；梅爾比是更可靠的目擊者，他說是三個月。海爾曼發表了兩篇說法頗有差異的文章，描述她的莫斯科經驗，一篇是一九四五年在《柯利爾週刊》（*Collier's*），一篇在一九六九年她的自傳《未完待續的女人》（*An Unfinished Woman*）裡面，雜誌文章完全沒提到她見過史達林，自傳上則是說，儘管她沒要求會見史達林，她還是獲知已被批准可以採訪他一次，但她婉拒了，理由是沒有要緊的事要說，也不希望占用他寶貴的時間。這個荒謬的謊言，跟海爾曼歸國時與紐約媒體的會談自相矛盾。會談中她說她求見史達林，但被告知他「忙著處理波蘭人」。[18]

在一九三〇年代跟四〇年代早期，海爾曼是左翼的成功女傑，一個受到表彰的名人。到了四〇年代晚期，她的人生進入新階段，由一個激進的傳奇，被美化成一個時代的殉難者。有一度她的政治活動持續進行。一九四八年，她與其他極左派一起支持華萊士（Wallace）競選總統；一九四九年，她是蘇聯支持的世界和平文化暨科學大會（Cultural and Scientific Conference for World Peace）的籌辦者之一，大會辦在紐約的華道夫飯店（Waldorf）。但她的麻煩正要開始。她戰後的劇作不如前作。《小狐狸》的續集寫同一家庭的故事，名為《松林深處》（*Another Part of the Forest*），在一九四七年十一月開演，總共演出了一百九十一場，但評論少得可憐。值得注意的是，她那任性的父親麥斯現身了，坐在劇場正廳的前座區，整個第一幕都大聲數著新鈔，然後在中場休息時大聲宣告：「是我女兒寫了這齣戲，寫得好看多了。」六個月後，她的精神科醫師告訴她，他研判麥斯罹患了老人癡呆症。她的下一齣劇作《秋園》（*The Autumn Garde*）寫得很艱辛，海爾曼後來說，初稿在漢密特批評後，被她撕毀了，但標注為「第一稿」的整批手稿，現仍完整留存在德州大學圖書館內。這齣戲在一九五一年開演，一共演出了一百零一場。

與此同時，國會的反美活動委員會開始徹底搜查電影產業。所謂的「好萊塢十君子」（Hollywood Ten），是指在聽證會上拒絕回答委員有關政治活動問題的人，以藐視國會為由被起訴。一九四七年十一月，片場的製片人同意開除所有被納入十君子的作家。編劇協會的雜誌，在一篇海爾曼撰寫、編輯下標為《猶大山羊》（*The Judas Goats*）的文章中譴責這個決策，內文中有以下令人驚訝的聲明：「美國電影中，從來沒有一字或一句台詞，是共產主義。」法律的磨坊繼續慢慢地轉動，漢密特為被控訴藐視國會的作家們支付了保釋金。當中有三人棄保潛逃，從此消失無蹤。聯邦調查局相信漢密特知道他們的下落，派了一組人到漢密特的農場搜索。一九五一年七月九日，漢密特被帶到法院審訊，法院要求他交出保釋金的其他出資者名字，以協助找到棄保潛逃的人。他沒說不認識這些人（他確實認識），只是倔強地拒答任何問題，因此被判入獄。海爾曼宣稱她得賣掉她的農場，才能支付他六萬七千美元的律師費。

她自己在一九四八年被好萊塢列入黑名單，四年後，一九五二年二月二十一日，她收到傳票要出席可怕的聽證會。這一回，她出人意表地反敗為勝。她一直都很擅長公共關係，這項技能她跟許多同時代的知識分子都具備，例如布萊希特和沙特。布萊希特，就像我們前面看到的，設法讓聽證會上的露面，成功地為自己宣傳；海爾曼的成就更了不起，讓聽證會奠定了她後來激進分子殉道女王的名聲，和布萊希特一樣，她因為聽證會委員的愚昧而受惠。出席之前，她採納了她的辯護律師喬瑟夫・勞伍（Joseph Rauh）非常縝密的法律建議，她無疑是理解錯綜複雜的法律形勢的。她給勞伍的指示是她「不會交出任何名單」，但另一方面，她無論如何都不想坐牢。她不想援引《美國憲法第五修正案》，因為這麼做看起來是為了自保，形同認罪（當時只要援引，就等於承認自己是共產主義者）。不過，她願意出席聽證會並援引《第五修正案》——如果這麼做看起來是在保護其他人。這讓勞伍很棘手，因為《第五修正案》保護的，只有因證詞陷己入罪的證人。海爾曼要如何免受牢獄之災、援引《第五修正案》的同時，又要看起來像是個保護其他人的無罪者呢？他說搞定這件事後，就再也沒有入獄的問題了。他說：「這看起來像代數問題，但接著我開始把它視為主要是公關問題。我知道隔天《紐約時報》頭條如果是『海爾曼拒絕交出名單』我就贏了，如果是『海爾曼援引《第五修正案》』我就輸了。」

海爾曼解決這個問題的方式是，她在一九五二年五月十九日，寫了封狡猾虛偽的信給該委員會主席約翰・伍德（John S. Wood）。她辯稱，有人建議她不能援引《第五修正案》自保，並拒絕供出其他人的名字。然後是漫天大謊：「我不喜歡任何形式的顛覆與不忠，如果我看到，一定覺得自己有義務向有關當局報告。」接下來是精彩的辯論花招，混淆了真正的法律形勢，讓海爾曼看起來像樂意放棄自身的自由去坐牢，但她卻要援引了《第五修正案》來保護其他清白無過失的人：「可是要我為了自保，傷害認識多年的無辜者，對我來說這是沒人性、沒人品與不名譽的。我無法也不會割下良心，以迎合今年的風潮，雖然我很早就做出結論：我不是政治人物，在任何政治團體中都不會有什麼好位置。」委員會主席勃然大怒，他似乎很了解海爾曼在玩什麼把戲，一個搞不清楚法規重點的委員提出動議，要求把這封信列入聽證會記錄，這讓勞伍很開心，馬上就把這封信的副本寄給媒體。隔天，他得到了他想要的頭條。後來，在她具自傳色彩的書《惡棍時光》（*Scoundrel Time*）提及這些事件時，海爾曼渲染了這個故事，捏造了各種不同的細節，包括有個男人在旁聽席大嚷：「感謝上帝，終於有人有膽做了這件事。」但她其實不必費這番工夫。她的信是歷史書上聽證會中出現的唯一「證據」。這篇文章也被選入文選，代表一名無私女傑其自由良知的動人懇求。[19]

這是後來海爾曼傳奇的核心，隨之而來的神話是她破產了，因為她被好萊塢列入黑名單，加上她和漢密特被政治迫害而必須面對的鉅額法律帳單。但實際上，完全沒有她窮途潦倒的證據。《雙姝怨》在一九五二年重新搬上舞台，為她帶來可觀的進帳，她到晚年都保留她紐約市區的住處，直到她搬進一間更方便的公寓。她確實賣掉了她的農場，但是一九五六年，她在瑪莎葡萄園島購置了上好的花園住宅，這裡當時已經繼紐約外島之後，成為富裕知識分子更時髦的放鬆去處。漢密特的財務困境有幾個成因，當他終於停止酗酒時，並沒有開始工作，只黏在電視機前，而且他慷慨起來不顧後果。海爾曼的財務沒有受這些情況威脅，不過她跟漢密特一樣都有一個習慣——不付所得稅。就像沙特和威爾森的例子指出的，激進知識分子普遍有種習性，提出充滿抱負的政府計畫，同時不覺得自己有責任貢獻一己之力。

漢密特沒有支付所得稅，可追溯至一九三〇年代，這之所以曝光不僅僅是因為他即將鋃鐺入獄。確切來說，聯邦調查局在戰前就注意到他的習慣，但他的判決肯定激發了國稅局與他的其他債權人（非常多位）出來伸張權益。一九五七年二月二十八日，聯邦法院判決他要為拖欠款項賠付十萬零四千七百九十五美元，而這還只是一九五〇年至一九五四年的欠款。有關當局並未對他特別苛刻，一位法院代表在報告他身無分文時說：「經我調查後，我的意見是，跟我說話的對象是個破產的人。」到他去世時，他積欠的債務含利息在內，已上升至十六萬三千二百八十六美元。[20] 海爾曼的欠稅甚至更多：在一九五二年，稅務員估算數字介於十七萬五千美元與十九萬美元之間——在當時是很龐大的數字。她後來宣稱她落魄到得在梅西百貨找工作，但這也不是事實。

一九五〇年代的海爾曼過得非常低調，對激進主義者來說，這是艱辛的十年。但到了一九六〇年，她又開始人氣高漲。她的劇作《閣樓上的玩具》(*Toys in the Attic*)是以漢密特的靈感為基礎，運用她童年對供膳宿舍的回憶，在一九六〇年二月二十五日，以一流的卡司在紐約開演，總共上演了五百五十六場，讓海爾曼再度贏得紐約圈內劇評人獎，也讓海爾曼賺進大把的錢。但這是她最後一齣受到重視的劇作，一年後漢密特過世，在許多人看來，彷彿意味著沒有了他，她就寫不出來了。儘管如此，她還是有第二職涯可以追求，激進主義在一九六〇年代復興，到這十年的尾聲時，幾乎和它在三〇年代的全盛時期一樣興盛，她的一趟俄羅斯之旅又製造了一些無傷大雅的小謊，並斷言赫魯雪夫證實史達林罪狀的《祕密報告》，是在背後捅他的昔日恩人一刀。[21]海爾曼嗅了嗅美國的輿論風向，決定該動筆寫回憶錄了。

這些回憶錄成了本世紀出版業重大成功之一，為海爾曼帶來的名氣、聲望與知識分子的權威，甚至比她的劇作更多。確實，回憶錄讓她還在世便被封聖，是印刷文字與公共關係機制的完美典範。《未完待續的女人》在一九六九年六月出版，不但暢銷還贏得了美國國家圖書獎的藝術與文學獎。《原筆重現》在一九七三年出版，在暢銷書排行榜上蟬聯了四個月。第三本是《惡棍時光》(一九七六)，留在暢銷書排行榜上的時間不下二十三週。有人出價五十萬美元，要買她自傳的電影版權。她發現自己有了散文大家的全新名聲，並受邀在柏克萊（Berkeley）與麻省理工學院（MIT）參加寫作研討會。獎項與表揚接踵而來，紐約大學選她為年度女性，布蘭迪斯大學（Brandeis）頒給她戲劇藝術獎章，宗教教育機構「葉史瓦」（Yeshiva）則是頒發了終身成就獎。她因為對文學的貢獻獲頒麥克杜威獎章（MacDowell Medal），耶魯、哥倫比亞等大學也相繼頒發榮譽博士學位。到一九七七年時，她已重返好萊塢社會頂層，出席奧斯卡金像獎，同年，她的回憶錄被拍成頗受好評的電影《茱莉亞》（*Julia*），也抱回許多獎項。在東岸，與激進派人士交往的潮流中，她是女王，是革新派知識分子圈，也是圍繞著知識分子圈的社會人士中，一位最重要的權力掮客。確切來說，一九七〇年代她在紐約所行使的權力，等同於一九四五年至一九五五年巴黎的沙特。她被拔擢並入選關鍵的委員會。她自己收集了一份黑名單，找來二十個逢迎拍馬、勢利小人的知識分子來執行，紐約激進派的名人急趕著做她吩咐的差事。她有部分權力來自她所製造的恐懼感，於公於私，她都知道如何讓自己不客氣，她會吐口水在男人臉上，尖聲辱罵，把她的包包砸在男人頭上。在瑪莎葡萄園島，她怒氣洶洶地質問那些走捷徑跨過她的花園要去海邊的人，相當可怕。如今她非常有錢，稍有反對或侵犯她的權益，她雇用的許多律師便會起而攻擊，認為自己只是在她神殿上崇拜她的阿諛奉承者，可能會非常錯愕。布萊希特的友人瑞克・班特利推出一齣外百老匯[1]的反政治迫害劇《你現在是，還是曾經是？》（*Are You Now or Have You Ever Been?*）時，由於劇中女演員朗讀她的信，海爾曼便要求支付版權費用，並說劇本的所有人要是不支付，就要讓這齣戲演不下去。她是個劍及履及的女人，話剛說完，法院的書面命令就到了，大部分人都傾向於付錢了事。據說一九八一年《小狐狸》重新上演時，為了避免被告，有人花了百萬美元買斷她的版權。又據說權威機構經常在她下達指令前，就急著做她吩咐的事，例如，波士頓的利特爾布朗（Little, Brown）出版社，因為評論家黛安娜・屈林（Diana Trilling）拒絕撤下批評海爾曼的段落，取消了她的出書計畫。起因是海爾曼在《惡棍時光》裡對她丈夫的惡意抨擊，黛安娜只是試著為她剛過世不久的丈夫萊諾・屈林辯護，她寫道：「海爾曼是我認識最有權勢的女人，或許是我所認識最有權力的『人』。」

海爾曼的威信根基於她在自傳裡為自己創造的非凡神話。某種程度來說，這些自傳可以跟盧梭《懺悔錄》的自我封聖媲美。正如一再顯示的，重要知識分子的回憶錄——沙特、波娃、羅素、海明威、戈蘭茲都是劣跡昭著的例子——都相當不可靠。不過最危險的地方

1　外百老匯（off-Broadway）指演出規模比百老匯小的劇場演出，是培養演員與劇組進入百老匯的搖籃。

是，這些知識分子的自我美化，是藉由表面上令人震撼的坦白與自承有罪，讓讀者失去防備。例如托爾斯泰的日記，看起來夠真誠的了，實際上卻遮掩多於揭露。正如狄德羅與當時真正認識他的人所知道的，盧梭的《懺悔錄》是精心蓄意的欺騙，誠懇的表面底下，是深不可測的謊言沼澤。海爾曼的回憶錄也符合這種狡猾的模式。她常常自承對記憶茫然、困惑與偏離，給讀者一種印象，彷彿她正從幽靈般的過去，努力探究精確無誤的真相。也因此這些書剛上市時，許多評論家、就連一些最敏銳的評論家，都讚美她的坦率。

但是一九七〇年代期間，在海爾曼的奉承者異口同聲的讚美與鬧哄哄的阿諛中，親自經歷過她的謊言的人們發出了異議。尤其是在《惡棍時光》出版時，她的說法遭到重量級人士的質疑，例如格萊澤（Nathan Glazer）在《評論》（*Commentary*）雜誌、胡克在《交會》（*Encounter*）雜誌、凱辛（Alfred Kazin）在《君子》雜誌，以及歐文・豪（Irving Howe）在《異議》（*Dissent*）雜誌，都撰文批評這本書。[22]但這些作家集中火力要揭穿她不可思議的扭曲事實與疏漏，他們大多沒意識到她捏造之處。他們的抨擊是民主自由派人士與採取強硬路線的史達林主義者之間，不斷對抗的一環——因此這些批評沒引起太多關注，海爾曼也沒有大受挫折。但接下來，海爾曼犯下了災難性的誤判。這很不像她的作風，因為是在她通常非常在行的領域：公共關係。她和瑪麗・麥卡錫長期不和，時間可追溯到一九三〇年代美國左派中，史達林主義者與托洛斯基主義者分裂的時候。直到一九四八年她們在莎拉勞倫斯學院（Sarah Lawrence College）一場研討會上還在吵架，當時瑪麗察覺海爾曼對帕索斯和西班牙之事撒謊，後來在一九四九年，於華道夫飯店舉辦的大會上進一步交火。從此瑪麗一再控訴海爾曼漫天撒謊，但海爾曼顯然分毫無損。然後在一九八〇年一月在卡維特的脫口秀節目（The Dick Cavett Show）上，瑪麗再度提出對海爾曼的謊言最全面的指控：「我曾在一場訪談中說過，她寫的每一個字都是謊話，包括『and』跟『that』。」海爾曼正在看這個節目。她的怒火跟爭訟的興趣勝過了她的精明審慎，她起訴求償二百二十五萬五千美元，並為這場官司投入極大的毅力與幹勁。

隨之而來的是經典的辯論，因為告人毀謗只會吸引人們對官司的注意。之前也有人指控海爾曼說謊，但她全身而退，如今大眾卻豎起了耳朵，大眾嗅到狩獵的味道——這可能是一場殺戮。打官司無論如何都對公共關係不好，大眾不會喜歡看見一個作家去告另一個作家。大家都知道海爾曼很有錢，而瑪麗卻得賣掉房子才能支付訴訟費用。兩造的朋友都投入大筆金錢與建議，這於是吸引了對海爾曼誠信質疑的進一步關注，更嚴重的是，這場官司促進了一種新的智力競賽：抓出海爾曼編造的謊言。瑪麗很快就不情願地支付了兩萬五千元的訴訟費用，面對財務破產，她別無選擇，只能帶領這群人繼續走。

就像海爾曼的傳記作家萊特說的：「由於起訴瑪麗，海爾曼逼得這個國家最敏銳、最積極的一批有才智的人，埋首鑽研海爾曼的全部作品，只為了搜索謊言。」[23]其他人也樂於加入。一九八一年春季號的《巴黎評論》（*Paris Review*），瑪莎・蓋爾霍恩條列海爾曼有關西班牙的八大謊言，並提供證據文件。英國詩人斯彭德（Stephen Spender）則讓瑪麗的注意力轉移到穆莉兒（Muriel Gardiner）的奇怪案件上。

斯彭德跟穆莉兒曾短暫談過婚外情。穆莉兒是個有錢的美國女孩，曾嫁給一位名叫嘉丁納（Julian Gardiner）的英國人。她去維也納攻讀精神病學，在那裡化名為「瑪莉」，參與反納粹的地下組織，私下傳遞訊息與偷渡人員。她與另一位反納粹人士兼社會主義者柏汀格（Joe Buttinger）墜入愛河，嫁給了他，一九三九年戰爭爆發後，他們離開歐洲，定居於紐澤西州。海爾曼從沒見過穆莉兒，但從紐約的律師那邊聽說過她、她丈夫，以及他們的地下活動。這個富有的美國女繼承人嫁給中歐社會主義者，正是《守望萊茵河》靈感的起點，儘管情節跟他們沒有什麼關連，但海爾曼在柏汀格抵達紐澤西後寫了五個月。後來當海爾曼開始寫《原筆重現》時，她再度利用了穆莉兒的經歷，叫她「茱莉亞」，但這回她也把自己編進故事裡，以英勇而討喜的角度，把自己當成茱莉亞的朋友。此外，她把一切當成事實寫進自傳裡。

當這本書出版時，沒人質疑海爾曼的說法。但是穆莉兒讀了這本書，寫了封友善的信給海爾曼，指出雷同之處。她沒收到任何回覆，而且後來海爾曼否認收到過這樣的一封信。由於她從未真正與穆莉兒見過面，要符合她的說法，就只能辯稱有兩位美國地下間諜，「茱莉亞」與「瑪莉」。那麼，誰是茱莉亞？海爾曼表示無法揭露，因為茱莉亞已經死了，但她母親還活著，而且可能會因為「太早開始反納粹」被德國反動派迫害。當海爾曼展開與謊言有關的民事糾紛時，穆莉兒漸漸放棄相信海爾曼的誠懇，一九八三年，穆莉兒在耶魯大學出版了她自己的回憶錄《代號瑪莉》（*Code Name Mary*）。該書出版時，《紐約時報》與《時代雜誌》的記者們開始提出有關《原筆重現》與電影《茱莉亞》的尷尬問題，奧地利抵抗納粹紀念館（Austrian Resistance Archives）的館長史坦納（Dr Herbert Steiner）證實，只有一位「瑪莉」，茱莉亞就是瑪莉，或茱莉亞是編造的，不管是哪一種情況，海爾曼都被揭穿了她是個撒下漫天大謊的騙子。瑪麗．麥卡錫與穆莉兒聯絡，把這些關鍵資料申請納入誹謗官司的準備程序。然後，在一九八四年六月，《評論》雜誌刊登了一篇值得注意的文章《茱莉亞與其他海爾曼虛構的謊言》（*Julia and Other Fictions by Lillian Hellman*），出自波士頓大學的麥可克拉肯（Samuel McCracken）的手筆。他做了大量類似警方的調查工作，查對火車時刻表、船期表、劇院節目單和其他海爾曼在《原筆重現》中提到茱莉亞的細節，所有可查核的事證。任何無先入之見的人，讀了這篇文章，都會對茱莉亞事件是編造的謊言毫無疑問，因為實際上海爾曼從沒見過這個女人。

麥可克拉肯的調查還揭開了海爾曼人生另一個黑暗角落：她追求金錢，她對錢一直都貪得無厭，這個習性有隨著年紀變本加厲的傾向，她的所有官司都有一個目標數字。漢密特死後，她和費城的有錢人考恩（Arthur Cowan）私通。他建議她拿錢出來投資，他還慫恿設法獲得漢密特的版權，漢密特的版權落入美國政府之手，代替他所積欠的所得稅。由於收到的版稅非常微薄，考恩說服政府把版權拿出來拍賣，起標價非常低，只有五千美元。海爾曼說服了漢密特的女兒同意出售，還騙她們說，要是不點頭，她們就得代替漢密特償債了。考恩與海爾曼是唯二的競標者，都出價兩千五百美元，並拿到了版稅。然後海爾曼便開始賣力投入這些文學資產的工作，很快便帶來上萬美元的進帳——光是電視台想要改編一齣漢密特的小說，就獲得二十五萬美元進帳。輪到考恩過世時，根據海爾曼在《原筆重現》中的說法，他沒有立遺囑，但是麥可克拉肯確認了考恩有立遺囑，只是海爾曼什麼都沒分到，顯示在他死前兩人曾經大吵一架。但是海爾曼顯然說服了考恩的妹妹，說考恩一直想把漢密特的版權給她，那位妹妹於是就寫了封信，把版權轉讓過去。如此，海爾曼完全擁有了漢密特越來越值錢的版權，直到她過世為止，這是她遺囑裡留給漢密特越來越窮困的女兒們唯一的東西。[24]

海爾曼死於一九八四年七月三日，是麥可克拉肯發表文章的一個月後。那時，她藉以建立聲望的夢幻世界已然崩塌。自從成為激進左派裡最好鬥的女王後，她隨時都處於戒備狀態。然而，知識分子當中的英雄或女傑，不會這麼輕易被除掉的，就像義大利南部的小耕農，會繼續向他們最喜愛的聖徒捐獻與祈求，儘管祂們的存在早就被揭發是捏造的。熱愛進步的人也是這樣，儘管他們的偶像在品格上有缺陷，卻還是對他們戀戀不捨。儘管盧梭醜惡的行為早在生前就眾所周知，但心智正常的崇拜者還是成群地蜂湧至他的聖壇，並將他美善的神話變成信念。馬克思私底下的為人與公開的說謊，已經證據充足，似乎也不妨礙他的追隨者相信他的正直。沙特每況愈下，加上後來的觀點始終都愚昧昏庸，也未阻止五萬名巴黎博學者出席他的葬禮。海爾曼的葬禮在瑪莎葡萄園島舉行，也是參加者眾多。當中有致詞的名人為作家梅勒（Norman Mailer）、記者雷斯頓（James Reston）、《華盛頓郵報》前發行人葛蘭姆（Katherine Graham）、演員比提（Warren Beatty）、漫畫家菲佛（Jules Feiffer）、作家史岱隆（William Styron）、作家赫西（John Hersey）與記者伯恩斯坦（Carl Bernstein）。

她身後留下近四百萬美元，大多進了兩個信託基金。其一是漢密特基金（Dashiell Hammett Fund），能撥發獎助金，「受到剛過世的漢密特的政治、社會與經濟信念指引，當然是激進的，他相信馬克思主義」。儘管這麼多的謊言全都被揭穿與曝光，麗蓮．海爾曼的神話產業還是持續平靜地自然發展。一九八六年一月，在她過世十八個月後，聖徒傳般的《麗蓮》（*Lillian*）在紐約開演，捧場的人一樣很多。世俗的群眾說，當一九八〇年代消逝，向這位理性女神誠心祈求的燭光依舊明亮。海爾曼會不會像她的偶像史達林一樣，最終被體面而默默無聞的埋葬，還是她的謊言與一切，都將成為激進思想的奮鬥象徵？我們等著看吧。但是過去近兩百年的經驗顯示，這位老婦人身上，還有很多活力跟謊言呢。

第十三章

理性的潰逃

現代社會最重要的教訓之一，就是要小心知識分子。他們不是打破框架的高度個人主義者，卻往往待在極端保守的同溫層。他們常常忘記一件事：「人」比他們的理念更重要。

第二次世界大戰結束時，世俗知識分子的主要目標有重大改變，從烏托邦主義轉向享樂主義（hedonism），這種轉變剛開始很緩慢，然後逐步加速。要探其源頭，最好研究三位英國作家的觀點與他們的關係，他們剛好都出生於一九〇三年：喬治・歐威爾，伊夫林・沃與西里爾・康諾利，他們可能會分別被描述為舊知識分子、反智論者與新知識分子。沃是在歐威爾已經罹患致命疾病後才開始跟他謹慎地交往，但他跟康諾利整個成年生涯都爭吵不休，而歐威爾跟康諾利在學生時期就彼此認識。這三位作家彼此都始終抱持著猜忌、懷疑與偶爾羡嫉的眼光。康諾利覺得自己是這三人中的失敗者，他在古羅馬詩人維吉爾的書題上一個自憐的對句，寄給戲劇評論家沃斯理（T. C. Worsley）：

在伊頓有歐威爾，在牛津有沃
此前與之後，他都無足輕重[1]

但這完全不是事實。在某些方面，事後證明，他在三人當中最舉足輕重。

我們應該先看歐威爾，他幾乎算是舊知識分子的經典案例。他在政治上支持烏托邦與社會主義的未來，而這顯然是他無法認同宗教唯心論的替代品。上帝無法為他而存在，他把希望寄託在人身上，但他對摯愛的目標靠得太近，以至於看迷了眼。歐威爾本名艾瑞克・布萊爾（Eric Blair），來自一個無足輕重的帝國創建者者家庭，他自己看起來也像是一個。他又高又瘦，後腦與兩鬢都剪得很短，留著修得超短的八字鬍。他的祖父在英屬印度陸軍服役，外祖父是緬甸的柚木商人，父親在印度文職機構（Indian Civil Service）的鴉片部門工作。他跟康諾利上同一間高級私校，後來又都上了伊頓公學。他之所以接受這麼昂貴的教育，是因為他和康諾利一樣都是聰穎的男孩，被期許會拿到獎學金，並為學校增光。但實際上這兩個男孩後來以逗趣但辛辣的方式描寫這所學校，為學校帶來傷害。[2]歐威爾的文章《就是這麼、這麼歡樂》（*Such, Such Were the Joys*）言過其實，甚至說謊。他在伊頓的輔導老師安德魯（A.S.F. Gow）對私校非常了解，認為歐威爾是被康諾利帶壞了，才會寫出這樣不正當的指責。[3]如果這是真的，那這便是康諾利唯一一次說服歐威爾做出不道德的行為，特別是牽涉到說謊的行為，就戈蘭茲精明的觀察，歐威爾是個非常誠實的人。

歐威爾離開伊頓後加入印度警隊，在一九二二年至一九二七年間服役五年。在這段經歷中，他看見了帝國主義較為醜惡的那一面：絞刑與鞭刑，並發現他無法忍受。實際上他有兩篇精彩的散文《一場絞刑》（*A Hanging*）與《射殺一頭象》（*Shooting an Elephant*）可能比其他任何著作，都更加傷害大不列顛的帝國精神。[4] 他休探親假返回英格蘭，辭掉了這個公職，決心要成為作家。他考慮了幾個選項後，包括柏頓（P. S. Burton）、肯尼斯・邁爾斯（Kenneth Miles）與路易士・奧維斯（H. Lewis Allways），選擇以「喬治・歐威爾」當筆名。[5] 歐威爾是知識分子，至少他自幼就認為這個世界能藉著智識的力量重塑，他是據此來思考理想與概念的。但他的天性，或許還加上他的警察訓練，給了他對人民熱烈的興趣。他的警察直覺肯定告訴他，事情不是表面所看到的那樣，唯有調查與近距離觀察能得出真相。

因此，不像大部分知識分子，歐威爾展開這個知識分子的職涯，是從一個近距離考察工人階級生活的社會主義理想主義者開始的。這方面他跟威爾森有共通之處，兩人都酷愛精確無誤的真實，但他對於「工人」知識的探索，比威爾森更持久，一連好幾年探索的經歷都是他生活的重要主題。他先是在諾丁丘（Notting Hill）租屋，那裡當時是倫敦貧民窟。然後到一九二九年時，他在巴黎做洗碗工跟做廚房雜役。但他罹患肺炎——他的肺長期虛弱，他也因此四十七歲就過世了——他的冒險也在巴黎慈善醫院的工作告終，一九三三年的《巴黎倫敦落拓記》（*Down and Out in Paris and London*）裡有他這段經歷的痛苦描述。接下來他和流浪漢與摘啤酒花的工人一起生活，在蘭開郡的工業區威根（Wigan）一戶工人階級家庭搭伙，經營一家鄉村商店。一切作為都是為了一個目標：「我覺得我要逃脫的不光是帝國主義，還有人對人的宰制。我想讓自己沉潛，以記錄那些被壓迫者，成為他們的一分子，站在他們那一方對抗暴君。」[6]

因此，一九三六年西班牙內戰爆發時，歐威爾和九〇%的西方知識分子一樣，在道義上聲援共和國，卻也跟幾乎所有知識分子都不一樣，真正親身去為共和國打仗。此外，湊巧他加入的軍隊，後來成為最受壓迫與殉難的共和軍：無政府主義的「馬克思主義統一工人黨」民兵部隊。這段經驗對他的餘生至關重要。最有代表性的是，歐威爾去西班牙，是想先親自看看局勢，再盤算他要做什麼。但是西班牙很難進去，進西班牙的管道實際上被共產黨把持。歐威爾先去找戈蘭茲，戈蘭茲告知斯特拉奇，斯特拉奇又提點他去找共產黨領袖波利特。但波利特要求，除非歐威爾同意加入受共產黨控制的國際旅（International Brigade），否則不會給他通行的推薦信。歐威爾拒絕了，不是因為他反對這個旅（事實上，他隔年在西班牙嘗試想要加入），而是這樣他在調查事實之前，就得做出選擇。所以他轉身求助被稱為獨立工黨（Independent Labour Party）的左翼派系，他們把他送到巴賽隆納，請他跟無政府主義者聯絡，他是因此才加入了馬克思主義統一工人黨的民兵部隊。他對巴賽隆納印象很好，「是一座工人階級掌權的城市」，何況還有民兵部隊的存在，在部隊裡「許多文明生活的常見主題——勢利眼、守財奴、懼怕權勢等等，已經不復存在。社會常見的階級分裂已經滅絕到一個程度，這在被金錢敗壞風氣的英格蘭幾乎無法想像」。[7]他發現戰爭讓他受傷，在某種程度上是令人振奮的體驗，並寫了封信委婉地責備康諾利，康諾利視察這場戰爭的方式就像大部分的知識分子，就只是個「關切」的觀光客：「很遺憾你人在阿拉貢（Aragon），沒來我的陣地看我，不然我可以在壕溝給你倒杯茶。」[8]歐威爾說這個戰時服役的民兵部隊是「一個希望比漠不關心或憤世嫉俗更常見希望的社會」，在裡面「『同志』一詞代表同志情誼，而不像大部分國家代表的是『騙子』」。在那裡「沒有人謀取自己的利益」，「每種物資都短缺，但是沒有特權，也沒有阿諛奉承」。他覺得「社會主義初始階段的風貌，大概就是這個樣子」。最後，他的家書中寫道：「我已看見美好事物，並終於真正相信了社會主義，這是之前我不曾信過的。」[9]

然而，隨之而來的是史達林一聲令下，共產黨便要清洗無政府主義者的駭人經歷，歐威爾的數千名同志不是被謀殺，就是下獄遭受虐待與處決。他自己幸運逃過一死。而對他同樣有啟發的是，他返回英格蘭後，發現要把他對這些悲慘事件的記敘出版，很困難。無論是左書俱樂部的戈蘭茲，還是《新政治家》的馬汀——在大不列顛不斷傳播進步主張的兩大機構——都不容他說出真相，他不得不去找其他地方。歐威爾總是把經驗擺在理論之前，而這事件證實了他一直以來都是對的。理論告誡左派，行使權力時要行為正派、尊重事實。而經驗卻向他證明，左派有能力做到某種程度的不公義，和一種迄今幾乎無人知曉的殘酷，只有德國納粹極端錯誤的罪行能夠相提並論，而且他們還會為了維護更高的真理，迫切地打壓真相。第二次世界大戰發生的事已經證實，經驗讓所有價值觀與忠誠的行為都變得令人困惑，也讓他在此事件中學會，人比抽象的理念更重要。這是他打從骨子裡一直都有的感受。歐威爾從未完全背棄過他的信念，即認為藉由強力推動理念，可以創造一個更好的社會，從這個角度來說，他依然是一個知識分子。但他所抨擊的主軸，已經從既存的、傳統的、資本主義者的社會，轉向列寧之流的知識分子設法借屍還魂的、那種騙人的烏托邦。他的兩部傑作，《動物農莊》與《一九八四》，本質上是批判現實化的抽象概念，批判烏托邦裡的極權主義對思想與人身的控制，以及（照他的說法）對於「應該服從中央集權的經濟」之誤解。[10]

這樣的重心轉移，就其本身而論，必然使歐威爾高度地批判知識分子。這很符合他的性格，他的性格更接近於有團隊精神的軍人，而非放蕩不羈的浪子。他的作品常常可見離題，比如關於龐德他說：「就算是詩人，也有權要求過正常的舒適生活。」確實，他的格言之一，是窮人和「普通百姓」往往比起受過高等教育的人，對他所謂的「常見禮儀」有更強烈的感受，也更重視一般的美德，例如誠信、忠心與真實。當他在一九五〇年過世時，大家並不清楚他的終極政治目標，他也依然被模糊地歸類為一個左翼知識分子。隨著他聲譽日隆，左派與右派爭執起來（實際上到現在都還在爭），他到底效忠於哪一方。但是從他死後四十年以來，他逐漸被拿來當作責備左派知識分子思想的事實依據。那些對自己這一類人有團結精神的知識分子們，長期以來一直都把他視為敵人，例如瑪麗・麥卡錫，讀她談歐威爾的文章，有時會對她政治理念中強烈的階級意識，感到非常困惑，她說歐威爾「性格保守，舉止、穿著與思想完全不像一個退休的陸軍上校或工人那樣極端」，他是「打從一開始就對藝術一竅不通的人。他確實對藝術一竅不通」，而他的社會主義是「一個未經檢驗的理念，是假充內行去思考自己不熟悉的題目，純粹是在發牢騷」。他追打史達林主義者，是偶然間「單憑個人好惡的產物」，他的「政治失敗……是思想的失敗」。要是他還活著「一定會走向右派」，所以「對他來說死去或許是好事」。[11]（最後一個想法——死比反赤化好，是典型知識分子對於事情的輕重緩急如何取捨的顯著例子。）

專業的知識分子們與歐威爾漸行漸遠，有一個理由是歐威爾越來越篤定，繼續尋找政治處方固然沒錯，「就像醫師必須努力拯救一個將死之人」，但也得開始「意識到政治行為多半是非理性的」，因此知識分子在強制執行他們習以為常的解決方案時，通常成效並不大。[12]但是當知識分子對歐威爾越來越感到疑心，反對派——那些文學家，如果你喜歡這個稱呼——反倒開始對他感興趣。例如伊夫林．沃，就從未低估非理性在人生當中的重要性。他開始跟歐威爾通信，去醫院探視他。要是歐威爾還活著，他們的友誼應該會越加深厚。他們頭一次合作，是因為他們都很欣賞作家伍德豪斯（P. G. Wodehouse），也都覺得他不該因為愚蠢的戰時廣播（跟艾茲拉．龐德相比，他相當無害）而被迫害。在這個案子裡，兩人都主張獨立的個人，必須優先於「意識形態的是非」這種抽象概念。沃很快就看出歐威爾會成為知識分子階層的潛在叛逃者，他在一九四五年八月三十一日的日記中提到：「我跟我那共產主義者的堂兄卡柯本吃飯，他警告我別碰托洛斯基主義的文學，於是我讀了歐威爾的《動物農莊》，而且非常喜歡。」[13]他也看出《一九八四》的威力，儘管他無法相信在歐威爾所描繪的暴政裡，宗教精神無法在參與抵抗中倖存下來。他在一九四九年七月十七日寫給歐威爾的信中提出論點，補充說：「瞧你的書讓我多激動，激動到冒險長篇大論地佈道。」[14]

歐威爾拖了很久才不甘願地接受：烏托邦主義的失敗，是因為人類行為在根本上是不理性的——這是沃成年後大部分人生一直大聲疾呼的論點。確實，從沒有卓越的作家，甚至包括吉卜林，對反智的立場提出過這麼清楚的說明。沃和歐威爾一樣，相信個人經驗，相信眼見為憑，反對理論上的憑空想像。值得一提的是，儘管他沒有像歐威爾一樣，刻意跟受壓迫者一起生活，但他是一個重度旅遊者，經常造訪偏遠困苦的地區；他對這個世界的認識，從書本讀來的，跟自己實際見聞的一樣多。在書寫嚴肅的議題時，他對真相也有非比尋常的尊重。他一九三九發表了一部明確的政治作品，探討墨西哥的革命政權，書名叫《合法搶劫》（*Robbery Under Law*），在全書之前加上給讀者的警語，坦言他寫這個主題的背景為何，以及這資歷讓他看起來多麼不夠格，他請讀者留意那些觀點與他不同的著作，並警告他們不要單看他的說法，就為墨西哥目前的情況下判斷。他強調他強烈反對「堅定的」文學，他說，許多讀者「對享有新聞自由已經厭倦」，決定藉由成立讀書俱樂部來「自願受審查」（他心裡想的是戈蘭茲的左書俱樂部）好讓他們「無論讀了什麼，都有絕對的信心，能更加鞏固既存的定見」。因此，為了對他的讀者公平起見，沃認為，先概述自己的信念是恰當的。

他說他是保守主義者，他在墨西哥的所見所聞都強化了他這個信念：人類天生就是「流亡者，在這個地球上絕對不會自給自足或完滿」。他認為人類幸福的契機「不受其生活的政治與經濟情況影響」，而且人的狀態要是突然改變，多半會變得更糟，還常常「是錯的人，為了錯的理由倡議改變」。他相信政府：「人們要一起生活，不能沒有規則」，但是這些規則「應該僅維持在安全的最低限度」，「沒有一種宣稱由神所建立政府」會「比其他政府更好」。另外，「社會中的無政府主義成分」非常強大，「所以必須時時刻刻維護和平」。財富與地位的不平等是「不可避免的」，因此「探討消弭這種不平等的好處沒有意義」。事實上，人會「自然地為自己安排所屬的階層」，這是「一切合作共事的必要」。戰爭與掠奪一樣不可避免。藝術也是人類天生就有的功能，而且「多麼湊巧」，最偉大的藝術都是在「政治殘暴專橫的制度下」產生的，儘管「我不認為這跟任何特定制度有所關連」。最後，沃說他是個愛國者，他不認為大不列顛的繁榮昌盛必然會不利於其他人，要是偶爾有，那麼「我希望繁榮的是大不列顛，而不是她的對手」。

沃便這樣說明了社會過去的樣貌和它必然會如何，以及他對此的回應。他確實有他個人的、理想化的願景，但身為一個反智論者，他也坦言這是不可能實現的。他的理想社會，一如他在一九六二年出版的一本書前言所說的，有四個階層。首位是「榮譽與正義的泉源」，緊接在後的是「由符合前述要求的男女擔任公職，他們是傳統、道德規範與美德的守衛」。他們必須「為犧牲做準備」，但受到保護，不受「世襲傳承之腐敗與野心的影響」。他們是「藝術的養育者，民風的審查者」。在他們之下是「工業與學術階級」，自幼便受訓「養成誠實的習慣」。最底層是手工勞動者，「對自身技藝自豪，也因為一起效忠最高統治者，對位階在他們之上的人感到驕傲」。沃藉由主張這樣的理想社會斷定，這個社會將永久存在：「一般而言，一個男人最適合做的事，是他看過父親執行過的任務。」但是這樣的理想「歷史中不曾有過，將來也不會有」，而且「我們每一年都越來越偏離這個理想」。他並非失敗主義者，他說他不想只是哀嘆，而屈服於時代的精神：「因為時代精神是由該時代的人所構成的，而越是強力表達對流行風氣的異議，就越有可能使它從有害的路徑轉向。」[15]

沃持續不懈且盡其所能地，「對流行風氣提出異議」。但他既然抱持這樣的觀點，很自然便不會參與政治，就像他說的，「我不渴求在元首挑選公僕時提供建議。」[16]他不光是自己有意避開政治。他也強力反對他這麼多朋友與同代人，尤其是康諾利，屈服於一九三〇年代的時代精神，把自己泛政治化，背叛了文學。康諾利深深吸引著沃，他以各種方式，把他寫進他的好幾本書，而且會用好鬥而敏銳的細微觀察，來詮釋康諾利的著作。為什麼康諾利吸引他注意？理由有二。首先，沃認為康諾利才華洋溢，機智幽默，而且他寫的東西能做到「措辭優雅精確，用詼諧改編的方式逗人開心，會說故事，譬喻絕妙」，有時還能做到「令人難忘的創見」。[17]不過同時，康諾利欠缺文學架構、或是沃更喜歡稱呼的「文學構造」，也缺乏堅持不懈的幹勁，因此寫不出一流作品。沃發現這樣的不協調很有意思。第二，也更重要的是，沃視康諾利為時代精神的代表，因為稀有所以需要注意。沃有一本康諾利的《不平靜的墳墓》（*The Unquiet Grave*），現存於奧斯汀（Austin）的德州大學人文研究中心。沃在上面寫了好多筆記，多跟康諾利的個性有關，說他「是最能代表我們這一世代的人」，因為他「實在缺乏學問」，「喜愛安逸、自由與優裕的生活」，他「羅曼蒂克地自以為優越」。「荒廢與絕望」，以及「天生表達力很好」。但他「被懶散綁手綁腳」，被他的愛爾蘭性子妨礙。無論他多努力隱瞞，他就是那個「移民的、思鄉的、邋遢的、羞愧的愛爾蘭男孩，在酒館裡恣意玩樂，能一開口就成格言，害怕女巫，害怕祭司，對自己的胡鬧洋洋得意」，他有著「愛爾蘭根深蒂固的信念，認為只有兩個現實：地獄與美國」。[18]在一九三〇年代，沃譴責康諾利寫「近代文學史」的方式，不是依照作家「運用與探索自己的才華的方式」，而是有如「一系列的『政治運動』，破壞、轟炸與包圍，或是政黨的敲詐勒索和不公正地改劃選區。或許他骨子裡是愛爾蘭人」。此外，還嚴厲譴責他「屈服」於犯罪的「爪牙」，「那冰冷潮濕的政治陷阱，讓他所有年輕朋友都跌了進去」，認為「這麼高的才華，卻換來毫無價值的成果，這是一個令人遺憾的結局；是所有敵人中，最陰險狡詐的」。[19]沃認為康諾利對政治的癡迷不會持久。他能做更好的事，或至少去做其他的事。無論如何，一個像康諾利這樣的人，要怎麼去給別人生活建議呢？建議呢？

確實是這樣。康諾利無論在哪一方面，都不是邪惡的人，卻很不尋常地展現出知識分子典型的道德弱點。本來，至少在一九三〇到五〇年代平等，主義流行期間他公開宣稱平等主義，但其實他一輩子都自命高雅。「沒有比把我當愛爾蘭人看，更能觸怒我的了」，他抱怨，並指出康諾利是他八個曾祖父母中，唯一一個愛爾蘭姓氏。他來自一個職業軍人與水手的家庭。其父是平凡的軍官，但祖父曾是艦隊司令，而且他有個姨婆是金士頓伯爵夫人（Countess of Kingston）。一九五三年，《新政治家》發表了一篇匿名的側寫文章，內容是評論家約翰・瑞蒙（John Raymond）直指康諾利竄改了自傳《希望的敵人》（*Enemies of Promise*）中的細節，最初的一九三八年版（此為「無產階級」版）已經隱瞞了他顯赫與擁有不動產的親屬，到一九四八年的修訂版時被蓄意重新添上，當時知識分子的潮流已經改變。瑞蒙提到，康諾利對於這樣的「文化趨勢」總是能正中紅心：「沒有人比他更了解英國文學這將近四分之一世紀的裝腔作勢，應酬唱和，花招噱頭。」[20]

他很早就學會勢利，就像許多重要知識分子，例如沙特。康諾利也是獨生子，母親非常喜愛他，叫他小個子。他被寵壞、自我中心、相貌醜陋，不善運動，他發現寄宿學校很苦。他能倖存下來，首先是靠熱心、成績差、出身名門的男孩們。他歡欣鼓舞地對母親說：「這個學期，我們的貴族多得不得了……一位暹羅王子、切姆斯福德伯爵（Earl of Chelmsford）

的孫子、一個子爵夫人的兒子，其父是艾塞克伯爵（Earl of Essex），還有一個勳爵的孫子，以及倫敦主教的姪子。」[21]他第二個生存手段是風趣，他和沙特一樣，很快就發現了他在智識上的獨創性，尤其是能使其他男孩哈哈大笑的能力，讓他獲得勉為其難的接納。他後來記錄：「到處都有人在說，『康諾利很好笑』，而且我很快就集結了一大夥人。」他當個宮廷小丑獨自面對一群有權勢的男孩，而在伊頓公學也是如此，不過他在那裡因為學識的拓展變得開朗：「在成績平均之下的學生裡面，我差不多成了一個蘇格拉底。」他公認「認真到連騾子都比不上」，並運用他智識上的天賦，讓自己成為別人渴望成為的「風雲人物」，而成為牛津的「開放學生」幾乎順理成章。與他同時代的傑西爾爵士（Lord Jessel）跟他說：「嗯，你拿到了牛津大學貝利奧爾學院（Balliol）的獎學金，還成了風雲人物——你知道，就算下半輩子你一事無成，我也不會意外。」

康諾利覺得這個預言非常危險，恐怕會成真。他對自己一直都很敏銳，一如他對其他人，他很早就承認他的天性是個享樂主義者；他所認定的目標與其說是完美，不如說是「幸福的完美」。但是，如果沒了他所繼承的錢，而被迫要積極有為，那他怎麼會幸福呢？沃不偏不倚地指出康諾利的懶散，他自己也坦承「我因懶散而成不了事」。他在牛津很少用功，以丙等成績畢業，接著找到一份輕鬆的差事，為富有的作家洛根·史密斯

（Logan Pearsall Smith）做謄寫員，他派給他的工作很少，每週卻實際支付他八英鎊，這在當時算是很高的薪水。史密斯希望有個包斯威爾（Boswel），但注定要落空，因為要以包斯威爾的寫作風格充滿幹勁，非常刻苦。此外，康諾利很快就娶了個有錢女人珍．貝克威爾（Jean Bakewell），她每年有一千英鎊的進帳。他似乎很喜歡她，但這對夫妻只顧自己，所以不生小孩。他們在巴黎隨便墮胎，結果珍不得不再動一次手術，而此後她無法再生育了。這影響到她的腺體，她變得過重，於是她的丈夫對她失去興致。康諾利似乎從未養成對女人的成熟態度，他承認對自己來說，「愛」的形式是「獨生子的裸露癖」。這意味著「渴望把我的性情放在某人腳上，就像小狗放下一顆滿是口水的球」。[22]同時，珍的錢足以讓他不必固定工作。康諾利的日記從一九二八年寫到一九三七年，記錄了必然的結果，像是「無所事事的早晨」、「早上非常閒，大約兩點吃午餐」、「我躺在沙發上，試著想像一道厚重的昏黃陽光，濃密地照耀在白色牆頭」、「實在太閒了。閒到對每個人、每件事都太過倚重，大部分時間都在虛擲」。[23]

事實上，康諾利並沒有像他說得那麼閒。他完成了他對文學潮流的尖銳批評：《希望的敵人》。這本在一九三八年出版的書，最終認為是那十年最具影響力的著作，這顯示他有領導的天賦，至少他能帶領這個世代的知識分子們。西班牙戰爭爆發時，他名正言順地開始參與政治，三度自費造訪西班牙——這比較像是一場壯遊，在某個知識分子階層中是必修學分，相當於某種智力上的大型狩獵。康諾利收到了波利特批准的委任狀：後來他的友人奧登因為在蒙特惠奇山區（Monjuich）的公共花園裡小便，而在巴賽隆納被捕（這在西班牙是嚴重的違法行為），這封信於是派上用場。[24]

康諾利造訪西班牙的記述，主要刊登在《新政治家》，筆鋒銳利，對照當時大部分知識分子寫的一片軍綠色的愛國散文，令人耳目一新。但這些知識分子也指出，他的筆調中帶有左派人的重擔[1]。他這樣自我介紹：「我屬於這個世界目前所見，最不政治的世代……與其參加政治集會，還不如上教堂。」知識分子中「更務實」的人——他以沃和英國藝術史學家克拉克（Kenneth Clark）來舉例——已經理解「他們的生活方式，取決於跟統治階級的密切合作」，其餘的人「猶豫不決」，直到西班牙戰爭爆發：「我認為，透過外國事務，（如今）他們變得滿腹心思都是政治了。」但他很快又提到，許多左派人的動機出於野心，或是因為「他們痛恨自己的父親，或是在公立學校不開心，或是在海關出入境口被羞辱，或

1　吉卜林的詩作《白人的重擔》（*The White Man's Burden*），警告英國人帝國擴張會帶來代價。後來左派將此重擔解釋為「富人有義務強制幫助窮人」。

是擔心性行為」。[25]他標舉文學的重要性與政治的價值，並讚賞威爾森的《阿克賽爾的城堡》，說是「唯一具有美學與經濟標準的左翼評論書籍」。[26]

康諾利暗示的是，政治化的文學行不通。等時候到了，只要對知識分子是安全的，他立刻公開聲明終止「承諾」。一九三九年十月，一個有錢的仰慕者華生（Peter Watson）為康諾利設計了一個最適合的角色：編輯一本每月出刊的新寫作雜誌《地平線》（*Horizon*），其具體使命是抵擋戰時那種全面封閉的風氣，維護文學的卓越。這本雜誌從一開始就顯著地大受歡迎，確立了康諾利在知識分子圈中重要代言人的地位。到了一九四三年時，他覺得自己能把一九三〇年代當成一個錯誤來一筆勾消：「這十年裡最具代表性的文學是政治的文學，它在兩方面都失敗了，既未達成政治目標，也沒有出現任何有長久價值文學作品。」[27]反之，康諾利開始追求開明的享樂主義，來取代知識分子對烏托邦的追尋。他的《地平線》專欄與《不平靜的墳墓》都在做這件事，後者是將他對於享樂的逃避現實想法集結成冊。青年時期的康諾利曾說他的意識形態是尋找「完美的幸福」，在無產階級為主流的一九三〇年代他改稱為「美學的唯物論」，而今又變成「捍衛文明的標準」。

然而，一直到一九四六年戰爭結束，康諾利才開始在《地平線》的社論中真正詳細解釋他的計畫。[28]很典型地，正是洞察力敏銳的沃注意到這份聲明，儘管戰時動盪不安，但他一直都密切留意康諾利的一舉一動，在他的《榮譽之劍》（*Sword of Honour*）三部曲中，他影射康諾利成為角色史布魯斯（Everard Spruce），擁有一個稱為《倖存者》（*Survival*）的雜誌，當中還有他兩位漂亮的知識分子女助理法蘭琪（Frankie）與康妮（Coney）——在現實生活中，她們分別是盧波克（Lys Lubbock）和布朗奈爾（Sonia Brownell），前者跟康諾利有性關係，後者則成為歐威爾第二任妻子。現在沃吸引了《石板週刊》（*Tablet*）的天主教讀者，揭發康諾利的計畫罪大惡極。[29]以下這份十大目標的名單，康諾利形容為「文明社會的主要象徵」：一、廢除死刑。二、刑法改革，建立模範監獄與囚犯更生。三、清除貧民窟，再造「新市鎮」。四、補貼照明與暖氣，並「像空氣一樣免費供應」。五、免費的藥物、食物與衣物補貼。六、廢除審查制度，讓人人都能書寫、訴說與表現他們想做的事；廢除旅行限制與外匯管制，終結電話竊聽，和針對異議人士人士設立檔案。七、改革反同性戀與墮胎的法律，還有離婚法。八、限制財產所有權，保障兒童權利。九、保護建築與自然之美，補貼藝術。十、在法律上反對種族與宗教歧視。

這個計畫，事實上是實現寬容社會的解決方案。的確，要是不考慮康諾利一些更帝國主義的經濟思想的話，他所提出的這十點訴求，幾乎都在一九六〇年代制定了法律，且不光在英國，在美國與大部分西方民主國家都是如此。這些改變幾乎影響了社會、文化與性別狀態的每一個面向，使一九六〇年代如同一七九〇年代，成為現代史最關鍵的十年。沃的擔憂可以理解。他懷疑康諾利的提案，意味著消滅社會的基督教準則，並以對享樂的普遍追求加以取代。康諾利視之為文明的最終成就，對其他人而言，這個終點是地獄。然而，這無疑顯示了，當知識分子從政治的烏托邦轉而去侵蝕社會的行為準則與慣例時，影響力大出了多少。關於這點，盧梭在十八世紀、易卜生在十九世紀都示範過，現在再次證明：就像康諾利所評論的，有鑑於一九三〇年代政治化的失敗，一九六〇年代的寬容社會，從知識分子的觀點來看，無論如何都是一次驚人的勝利。

康諾利本身雖然設立這樣的計畫，又活到了一九七四年，但在打贏這場革命的過程中，扮演的角色非常小，他不是為了長期抗戰或英雄式努力而生的那種人，他的靈魂可能至少偶爾願意，但肉體一直都很軟弱。他說過一段話，用在自己身上很切題：「每個胖子體內都囚禁著一個瘦子，瘋狂地發出想被釋放出來的訊號」。[30]但是瘦子康諾利從沒出現過，在他發明反英雄（anti-hero）這個詞之前，他就是這樣的人了，他是踩著貪婪、自私與巧取之腳步前進的。早在一九二八年，他就因為遲不支付洗衣帳單，被評論家戴斯蒙德・麥卡錫（Desmond MacCarthy）譴責是投機取巧、會揩油的人。確實，殷勤款待康諾利的大部分人，後來都後悔了，有人在他祖父的時鐘底部，發現了所謂的「浴室碎石」。柏納斯勳爵（Lord Berners）在他的齊本德爾（Chippendale）高級家具中中發現一盆壞掉的罐裝蝦子。毛姆（Somerset Maugham）識破康諾利偷了他兩顆作為獎品的酪梨，逼他打開手提箱交出來。康諾利住過的臥室，幾週後才從抽屜裡取出吃了一半的食物，他甚至會在主人的書裡用匆忙用義大利麵或培根碎片做記號，表示讀到這裡。然後他「並非惡意，但是漫不經心地讓雪茄的菸灰掉進了美國知名知識分子的太太提供的佳餚裡」。[31]他在一九四四年倫敦大轟炸期間，也有一些毫無騎士風範的行為，當時康諾利——和三十年前的羅素一樣——正在床上，對象是一位地位顯赫的女士，可能是沃在作品中所影射的珀迪塔夫人（Lady Perdita）——現實生活中，其名是安妮·佛萊明夫人（Mrs Annie Fleming）。但相較於羅素很快就跳下——馬勒森夫人的床，以示對人類殘忍行為的憤慨，而康諾利跳下床則是因為嚇壞了。為挽救形象，他還留下妙語：「懼怕既完全，就把愛除去。」[2]顯然，這樣的人再有幹勁，也無法為文明帶領一支十字軍，他肯定連幹勁都沒有。懶散、厭倦與自我憎恨，讓康諾利在一九四九年把《地平線》停刊了：「我們關了面向貝德福廣場的長窗，拔走了電話，家具收進倉庫，過期雜誌放到地下室，文件夾就任由它們蒙塵腐朽。只有投稿無法阻止，

2《聖經》有云：「愛裡沒有懼怕；愛既完全，就把懼怕除去。」

它們繼續投來，像是自殺的牛奶。」他終於跟可憐的珍離異，再娶了一個美麗的知識分子女孩，名叫芭芭拉（Barbara Skelton）。但這一對的結合並不成功（一九五〇年至一九五四年），他們彼此防著對方，都繼承了托爾斯泰與索妮亞的傳統，以及許多布魯姆斯伯里的文人團體，爭相寫日記以待未來出版。婚姻破裂後，康諾利向威爾森訴苦，說芭芭拉日記裡講述的內容，可能隨時會出現在某本小說裡頭。同時，威爾森記錄了他說的話，「她拿走並藏起一本康諾利的日記，裡面都在講康諾利跟她的事。他知道藏在哪裡，打算趁她不在闖進去拿走」。[32]最終這件事沒有發生，也尚未有一本這樣的日記出現。但是芭芭拉的日記最終還是在一九八七年出版了，而康諾頓對內容的憂慮是正確的，這本書中所描繪的知識分子，他們懶散的昏睡樣貌令人難忘。

例如，在一九五〇年十月八日她記錄道：「（康諾利）倒在床上猶如垂死的鵝，還穿著晨袍……又埋進枕頭裡而且閉上眼睛，一臉放棄的痛苦表情……一小時後我走進臥室。康諾利還是躺著，眼睛還沒張開。」十月十日：「（康諾利）在我洗衣服時，洗了很久的澡。進臥房後看見他赤裸裸站著，絕望而若有所思地看著前方……回到臥室，康諾利還是背倚著窗台。」一年後，一九五一年十一月十七日：「（康諾利）不願下樓吃早餐，只是躺在床上吸吮著床單一角……有時他一躺就是一小時，嘴裡吐出的一團床單，彷彿是他殼。」[33]

儘管如此，這位文明價值的擁護者還是產下了關於寬容的蛋，就像伊拉斯謨也產下了宗教改革的蛋一樣。不過孵蛋是別人的事，而且在此醞釀的過程中，添加了一種新的、令人不安的因素，康諾利沒有預見到，要是他預見到了，一定會強力反對：那就是對暴力的狂熱。很奇怪的是，暴力對某些知識分子，總是有強烈的吸引力，它與激進的、絕對論者的解決方案密切關連。否則我們還能如何解釋托爾斯泰、羅素與這麼多有名無實的和平主義者愛好暴力？沙特也一樣迷戀暴力，他的暴力藏在委婉說詞的模糊遮掩之下，例如他主張：「當年輕人遇到警察，我們的工作不光是證明暴力的一方是警察，還得跟年輕人一起反對暴力。」或者，批評不參與代表黑人的「直接行動」（例如暴力）的知識分子，「跟謀殺黑人的人一樣有罪——那就像他實際扣下扳機，殺了被警察、被制度所射殺的民權組織黑豹黨（Black Panthers）。」[34]

知識分子與暴力常常產生連結，這無法將之視為偶然現象，實踐暴力的那些「行動派」往往被知識分子誇獎。墨索里尼的知識分子追隨者數量驚人，鐵定不全都是義大利人。希特勒執政以來，在校園裡最一帆風順，他的選舉所吸引的學生占比，往往勝過他在全國的選戰成績。他在教師與大學教授的圈子，選戰也打得很好，許多知識分子被收編為納粹高層，甚至參與了暴行更可怕的黨衛軍。[35]例如四人一組的別動隊（Einsatzgruppe），或是機動殺人營，這是希特勒在東歐「最終解決方案」的先鋒部隊，裡頭軍官是大學畢業生的比率，高得很不尋常，例如「D」營指揮官歐倫多夫（Otto Ohlendorf）就有三所大學的學位與一個法學博士學位。史達林在位時也有一批知識分子欽慕者，其他在戰後施暴的人，如卡斯楚、納塞與毛澤東，也是一樣。

知識分子對暴力的助長與寬容，有時是思慮不周的典型產物。奧登在一九三七年三月發表的詩作，涉及西班牙內戰，當中有一行詩招來惡名：「清醒地領受必要的謀殺之罪。」歐威爾喜歡整首詩，卻批評這一行詩，因為這樣的詩句只有可能是一種人寫的：認為謀殺最多只是一個詞語的人。奧登為那一行詩辯白，主張「要是在一場公義的戰爭裡，為了正義，謀殺就會是必要的」儘管如此，他最後還是刪了「必要」一詞。[36]馬汀第一次世界大戰時，在貴格會（Quaker Ambulance Unit）的救護隊服役，他逃避任何實際形式的暴力，有時卻糊塗地在理論上為暴力辯護。一九五二年，他為毛澤東在中國終於大獲全勝而鼓掌，卻因為有報導說「一百五十萬人民的敵人已被殺死」而緊張，在他《新政治家》的專欄裡愚蠢地問：「這些死刑真的必要嗎？」吳爾夫是該雜誌的主管，強迫他下週必須針對這個問題發表一篇投書，並提到：「馬汀是否有點在暗示……什麼樣的情況，政府處決一百五十萬人是『必要』的呢？」馬汀當然無法回答，而他極力設法擺脫這個他自投羅網的陷阱，那個樣子令人看得很痛苦。[37]

另一方面，有些知識分子甚至找不到他們厭惡暴力的證據。其中小說家諾曼．梅勒（Norman Mailer）的例子特別具有啟發性，因為他在許多方面，都是我們考察的知識分子當中的典型。[38]他是母系家族裡唯一的男孩，從一開始就位於崇拜他的女性圈子的中心。這個圈子包括出身富裕的施耐德家族（the Schneiders）的母親范妮（Fanny），她自己也經營事業有成。梅勒的妹妹後來也加入這個圈子。這個男孩是布魯克林的模範兒童，沉默寡言、行為端正，總是班上第一名，十六歲進哈佛。他的上進總是受到這些女性熱烈的掌聲。「這個家族裡所有女人都覺得諾曼超級優秀。」這是他第一任妻子碧翠絲．西佛曼（Beatrice Silverman）說的，她還提到：「講到梅勒，范妮三句不離『天才』；在許多他會現身的法庭裡，她都會告訴記者，『我的兒子是天才』。」梅勒的妻子們遲早都會因為范妮而不開心，第三任妻子珍．坎貝爾夫人（Lady Jean Campbell）便曾抱怨：「我們所做的事，就只有跟他媽媽一起吃晚餐。」第四任妻子是個金髮女演員，自稱貝弗莉．班特利（Beverley Bentley），因為反對范妮而受到責備（確實是人身攻擊）。然而，這些妻子本身是他童年那個女性圈子的成年替代品，因為除了其中一人，梅勒跟她們在離婚後依然有往來，他主張：「當你跟女人離婚，就是友誼的開端，因為你們之間再也不會有性愛關係了。」梅勒結過六次婚，共生了八名子女。第六任諾莉絲・邱區（Norris Church）跟他的長女同齡，還有許多其他女人。第四任妻子抱怨：「我懷孕時他搞上一個空姐。我們把孩子帶回家三天後，他就開始外遇。」女人換過一個又一個，令人不禁想到羅素，同時後宮的氛圍又讓人想起沙特。梅勒雖然出身母系背景，卻有很強的大男人觀念。他第一段婚姻破碎，是因為妻子想要追求職涯發展，於是駁斥她是未成熟的婦女解放論者。他抱怨第三任：「珍夫人放棄千萬美元嫁給我，但她永遠都不會幫我做早餐。」他跟第四任妻子結束，是因為她外遇。他有個女人抱怨：「梅勒絕不會牽扯上一個有事業的女人。」小說家普里切特（V. S. Pritchett）在一九七一年回顧他的一本書時，認為梅勒結婚太多次（當時還只有四任），這顯示他「顯然感興趣的不是女人，而是她們身上擁有的某種事物」。[39]

梅勒與許多知識分子共有的第二個特徵，是自我宣傳的天賦。他一九四八年優秀的戰爭小說《裸者與死者》（*The Naked and the Dead*），廣告宣傳做得很出色，這是他的出版商萊因哈特（Rinehart）高度專業的分內工作，也是戰後的行銷戰裡製作最精良、肯定也是銷售最成功的一場戰役。書一出版，梅勒就接管了他自己的公共關係事務，在接下來三十年裡，對所有人來說都是奇觀與警告——工作、妻子們、離婚、觀點、爭吵和政治，都巧妙地編織成一件光滑的自我廣告外衣。他是首位利用電視有效自我宣傳的知識分子，那些畫面令人難忘，有時令人震驚。他很早就理解電視與純文字相反，對行動貪得無厭，並據此把自己變成最過動的知識分子，走上海明威曾導引過的路線。這種自我宣傳是為了什麼呢？當然是虛榮心與自我本位：許多男人，例如托爾斯泰、羅素與沙特，他們的諸多行為儘管在表面上看來合理化，但是也必須以「渴望吸引他人注意」來適當地加以解釋。然後還有一個世俗的目的：賺錢。梅勒的大男人品味，事後證實很昂貴，一九七九年梅勒被第四任妻子告上法庭，他表明自己負擔不起每週付給她一千美元。據說他第二任是每週四百美元，第五任也是四百美元，第六任則是每週六百美元。他負債五十萬美元，積欠經紀人十八萬五千美元，欠繳八萬零五百元的稅，導致國稅局將他的房子設下十萬美元的質押權。他的自我廣告顯然是為了吸引讀者，而且做得非常氣派，舉個例子就好，他的長篇文章《性的囚徒》（*The Prisoner of Sex*）攻擊女性主義，並以他婚姻的越軌行為之結果來詳細探討，一九七年三月刊登於《哈潑》（*Harper's*）雜誌，成為該雜誌發行一百二十年來，在報刊販賣攤上賣出最多本數的一期。

不過，梅勒的自我宣傳還有一個嚴肅的目的，即促進一個概念，逐漸成為他的作品與人生首要主題思想——人類需要掙脫一些禁止使用個人力量的限制。到目前為止，大部分受過教育的人，都已看出文明有這樣的拘束感，例如，葉慈曾將文明精準定義為「自我克制的修煉」。梅勒質疑這個假設：個人的暴力，有時候對某些人來說，難道是非必要、甚至是美德嗎？他迂迴地努力爭取這個立場。年輕時他是個標準的政治幕僚，在一九四八年總統大選代表華萊士發表了十八場演講，[40]但他在一九四九年那場惡名昭彰的華道夫大會與共產黨決裂，此後他的政治看法，儘管有時只是單純反映自由左派的共識，卻變得越來越有個人風格與原創性，特別是他的小說創作與新聞工作，讓他開始探索黑人與西部生活中黑人文化的預設立場。在歐文·豪主辦的《異議》雜誌一九五七年夏季號裡，他發表了一篇名為《白色的黑人》（*The White Negro*）的文章，事後證明這是他的文章中影響最鉅的一篇，是戰後新時代的重要文件。他在文中分析「流行意識」，即年輕人的行為、自我主張與自信的黑人，形成了一種反文化運動，他解釋並為之辯護，確實促使激進的白人採納它們。梅勒主張，黑人文化有許多方面，是進步的知識分子應該樂於仔細考察的：反理性主義、神祕主義、生命力的意義，以及，特別是暴力的角色，甚至是革命。梅勒寫道，試想一下實際發生的案例，兩個年輕人把糖果店老闆毆打致死。這毫無有益的面向嗎？「有一個人不但謀殺了一個弱者，一個五十歲的老頭，也扼殺了一種制度，侵犯了私有財產制，與警察展開了一種新關係，並為人生引進一種危險要素。」既然把憤怒內化，對創造力而言是一種威脅，那麼運用暴力來表現與宣洩憤怒，本身難道不具創造力嗎？

這個作品是首度有人嘗試將個人暴力合法化，對比「將暴力制度化」的社會，經過縝密思考並好好寫下，且在一些地區引發了可以理解的憤怒。確實，歐文・豪後來坦承，他應該刪掉糖果店謀殺的段落才對。當時評論家諾曼・波德賀雷茲（Norman Podhoretz）譴責這篇文章是「我所見過在道德上最恐怖的想法」，顯示「追求新奇生活方式的意識形態能扯到什麼地步」。[41]但是有為數龐大的年輕人，有白人、有黑人，都在等待這樣的指導與合理化。《白色的黑人》被視為一九六〇與七〇年代真實情況的證明，它讓許多迄今為止被視為逾越文明的行為與態度，獲得智識上的尊重，並為康諾利十年前提出的十點寬容議程，再添上一些有意義與有害的項目。梅勒自己於公於私強化與宣傳的訊息，更具衝擊性，一九六〇年七月二十三日，他因參與普羅文斯頓（Provincetown）警局的喧鬧鬥毆而受審，被判他雖有酒醉的過失但無「妨害治安的行為」。十一月十四日，他再次因為在一家百老匯俱樂部裡妨害治安被控告。五天後他在紐約家中盛大舉辦派對，宣布競選紐約市長。午夜時分，他在公寓外的街頭與人乾杯拼酒，在離開派對的時候跟多個熟人互毆，例如出版商艾波斯坦（Jason Epstein）和作家普林普頓（George Plimpton）。清晨四點半，他從街道返家，一眼黑青，嘴唇腫脹，襯衫上有血跡。他的第二任妻子，西班牙－祕魯混血畫家艾黛兒（Adele Morales）規勸他，於是他拿一把長六・五公分的小刀，刺傷她的下腹部與背部。有一個傷口深達七公分，她很幸運沒有死。接下來的法律程序很複雜，艾黛兒拒絕簽署起訴書，一年後梅勒被判暫緩判決與緩刑。在此期間，他的評論文章並未明顯提到痛悔自責。在一場和華萊士（Mike Wallace）的訪談裡，他說：「這把刀對青少年罪犯很有意義。你瞧，這是他的劍，他的男子氣概。」他補充說，中央公園應該每年都有幫派比武。一九六一年二月六日，他在青年希伯來協會詩歌中心（Young Men's Hebrew Association Poetry Center）朗讀他的詩作，其中包括「當你使用一把刀／有一些愛情就會離開」這樣的句子，負責人以言詞下流為由拉下帷幕。當整件事結束後，梅勒總結說：「整整十年的憤怒讓我這麼做了。做完我感覺好多了。」[42]

梅勒還做了許多更刻意的公開作為來推動反文化運動。其一是受《白色的黑人》啟發的年輕激進分子傑瑞．魯賓（Jerry Rubin），於一九六五年五月二日在柏克萊舉辦反越戰的大型集會，梅勒是壓軸的演講者。他說詹森總統所謂的「偉大的社會」正在「從軍營變成狗屎」，他敦促兩萬名學生別只是批評總統，還要把他的照片倒掛在牆上羞辱他。其中一位聽眾是艾比．霍夫曼（Abbie Hoffman），他很快就成為反文化運動的高級傳教士，他認為梅勒證明了「你可以如何有效地聚焦於抗議的情緒？方法是不要把目標指向決策，而是對準這些決策的人」。[43]兩年後，在一九六七年十月二十一日的五角大廈大遊行中，梅勒獨領風騷，以淫穢下流的言語娛樂並煽動廣大觀眾，告訴他們，「我們將從政府的屁股上它，並對準五角形的括約肌」，他因此被捕，判處入監三十天（緩期二十五天）。獲釋後，他告訴記者們：「看哪，親愛的美國同胞們，今天是週日，而我們正在越南焚燒基督的肢體和基督的血。」他為話中間接提到的典故辯護說，他本身雖不是基督徒，但是他現在娶了一個。指的是第四任妻子。梅勒實際上是把流行的語言、街頭的暴力帶進政治裡，他逐漸削弱了政治家的神職偽裝，以及隨之而來的許多假設。在一九六八年五月學生動亂的高潮，一位作家在《鄉村之聲》（*Village Voice*）週報中分析梅勒的魅力，寫道：「他們怎麼能不喜歡梅勒呢？梅勒在形成運動之前就鼓吹革命。梅勒稱呼詹森總統是怪物時，那些精於計算的自由主義者還在為他寫講稿。當梅勒深入黑人、撞球、古巴、暴力、存在主義……時，新左派（New Left）對米爾斯（C. Wright Mill）來說不過是過眼雲煙。」[44]但在無疑是貶低政治話語的語調中，我們看不清梅勒要標舉的內容為何。他對文學的影響也很類似，他與其他作家的爭吵，可以媲美易卜生、托爾斯泰、沙特與海明威甚至超越他們。他跟作家威廉・史代隆、詹姆士・瓊斯（James Jones）、卡爾德・威林翰（Calder Willingham）、詹姆斯・鮑德溫（James Baldwin）、戈爾・維陀等人，無論公開或私下都在吵。和海明威一樣，這些爭吵有時會採取暴力的形式，一九五六年，有報導說他在史代隆家外頭的花圃打架，他的對手是出版商瑟夫（Bennett Cerf），梅勒告訴瑟夫：「你不是出版人，你是牙科醫師。」一九七一年，在卡維特（Dick Cavett）的電視節目上跟維陀摑掌並用頭撞腹部。一九七七年的某次聚會的腳本是這樣寫的：梅勒對維陀說「你看起來就像個猶太糟老頭」。維陀對梅勒說「哎呀，你看起來才像個猶太糟老頭」。梅勒把酒潑向維陀的臉，維陀咬了梅勒的手指。[45]摑掌事件後有個電視辯論會，還把無辜嫻靜的《紐約客》巴黎特派員珍娜（Janet Flanner）捲了進來，演變成維陀與梅勒對肛交的討論。然後：

珍娜：「噢，看在上帝的分上！」（笑聲）

梅勒：「我知道妳住在法國很多年了，但相信我，珍娜，要進入一個女人還有別的種方式。」

珍娜：「是，我聽過。」（更多笑聲）

卡維特：「本節目將結束於這個漂亮的句子。」

梅勒體現了六〇與七〇年代暴力和縱容交織的特性，並神奇地讓他譁眾取寵的行徑存留下來，其他人就沒有那麼幸運了。確實，在知識分子的目標從舊式的烏托邦主義轉向令人眩暈的、越來越粗暴的新享樂主義過程中，發生了一些令人悲痛的傷亡。當康諾利在一九四六年發表他的宣言，肯尼思・泰南（Kenneth Peacock Tynan）才剛讀完牛津大學莫德林學院（Magdalen College）的第一年，並已建立起知識分子社群中的領導者地位。四個月後，當新學期開學，作為一個心生敬畏的新鮮人，我目睹他來到莫德林學院的宿舍。我驚訝地盯著這位高大、英俊、陰柔的青年，他有一頭淺黃色頭髮、藝術家比亞萊茲（Beardsley）那種顴骨、有點時髦的口吃，身穿紫紅色西裝、薰衣草紫的領帶，紅寶石的圖章戒指。那時我正費勁地搬著我唯一一件學校大皮箱，而他似乎將宿舍塞滿了他的家當與侍從，以平靜而不容質疑的權威指揮。有個句子讓我印象特別深刻：「小心那個箱子，我的老兄——裡頭裝的是我珍貴襯衫！」我不是唯一對這場優雅的表演印象深刻的人。一九四六年，泰南跟我是少數幾個直升大學的大學生。大部分同學都上過戰場，有些軍階頗高，而且目睹或參與了犯下駭人聽聞的屠殺場面。但他們也沒看過泰南這種事，出身高階步兵的健壯少校們瞠目結舌，無言以對，在柏林大轟炸中殺死上千人的轟炸機飛行員瞪大眼睛，擊沉俾斯麥號戰艦（Bismarck）的海軍少校畏縮地盯著。在這個特別的時間點，泰南主宰了這個他自己創造的場景，後頭跟著一群他的辛苦搬運工。

這個奇怪的男人背後甚至還有（儘管當時他自己不知道）一段更奇特的遭遇。這或許直接來自書面記錄，但確實不是出自莫德林學院的校友與風雲人物，如王爾德或麥肯齊，而是作家阿諾德·班奈特（Arnold Bennett）。泰南的生平事蹟全由他的第二任妻子凱瑟琳（Kathleen）細心收集，出版成一本溫柔而悲傷的自傳，成為這一類自傳的典範。[46]泰南一九二七年在伯明罕出生長大，進入當地知名的大學預科學校，在那裡出盡鋒頭，主演《哈姆雷特》，拿到唸牛津大學的獎學金。他自認為是備受父母蘿絲與彼得寵愛與縱容的獨生子。他父親是服飾商人，每兩週給他二十英鎊零用錢，在當時這是一筆大數目。但其實泰南是私生子。班奈特稱他父親「紅衣主教」，過著雙重的人生，一週裡有一半時間他是伯明罕的彼得，另一半時間身穿燕尾服、戴上高帽、配備灰色鞋罩與手工真絲襯衫，身分是彼得·皮考克爵士（Sir Peter Peacock），一名太平紳士兼成功的創業家，當過六任沃靈頓（Warrington）市長，跟皮考克夫人和許多小皮考克生活在一起。騙局直到泰南在牛津的最後一年（一九八四年）才曝了光，當時皮考克爵士過世，來自沃靈頓憤怒的合法家屬突襲，要求帶走遺體，並禁止泰南淚流滿面的母親參加葬禮。牛津的大學生突然發現自己是私生子，這種故事不是第一次發生——另一位莫德林學院的人、據說是準男爵的賀頓（Edward Hulton），被迫刪除門牌上的「男爵」頭銜——而泰南的反應是立刻捏造謊言，說其父是首相勞和·喬治（Lloyd George）的財務顧問。但真相太傷人。他去除了皮考克這個中間名。此外，他母親的內疚也解釋了她為何從一開始就過度保護並寵壞了他。確實，他對母親始終都像是對待某種高級僕人。

泰南一直都習慣對身邊的人發號施令。在牛津，即便在嚴格實施衣物配給的時期，他還是穿得像個王子。除了紫紅色西裝與昂貴襯衫之外，外加紅色絲綢褶子斗篷、時髦的束腰麂皮裝，還有另一套深綠色西裝，據說是用撞球台的布做的，還有綠色的絨面革鞋。他也時常化妝——「只在嘴唇塗一點深紅色顏料」。[47]他便這樣重振了牛津美學奢侈的聲譽。終其一生，他都輕鬆成為整座城市最熱門的話題人物：他製作並演出戲劇，在社團裡言論精彩，為雜誌撰稿並參與編輯，舉辦轟動社會的派對，參加者都是倫敦娛樂圈名人。[3]他有一群年輕女人與羨慕他的大學教師，而嫉妒他的紈綺子弟則燒毀他的畫像。他就像從當時的暢銷書《夢斷白莊》（*Brideshead Revisited*）走出來的人物，而且是新添加的人物。

此外，跟那些曾在牛津引起短暫注目的人都不一樣，泰南在現實世界裡也獲得成功。他出版戲劇與評論，和名演員亞力．吉尼斯（Alec Guinness）一起演出。更重要的是，他迅速成為倫敦最膽大妄為的文學記者。他的座右銘是：「寫反面觀點，唱反調就對了。」他在書桌上釘上一句激勵口號：「激起怒氣、不斷招惹傷害，喚起猛烈的破壞力。」他一直

3 作者注：入場費要價十先令。

遵照這些指令。它們很快便為他帶來夢寐以求的曝光機會，先是成為《標準晚報》（*Evening Standard*）的戲劇評論員，等時候到了，又進入對戲劇更具影響力的《觀察家報》，一家當時英國最好的報紙。讀者們瞪大了眼睛，就像學生們曾在莫德林學院的守衛室那樣，看著這個令人匪夷所思的人才。他似乎知道世界所有的文學，並使用像是飢餓、蘇格蘭高地的山賊、護花騎士主義（cisisbeism）與亢奮主義（eretheism）等奇怪措辭。[48]他成為倫敦戲劇圈的顯要人物，受到敬畏與仇視，他讓奧斯朋的《憤怒地回頭》（*Look Back in Anger*）成功風行一時，並製造了這位憤青的傳奇。他為英國引介了布萊希特，特別是其強力鼓吹國家補助戲劇，讓布萊希特戲劇產生預期的效果。當英國蓋好自己的國家劇院，泰南成為首位文學經理人（一九六三年至一九七三年），並為其打造了堅強的國際劇目：他任職期間上演的七十九種劇目，大部分出於他的意見，有一半的作品成功風行一時，這是非常驚人的紀錄。他在美國也早已成名，這要歸功於他在一九五八年至一九六〇年間於《紐約客》上發表的一些上乘的評論。在皇家國家劇院，他建立起國際級聲望。確實，在一九六〇年代，他有時比世界戲劇圈的任何人都更具影響力，一如我在本書主張過的，戲劇最終會比其他任何藝術，都更有效地影響人類行為。

泰南也不是沒有嚴肅的目的，他和康諾利一樣同樣含糊地把享樂主義與寬容跟社會主義連結在一起。在一九五七年的《宣告》（*Declaration*）這份「憤青」宣言中，他提出一個認真思考過的的目標聲明，主張藝術必須「公開記錄在案；必須自我表態」。但同時，社會主義也應該意味著「朝著快樂的方向進步」，應該是「一種受國際肯定的快樂」。[49]這寫於梅勒發表《白色的黑人》的同一年，他在某種程度上也有相同目標，要打破舞台與出版品的禁忌桎梏。在英國，破壞舊有審查制度（包括正式與非正式）這方面，沒人比他泰南更大牌的人了，但他這在方面的努力，不時被更傳統的政治態度打斷，雖然就算是這些態度，也有其寬容的一面。在一九六〇年，在用上許多手腕後，他成功地在《觀察家報》的文章中寫進那個「有四個字母」的詞，即「FUCK—操」。翌年，在許多漂亮女孩的幫助下，他在海德公園舉辦了支持卡斯楚的示威遊行。一九六五年十一月十三日，他在英國廣播公司的深夜諷刺節目上說出「操」這個詞，實現了他預謀的自我宣傳，這一度使他成為英國最聲名狼藉的人。一九六九年六月十七日，他在大型舞台上安排裸體演出《噢！加爾各答》（*Oh! Calcutta!*），最終在世界各地上演，總票房超過三．六億美元。

但在摧毀審查制度的過程中，泰南也摧毀了自己。他在一九八〇年過世，死因是肺氣腫，遺傳自父親虛弱的肺加上慣性抽菸。但早在這之前，他就因為一種名為性愛的祭壇上自我獻祭，他在道德上毀了他自己，不留一點退路。他的性上癮症很早就發作，他後來宣稱自己十一歲就開始手淫，並誇大這項活動的樂趣。一直到他人生的盡頭，在一份令人難忘的自我描繪中，他說自己是將死的物種，屬於泰南種、人屬、手淫科。他還是男孩的時候，便努力收集色情書刊，這在戰時的伯明罕不易取得。當他在中學時代演《哈姆雷特》時，他引誘當時重要的評論家，同時也是惡名昭彰的同性戀阿蓋特（James Agate）撰寫節目通知單。阿蓋特照辦了，還邀請這位青年到他的倫敦公寓，把手放在他的膝頭上說：「你是同性戀嗎，我的孩子？」

「恐怕不是。」

「噢，好吧，我想我們只能算了。」[50]

泰南說的是實話。他偶爾喜歡女裝打扮，也沒特別阻攔別人認為他是同性戀，覺得這讓他更容易接近女人，但他絕對不曾有過同性戀的性經驗，就像他說的，「連稍稍調情都沒有過」。[51]不過，泰南對性虐待感興趣，阿蓋特發現了這一點，於是交出自己大量色情刊物收藏的鑰匙，讓泰南完全沉淪其中。

此後他開始了自己的收藏，之後他的許多女房東和他的兩任妻子，都偶然發現那些東西，而且非常震驚。這很奇怪，因為泰南從未費心隱藏他的性癖，有時甚至到處宣告。他曾在牛津辯論社中宣布：「我的題目是——暮光中的一條皮鞭。」他跟牛津大量的年輕女人發生關係，而且經常要求她們把內褲送給他，吊在鞭子旁邊，為他的牆壁增輝。他喜歡性感的猶太女孩，特別是父親很嚴厲、經常受到體罰的女孩。他曾告訴其中一位，「鞭打」是「絕佳的維多利亞風格的懲罰」。他補充道：「打屁股這個詞非常能勾起性欲，而且剛好非常有女學生的特色……性的意思就是打屁股，美麗的意思就是臀部，而且永遠都是。」[52]他並不期待任何一任妻子甘受這種事，不過一旦他在戲劇圈裡成了有權力的人，就不難找到失業的女演員，為了得到某些幫助而願意配合。

女人似乎很少反對他的性虐待，因為這跟他的虛榮與獨裁相比，算是輕微的了。有個女人離開他是因為發現，每當進入餐廳，他就會一直阻止她照鏡子。另一個在受訪時說：「你一離開，他心裡就沒有你了。」他把女人當作財產。他在許多方面都有親切溫柔的特質，能夠感受與理解，但他希望女人以他為中心，就像衛星繞著行星。他第一任妻子伊蓮・丹迪（Elaine Dundy）有她自己的抱負，並最終寫出了一流的小說[4]。這導致了一次次驚人的爭吵，確切來說是像八點檔的那種，有尖叫、砸碎陶器的聲音，還有大吼「我要殺了

---

4 作者注：在被問及這本小說好不好時，康諾利回答：「噢，我不該這麼想。這只是又一個企圖證明自己存在的太太。」

妳，妳這婊子」。梅勒對夫妻吵架的判斷很有經驗，他給予泰南夫婦高度評價：「他們互毆，而你坐在那裡就好，像看拳擊比賽一樣鼓掌喝采。」泰南在自己可以無條件不忠的同時，卻期待伴侶忠貞不二。有一次，他從近期的情婦那裡返回倫敦寓所，發現第一任妻子跟一個裸男在廚房裡。泰南認出男的是詩人，是英國廣播公司一位製作人，他判斷對方是個窩囊廢，便大膽地從臥室抓走那人所有的衣物，用力丟進電梯井裡。通常他不會這麼勇敢，在跟第一任離婚後，他誘拐凱瑟琳・蓋茲（Kathleen Gates）離開丈夫與他同居（後來成為他的第二任妻子），而她丈夫從泰南家前門破門而入時，泰南正抖縮在沙發後面。後來她戴綠帽的丈夫在她母親位於漢普斯特德的家附近逮到泰南。他們發生扭打，泰南在他安全躲進屋子裡之前被拔了一撮金髮（現在變成灰色了）下來。第二任妻子繼續說：「有一度泰南與我設法堅守在我母親屋裡。然後趁夜摸黑溜走。要走到馬路上有一段距離，泰南斷定有人跟蹤，便爬進附近的一個垃圾箱裡。」[53]那位丈夫就是諾北爾文學獎得主薩繆爾・貝克特（Samuel Beckett），泰南不喜歡回憶這段往事，他打從一開始就認為那位劇作家不重要。

第二段婚姻跟第一段一樣失敗了，因為泰南堅持自己擁有完全的性自由，妻子卻得對他完全忠貞不渝。他和一名失業的女演員建立起長久的私通關係，能讓他盡情進行各種性虐待的幻想，包括他把自己扮成女人、女演員扮成男人，偶爾會有別的娼妓加入。他告訴凱瑟琳他打算繼續每兩週進行一次這些聚會：「儘管這不合所有常識、理性、仁慈，甚至友誼……但這是我的選擇，我的事情，我的需求……這相當可笑而且有點齷齪。但它就像傳染病般使我顫抖，在病發完之前，我除了顫抖什麼都做不了。」[54]這已經夠糟了。更糟的是泰南決定擱置職涯，成為一個情色文學作家，但又做得不怎麼樣。早在一九五八年，他的行事曆上就寫著：「寫劇本。寫情色書。寫自傳。」一九六四年，他聯繫上《花花公子》（*Playboy*）雜誌，但是他們拒絕了他企圖提供給他們的色情資料。受到《噢！加爾各答》虛有其表的成功鼓舞，泰南似乎樂觀地相信，他能把色情變成嚴肅的藝術形式，在一九七〇年代早期，他試圖徵召一群出色的作家，編寫一本手淫幻想的文選，但遭到小說家納博科夫、葛林（Graham Greene）、貝克特與梅勒羞辱性的斷然拒絕。此後他越來越投入持續很久但最終一無所得的計畫：嘗試拍色情電影。他永遠募不到資金。和大部分知識分子不一樣，他並不貪婪，恰恰相反，他很慷慨，大方起來不顧後果，這一點跟沙特一樣。他母親過世時，把老皮考克爵士為數可觀的一筆錢留給他，但他以最快的速度花光。離開皇家國家劇院的工作後，他的收入變得非常低，《噢！加爾各答》的票房這麼成功，他卻簽下愚蠢的合約，讓他最後只收到二十五萬美元。他晚年大多數時間都為了一個計畫在努力籌錢，而在他明理的友人們看來，那個計畫丟臉又無望。他也多次質疑自己，從普羅旺斯寫信給凱瑟琳：「我在這裡大量製作色情電影做什麼呢？太羞愧了。」在普羅旺斯的小鎮聖特羅佩（St Tropez），他夢見一個赤裸的女孩，被垃圾與糞便覆蓋，她的頭髮被剃掉了，有許多圖釘釘在她頭上。那一刻，他記錄道：「我滿懷驚恐地醒來。旅館裡的狗馬上開始亂叫，據說人類看不見的邪惡之王經過時，狗就會這麼吠。」[55]泰南最後幾年，在他遺孀的動人訴說裡，是性上癮症與身體衰弱不幸的交互作用，對那些認識與仰慕他的人來說十分駭人。令人想起莎士比亞的警句，「把精力浪費在可恥的放縱裡」。[56]

關於放縱，還有一個更引人注目的受害者，其暴力的特徵更加強烈：他是萊納・法斯賓達（Rainer Werner Fassbinder），他可能是德國有史以來最有才華的電影導演。他是失敗之子，於一九四五年五月三十一日出生，就在希特勒剛自殺後不久。他也是新自由（是康諾利、梅勒與泰南這類知識分子所追尋，以獻給文明的人類）不成熟的受惠者與受害者。一九二〇年代，德國電影業曾帶領全世界，納粹造成電影人才的大逃竄，好萊塢獲益最大。而當納粹政權垮台，美國占領德國的當局，便將好萊塢電影業播種於德國的土地上。這個時代在一九六二年畫下休止符，那一年有二十六個德國電影編劇與導演發表了一份德國電影獨立宣言，亦即知名的《奧伯豪森宣言》（Oberhausen Manifesto）。法斯賓達在兩年後離開學校，到二十一歲時，他已經拍攝了兩部電影短片，在布萊希特的勢力主宰下的德國藝文界，他成立了一個小製片集團，名為「反戲劇」（Antitheatre），在首部成功的製作中，他扮演了布萊希特《三便士歌劇》裡的暗刀麥奇（Mac the Knife）。儘管「反戲劇」在理論上是平等主義，但在實務上卻階級分明，結構專制。他自己猶如暴君，經營集團的方式（據說）就像路易十四管理凡爾賽宮。[57]他用這個團隊拍出他首部成功電影，《愛比死更冷》（*Love is Colder than Death*），在一九六九年四月，只花了二十四天拍攝。

法斯賓達以令人瞠目的速度，成為寬容時代的電影製作人中，不但重要，還是代表性的人物。他有強大的意志與權威，有令人羡妒的、為電影快速決策的能力，這讓他得以快速又節儉地製作高品質電影。正面影評很快就出現了，但直到一九七四年的《恐懼吞噬心靈》（*Fear Eats the Soul*），他才達到全球票房上的成功，這已經是他的第二十一部電影了。確切來說，從一九六九年十一月起，在十二個月內，他已經拍出九部長片。其中在口碑與票房上最受好評的，是一九七一年的《四季商人》（*The Merchant of Four Seasons*），四百七十個鏡頭，只花了十二天拍攝。到三十七歲時，他已經拍了四十三部電影，平均每一百天拍攝一部，沒有一天休息。[58]週日他總是在工作，並要求其他人也要工作。就專業的角度而言，他自律狂熱且能持續不懈。他會說：「我可以等死了再睡。」

產量能這麼驚人，其背後是令人毛骨悚然的自我放縱與自虐。他父親是醫師，在他六歲時離家，放棄醫學去寫詩，經營廉價的房地產養活自己。母親是演員，後來在他某些電影裡有演出，離婚後她嫁給一個短篇小說家。法斯賓達的童年與青少年成長背景是放蕩不羈的、文學的、不確定的、沒有道德的，以及無責任感的。他大量閱讀，很快便開始發表創作，包括小說與歌曲。他以跟做其他事情一樣同等的速度與果斷，吸收新的放縱文化。用嬉皮的流行語來說，他有街頭智慧（streetwise）。他十五歲就幫爸爸去貧民窟的公寓收房租，然後他宣布愛上一個肉販的兒子。父親說了很典型德國人的回答：「如果你想跟男人上床，難道不能去找大學裡的人嗎？」[59]此後法斯賓達便以兇猛的韌性，追求新六〇年代文化的三大主題之一：毫無禁忌地性享樂。隨著他在戲劇與電影圈的權力增長，他的需求與無情也跟著水漲船高。他的情人大部分是男性，有些已經成家有小孩，曾經歷悲痛的家庭爭吵。幾乎從一開始，他就隱約顯露出性虐待與極端主義的影子，他招攬工人階級的男人，把他們變成演員與情人。當中有一個，他叫他「我的巴伐利亞黑人」，似乎喜歡破壞名車。另一個曾在北非當過男妓，有殺人的傾向，給過法斯賓達的同事們幾次恐怖時刻。第三個是肉販，先是轉做演員，最後自殺了。但是法斯賓達對女人也感興趣，他會非常父權地說要「製造一個傳統家庭」。他對女人的態度是把她們當作所有物，喜歡控制她們。早年他為了籌措拍片資金，利用他所控制的女人，為德國人所謂的外來「客工」（guest-workers）提供服務。一九七〇年，他和女演員英格麗（Ingrid Caven）結婚，她以為能把法斯賓達變成異性戀。可想而知婚禮成了鬧劇，新娘子發現她的新房門鎖住了，新郎跟他的伴郎躺在她的床上。他們離婚了，法斯賓達最終與他的電影剪接師蘿倫茲（Juliane Lorenz）走入另一段婚姻，但繼續在酒吧、飯店與妓院裡，過著他浮華的同性戀生活。奇怪的是，他要求朱莉安對他忠貞。在把一九八〇年的小說《柏林亞歷山大廣場》（*Berlin Alexanderplatz*）改拍成電影的期間，他發現她整晚跟一個電工在一起。他吃醋大吵，罵她婊子；她當著他的面撕毀結婚證書。

法斯賓達在他的電影與生活方式中，還反映出新文化的第二大主題：暴力。在他還很年輕的時候，似乎就跟巴德爾（Andreas Baader）與松萊恩（Horst Söhnlein）走得很近，前者成立了西德最惡名昭彰的恐怖主義幫派，後者則為恐怖組織巴德爾—麥霍夫集團（Baader-Meinhof group）多次縱火。他的演員朋友貝爾（Harry Baer）說，法斯賓達常說自己很想投身於恐怖主義，但他告誡自己，比起走上街頭，「拍電影是更重要的事業」。[60]當巴德爾與他的黨羽在一九七七年十月於斯丹海姆監獄（Stammheim Prison）自殺時，法斯賓達怒吼：「他們殺了我的朋友。」他隨後出品的電影《第三世代》（*The Third Generation*），主張執政當局正在利用恐怖主義的威脅，讓德國再次受到極權統治，這部電影激起憤怒。在漢堡，有暴民把電影放映員打到失去意識，並毀了電影膠卷。在法蘭克福，年輕人在播放這部片的電影院裡投擲硫酸炸彈。通常，法斯賓達會為電影弄到國家補貼——這也是那個時代的標誌——但這部電影他完全是自己出資：這是出於愛或恨的辛勤勞動。

然而，此時他已經欣然接受新文化的第三個主題：毒品，並在此過程中被摧毀。對毒品的寬容與接受，一直是縱容社會未明白說出口的預設立場，特別是在流行的俚俗語言中。在一九六〇年代，吸毒成為知識分子的流行習慣，他們還簽署了放寬毒品法規的請願書。法斯賓達年輕時曾經靠著把偷來的車開出邊境賺錢，但似乎沒有涉及毒品，他後來是自然而然參與了德國的流行愛好。他和布萊希特一樣，為自己設計了合適的制服：刷破的牛仔褲、格子襯衫、磨損的漆皮鞋，稀微的鬍鬚。他一天要抽上百根菸，一根接著一根。他吃得很豐盛，到三十幾歲時已經開始身體膨脹，看起來像隻青蛙，還宣稱：「變醜是你封鎖自己的方式……你那肥胖、多脂肪的軀幹，是對抗所有形式的疾病，一個醜陋的堡壘。」[61]他也重度飲酒：在美國，他一天可以喝完五分之一瓶金賓威士忌，有時一天喝掉五分之二瓶。當他決定要睡時，會服用很多藥片，像是安眠酮（Mandrax）。他似乎沒有服用容易上癮的烈性毒品，直到一九七六年拍攝《中國輪盤》（*Chinese Roulette*）的時候，當時他三十一歲。不過，在嘗試過古柯鹼後，他相信這能帶來創造力，便開始定期吸食，用量越來越兇。

在一九七七年拍《鮑斯威瑟》(*Bolswiser*)時,他甚至強迫一個演員吸食古柯鹼後再上場演出。

因此,情況不可避免地來到高潮。一九八二年二月,他在柏林電影節贏得金熊獎,他希望能連中三元,再拿下坎城金棕櫚獎與威尼斯金獅獎。但他在坎城沒有獲獎,反倒在那裡花了兩萬馬克買古柯鹼,並為了確保未來無虞,轉讓了他下一部電影的發行權。那時他剛養成對女人暴力相向的習慣。有一次,不知道是喝了酒還是吸毒,他變得怒氣沖沖,毫無理由地砍傷一個場記女孩的小腿。在他五月三十一日的生日派對上,這算一個半公開的場合,他拿給前妻英格麗一個巨大的塑膠假陽具,說應該能讓她開心一陣子。他繼續照常安排工作與訪問,但毒品、酒精與禁用安眠藥,消耗量卻越來越高。六月十日早晨,蘿倫茲發現他在床上暴斃時,電視的錄放影機還開著。後來勉強算是舉辦了一場葬禮,但棺材是空的,因為警察還在為毒品驗屍。儘管死亡原因顯而易見,甚至不值得任何人花時間推論,但還是有許多人這麼做了。為了表揚這位去世的藝術家,比照歌德與貝多芬為他製作了死亡面具[5],而那一年九月的威尼斯電影節,聖馬可廣場(Piazza San Marco)咖啡桌之間,則是流通著那部可怕電影的盜版。

5 以石膏或蠟將死者的容貌保存下來的塑像。

泰南與法斯賓達可能會被描述為對享樂主義狂熱的受害者。也有一些人因為知識分子將暴力合法化而受害，當中包括詹姆斯．鮑德溫，他是二十世紀美國黑人作家中領悟力最高、在某方面來說最有力量的一個。他本來可憑自身非常可觀的成就，過著幸福充實的人生，但他沒有過上這樣的日子，反倒受那個時代新知識分子的風氣折磨，致使他相信，其作品要傳達的訊息必須是仇恨——他以滿腔怒火來傳達這個訊息。這進一步證明了知識分子難解的自相矛盾，照理來說他們應該教導男人與女人相信他們的理性，但卻通常鼓勵他們遵循自己的感情。不敦促人性的思辨與和解，反倒太常鼓勵訴諸武力來仲裁。

鮑德溫對自己童年與青年時期的說法並不可靠，理由我們稍候會說。但從他的傳記作者芬恩．艾克曼與其他資料，還是可能給出一個合理的總結。[62]鮑德溫出身於一九二〇年代的哈林區，在某種程度上算是貧民區。他是家裡八名子女中的長子。他的母親直到他三歲才結婚，祖母是路易斯安納州的黑奴，他的繼父是主日牧師，一個搖滾教派信徒（Holy Rolle），平日在瓶裝廠工作，薪資微薄。不過，雖然很窮，鮑德溫還是在嚴厲管教下順利平安地長大了，母親說他總是一隻手抱著弟弟或妹妹，另一隻手捧著一本書。他讀完的第一本書正是《湯姆叔叔的小屋》（*Uncle Tom's Cabin*），而且一讀再讀。這本書對他的作品影響非常顯著，儘管他試圖抹去影響的痕跡。他的雙親都看出他的才華，支持他朝此發展，其他人也是。在一九二〇與三〇年代，哈林區的學校沒有種族意識的失敗主義，當時的信念是黑人只要夠努力，就能出人頭地，而把貧窮當作無法上進的藉口，絕不會被接受。學校課業要求的標準很高，兒童被期待要達成這個高標，不然就會被處罰。鮑德溫在這種氛圍裡茁壯成長，在公立第二十四校，他的校長艾爾（Gertrude Ayer）是當時紐約市唯一的黑人校長。非常傑出；另一位老師密勒（Orilla Miller）帶他去看他的第一齣戲劇，鼓勵他寫作。在佛瑞德里克・道格拉斯中學（Frederick Douglas Junior High School）裡，他在校刊《道格拉斯領航員》（*Douglas Pilot*）發表第一篇短篇小說時才十三歲，後來成為該刊物主編。他受到兩位傑出黑人老師的幫助，一位是在學校教法文的詩人卡倫（Countee Cullen），另一位是勃特（Herman Porter）。十幾歲時他寫的東西便特別優美，並對他自身的進步感到歡欣鼓舞。離開學校一年後，他向該雜誌投稿一篇文章，讚揚學校「良善意志與友誼的精神」使之成為「國內最卓越的中學之一」。[63]如今他不但已經成為作家，還是個傑出的青少年傳教士，被形容「非常熱情」，在巡迴的傳道人中受到稱讚與支持。他接著就讀紐約知名的私立高中，布朗克斯區的德維特・柯林頓中學（DeWitt Clinton High School），從這裡畢業的還有小說家葛里克（Paul Gallico）、編劇查耶夫斯基（Paddy Chayevsky）、劇作家威德曼（Jerome Weideman）和攝影師阿維登（Richard Avedon）。他再度在一流的校刊《鵲起》（*The Magpie*）發表小說，並編輯這本刊物。他也再度獲得某些一流教師的關照，盡力支持他顯著的才華。

鮑德溫後來在《鵲起》上刊登的文章，反映出他失去了信仰。他離開了教會，做過搬運工與電梯工人，然後是在紐澤西州的建築工地工作，晚上寫作。再一次，有許多例子顯示他受到許多前輩的幫助與鼓勵，黑人、白人都有。當時的黑人作家理察・萊特，協助他獲得尤金・薩克斯頓紀念信託獎（Eugene F. Saxton Memorial Trust Award），讓他得以遊歷巴黎。他的文章發表在《國家》（*Nation*）和《新領袖》（*New Leader*）上。他地位的提升方式不是突然轟動社會，而是穩步向前的那種，當時認識他的人作證，他認真打拚，對家人照顧有加，把省下的每一分錢都寄回家，他的每一個跡象都讓人覺得他過得很好。他的突破在一九四八年來到，那一年他在猶太知識分子月刊《評論》上，發表了一篇備受美譽的文章《哈林猶太街》（*The Harlem Ghetto*）。[64]很多人借錢給他，好讓他繼續從事創作，像是白蘭度（Marlon Brando）借他一筆錢，讓他得以完成一本談哈林教會生活的小說《山巔宏音》（*Go Tell It On the Mountain*），這本書在一九五三年出版，大受好評。他過起四海為家的知識分子生活，從哈林區直接跳到格林威治村（Greenwich Village）和巴黎左岸，完全越過黑人中產階級。他對南方視而不見。黑人問題對他來說不是首要問題，確實，他大部分早期與寫得最好的作品，都不可能看出他是黑人。他支持消除種族差別待遇，而他在生活中的支持不亞於在作品中。他某些最好的文章，是在《評論》中發表消除種族差別待遇的言論。[65]該雜誌總編波德賀雷茲後來提到：「他是一個黑人知識分子，這跟說他們是猶太知識分子，意思幾乎是一樣的。」[66]

不過，在一九五〇年代末，鮑德溫感受到一種新的知識分子風氣抬頭，一種是放縱，另一種是贊同敵意。他是（或他自認是）一個同性戀者，他第二本小說是一九五六年的《喬凡尼的房間》（*Giovanni's Room*）便是在探討這個主題，他被自己的出版社退稿，讓他不得不找別家出版社，而另一家（他說服自己）付給他的錢太少。此一經歷讓他對美國出版業滿腔怒火。此外，他發現這種怒火——至少來自他這種「貧困」之人的怒火——即將成為話題、流行與正義。他擴大這股怒火，把他過去曾經尊敬的人與機構都算了進去。他背棄了理察・萊特和許多曾經幫助過他的人，[67]對白人進行集體批判。他也大幅改寫個人經歷，這無疑是自覺地這麼做。他依然是知識分子，但已經是另外一種，他在自傳中表面坦率實則騙人，而且會危險地誤導人。[68]他發現他是個不幸福的孩子，他的父親告訴他，他是他見過最醜的男孩，醜得像撒旦生的。他寫到父親：「這些年來，我不記得他的孩子裡，有誰會開心見到他回家。」他宣稱，父親死時他聽見母親的嘆氣：「我是個四十一歲的寡婦，還帶著八個我從來就不想要的小孩。」他發現他在學校裡被霸凌得很慘，他把佛瑞德里克・道格拉斯中學描繪得很恐怖。當他在一九六三年重訪校園時，他告訴學生們：「白人相信黑人在這裡過得很好。你的職責是別再信這件事了，一秒都不要信。」[69]他聲稱高中裡只有白人過得好，與他同時代的阿維登堅決否認。他提到一位曾經幫過他的英語老師時，他說：「我們互相討厭。」他一再激烈譴責他曾經喜愛的書，像是《湯姆叔叔的小屋》，也抨擊想成為主張種族平等的人、想成為中產階級黑人這整個概念。[70]他研究南方，並在一九五〇年代末開始表明支持民權運動，在此之前，他對這兩種現象一直視而不見。但他對於馬丁・路德・金恩那種類似甘地的策略也不感興趣，更不在乎那種論據有力的黑人知識分子，像是貝亞德・盧斯汀（Bayard Rustin）便以高超的技巧，嚴謹地提出平權的合理思想。在梅勒的《白色的黑人》所引發的社會氛圍中，鮑德溫以越來越高漲的憤怒，打出情緒牌——特別針對梅勒本人，說寧願跟白人種族主義者相處，也不願跟一個白人自由主義者，因為起碼他知道自己在哪裡立足。

實際上在美國與歐洲，鮑德溫都花了很多時間跟白人自由主義者在一起。沒有比白人自由主義者的殷勤款待，讓他更喜歡或更求之不得。在盧梭傲慢的老知識分子傳統中，鮑德溫把這種愉快的事變成了慷慨的施惠，以恩賜的態度接受別人的款待。芬恩・艾克曼在一九六八年寫道：「在創作的陣痛裡，鮑德溫經常從一間房子前往另一間，就像中世紀的國王在其領土上四處巡遊，其表現王室恩典的方式，是把款待國王當作特權，用來獎勵臣民。」[71]他還會呼朋引伴，把別人借給他的住宅變成非正式的俱樂部會所，然後離開的理由是（他向其中一位這樣說）「你的房子變得太公開了」。就像一位招待他的東道主所言（他恭敬大過憤怒）：「在你的房子招待吉米（鮑德溫的暱稱）不像是在招待客人，比較像款待一支移動的車隊。」他越是嫌棄，就受到越多奉承。他對盧梭的仿效真是不可思議。

敵意傳播得很廣，黑人自由主義者受到的仇視，甚至比白人更甚。當中有一人抱怨：「不管你覺得自己有多自由，吉米都讓你覺得自己內在還有一點湯姆叔叔的成分。」在一九六〇年代早期，波德賀雷茲向鮑德溫邀稿，請他調查麥爾坎．X[6]和他的黑人穆斯林所鼓吹的新黑人暴力，將其所得發表於《評論》上，鮑德溫調查了，但為了拿到更多稿費，把文章賣給《紐約客》。[72]此文再加上他對童年經歷的種族歧視的敘述，在一九六三年一起出版，書名是《下一次將是烈火》（*The Fire Next Time*）。這本書在美國暢銷榜前五名蟬聯了

6 麥爾坎．X（Malcolm X）是美國民權運動者，被視為最具影響力的非裔美國人之一，和馬丁．路德．金恩一樣遇刺身亡。

四十一週，並在全世界翻譯與發行，就某方面而言，該書自然是梅勒《白色的黑人》後繼，沒有《白色的黑人》很可能就沒有這本書的成功。但這本書的影響力更深遠，在美國跟其他地方都是，因為它是一份聲明，出自重要的黑人知識分子——至今仍在文學的傳統裡，以及西方文化的論述模式裡操作——其黑人民族主義的構想，是奠基在種族的基礎上。鮑德溫現在以文學的表述方式來對待他的憤怒，將之制度化，為之辯護並傳播。在這麼做的過程中，他建立起一種新的種族不對稱：沒有白人知識分子能主張所有白人都討厭黑人，這是無法想像的，更別說是為這種仇恨辯護了。可是鮑德溫如今卻能主張黑人都討厭白人，並以他的作品表明這麼做有正當性。因此，他以一種有名望的知識分子的姿態，給予一種快速傳播開來的全新黑人種族主義形式，接管了全世界黑人社會的領導權。

鮑德溫是否真的相信黑人種族主義，而且認為種族之間的隔閡無法逾越，這值得懷疑。年輕時的鮑德溫會堅決否認，因為這跟他的實際經驗相衝突——這就是為什麼鮑德溫必須改寫他個人過去的理由。鮑德溫的人生最後二十年，也因此是建立在謊言，或起碼是建立在有罪的混淆視聽之上的。實際上他大部分時間都住在國外，遠離任何鬥爭，但他的作品被他自已點燃的火任意破壞，從此喪失了影響力，繼續存在的是《下一次將是烈火》的精神。這本書強化了法農在《大地上的受苦者》中發狂般的論戰，以及沙特華而不實的說詞，說暴力對那些因為種族、階級或困境成為道德罪惡受害者的人而言，是合法權利。

現在，我們面臨知識分子生活裡的一大難題：對暴力的態度。無論是不是和平主義者，大部分世俗知識分子都被這個障礙絆倒，跌進前後矛盾的行為或言辭裡——或者，確切來說，是全然的語無倫次，毫無邏輯。他們或許會在理論上拒絕承認，在邏輯上他們也必須與暴力斷絕關係，因為暴力是解決問題的合理方法之對立面。但是在實務上，他們發現自己不時認可暴力，或是同意他們所同情的對象使用暴力——這或許稱之為「必要的謀殺症候群」。其他知識分子在面臨他們希望辯護的對象行使暴力時，僅僅以足智多謀的論證，把道德責任轉轉嫁到他們想要抨擊的對象身上。

這種技術的傑出實踐者，是語言哲學家諾姆．杭士基（Noam Chomsky）。他在其他方面都是非常老派的烏托邦主義者，不像是新型的享樂主義知識分子。他一九二八年在賓州出生，並快速在幾所一流大學獲得實惠的顯赫地位：麻省理工學院、哥倫比亞、普林斯頓與哈佛等等。一九五七年，也就是梅勒發表《白色的黑人》那年，杭士基發表了精湛的傑作，名叫《句法結構》（*Syntactic Structures*），這部作品高度原創，聚焦在一個從古代延續至今的爭論上，即我們如何獲得知識，以及特別是，我們為何能獲得這麼多知識。就像羅素說的：「人類與世界的接觸是這麼短暫、私人與受限，卻為什麼能知道這麼多呢？」[73]有兩種互相匹敵的解釋。一種理論認為人類天生就內建這些觀念，就像柏拉圖在《美諾篇》（*Meno*）中說的：「人並不知道的是，對於自己所不知道的東西，有著真正的知識。」儘管需要外界的刺激或經歷，但是最重要的內涵從一開始就存在大腦中，要根據這些智慧行動，就必須讓這些知識進入意識。笛卡爾認為這樣出於直覺的知識比其他知識更可靠，而且所有的人出生時都帶有這種知識的殘體。[74]大部分的歐陸哲學家，或多或少都抱持這種觀點。

與此相反的，是哲學家洛克、貝克萊（Berkeley）與休謨所傳授的盎格魯薩克遜經驗主義的傳統。它主張，儘管身體特徵可以遺傳，但大腦在出生時猶如一張白紙，所有的心智特性都能透過經驗獲得。這樣的論點在英美兩國，以及其他追隨英美文化的國家裡，普遍受到高度的認同。

杭士基研究句法，句法是決定詞語或聲音形成句子的原理原則，他從中發現了他所謂的「語言通用性」（linguistic universals）。世界的語言比表面所顯示的多樣性少很多，因為他們都共有「句法的通用性」，句法的通用性決定了句子的層級架構。依照後來他和他的追隨者的研究，所有的語言都符合這種模式，杭士基的解釋是，這些直覺性的句法，其不變的規則在人類意識當中埋藏得如此之深，深到這肯定是遺傳而來的結果。杭士基對語言學數據之解釋，可能並不正確。但這是迄今唯一提出貌似有理的理論，使他堅定地投向笛卡爾或「歐陸」陣營。[75]

不光在學術圈，這也令知識分子為之大振，杭士基也成了名人，就像羅素寫了《數學原理》或沙特存在主義之後那樣。成為名人的誘惑是，能運用自己在專業的崇高地位所獲得的資本，獲得一個為公共議題發聲的平台。如我們所見，羅素與沙特都屈服於這種誘惑，杭士基也是，在整個一九六〇年代，西方的知識分子，特別是美國的知識分子，都因美國對越南的政策而越來越激憤，並且隨著越南政策的執行，發展到暴力的層級。現在裡頭存在一個悖論：當知識分子越來越願意接受用暴力來追求種族平等、解放殖民地，或甚至是由恐怖主義團體來行使暴力時，他們怎麼會對西方民主政府保護三個小領地免受極權主義政權的占領，覺得這麼反感呢？沒有邏輯方法能解決這個悖論。知識分子給的解釋是，他們一方面反對「將暴力制度化」，另一方面則認為必須滿足個別的、個人的、反暴力的暴力（以及許多程度輕重不同的變體）之需求。這樣的解釋當然滿足了杭士基的需求，他成了美國對越南政策的重要知識分子評論家，並始終維持這個身分地位。在解釋了人類如何獲得運用語言的能力後，他改弦易轍，轉而建議人類如何處理地緣政治。

如今，這類知識分子有一個特色，就是當他們跨出自身專業時，卻看不到怪異與不妥之處：他們在自身專業中是公認的大師，但對公共事務的意見，他們的話語權不該比任何人都大。他們確實老是聲稱，他們的專業知識給了他們寶貴的洞察力，像羅素肯定認為他的哲學技能，讓他覺得他對人類諸多事務的忠告值得聽從——一九七一年杭士基在他的羅素講座（Russell Lectures）就是這麼背書的。[76]沙特則認為存在主義與冷戰所引發的道德問題，以及我們對資本主義與社會主義的回應，有直接的關連性。杭士基接著得出結論，他研究語言通用性的作品本身，就是美國對越南政策不道德的重要證據。怎麼會？嗯，好吧，杭士基主張，這取決於你接受哪一種知識理論，如果心智在出生時確實是一張白紙，則人類也可說是一片黏土，能隨我們高興捏塑，那麼人類就是政府當局、公司經理與中央委員會的技術官僚眼中，適合進行杭士基所謂的「行為塑造」的對象。[77]另一方面，如果男女擁有的天生心智構造是一樣的，對文化與社會的模式有本能的需求，則這種國家的努力終將失敗，但在失敗的過程中，我們的發展將會受阻礙，並帶來可怕的殘酷行為。美國企圖將自己的意志與特殊的社會、文化與政治發展模式，強加於中南半島的人民身上。

任何研究知識分子職涯的人，都會在其中鬱悶地發現許多似曾相識之處：需要多罕見的執拗與剛愎，才能得出杭士基的結論。他主張的內在構造要是成立，那簡直是把反對任何類型的社會工程視為通例。也的確，因為諸多理由，社會工程已經成為現代史上顯著的騙局與最大的詛咒了。在二十世紀，社會工程在蘇維埃俄國、納粹德國與共產中國等地，殺死了幾千萬無辜人民，但「反社會工程」是西方民主國家（這全都得怪他們）最不願意擁護的觀念。恰恰相反，社會工程是烏托邦知識分子的發明，他們認為可以自然而然地，光憑一己的理性重新塑造這個世界。而這是極權主義傳統與生俱來的權利，由盧梭開拓、馬克思將之系統化，列寧將之制度化，列寧的繼任者們實施社會工程超過七十年，他們沒有取得成功，確實更加證明了杭士基的通則。社會工程，或是所謂的文化大革命，在毛澤東執政的中國製造了上百萬具屍體，也同樣失敗了，雖然採行社會工程的，是沒有言論自由的極權政府，但剛開始時，整體計畫是知識分子做出來的。例如種族隔離政策，是由南非斯泰倫博斯大學（Stellenbosch University）社會心理系發展出的精細、現代的做法，在非洲其他地方——坦尚尼亞的烏賈馬運動（Ujaama）、迦納的自覺主義（Consciencism）、塞內加爾的黑人運動（Négritude）與尚比亞的人道主義等等——當地大學的政治或社會學系，也都規畫出類似的制度。美國插手中南半島事務，儘管一直都很輕率，實施起來也肯定很愚蠢，但其出發點，正是為了拯救當地人民免遭社會工程荼毒。

杭士基對於這樣的論證視而不見，他並不關心極權主義者企圖壓迫或改變人類與生俱來的特質。他主張，自由主義的民主、放任主義的國家，跟極權專制一樣會引起反對，因為資本主義制度做為構成整體的必要環節，其所提供的要素跟高壓政治一樣，會製造一些情況，剝奪或拒絕給予人民自我實現的權利。越戰是一個典型的例子：資本主義的自由主義者，壓迫一小群試圖回應本能欲望的人民。這當然注定會失敗，同時又會讓人民遭受無法形容的殘酷。[78]

美國想要確保中南半島有機會發展民主社會，但像杭士基這樣的知識分子所提出的論據，肯定會大大重挫美國原本的強烈決心。一如那些支持美國介入的人一直以來所預料的，美軍一徹退，社會工程師們馬上進駐。甚至，美軍的撤退在柬埔寨造成的直接結果，是在一九七五年發生的重大罪行，堪稱百年一見的奇觀：一群在沙特的巴黎受過教育的馬克思主義知識分子，現在執掌一支令人畏懼的軍隊，以史達林或毛澤東的殘酷標準，進行了一場社會工程的實驗。

杭士基對此暴行的回應很有啟發，既複雜又扭曲，以大量令人困惑的筆墨噴射而成。事實上，這與馬克思、恩格斯及其追隨者，聽聞「馬克思的演講蓄意竄改格萊斯頓財政預算」後的反應驚人的相似。要解釋詳情會太占篇幅，但重點相當簡單，按照杭士基的定義，美國已經達到了形上學的地位，成為中南半島的反派角色。因此，除非找到方法證明美國對柬埔寨的大屠殺有直接或間接的責任，否則就不該承認柬埔寨發生過大屠殺。

杭士基跟他的夥伴之回應，是經歷這四個階段推展而來的。[79]一、沒有大屠殺，這是西方為了大外宣捏造的。二、是有小規模的殺戮，但是「柬埔寨的苦難已經被憤世嫉俗的西方人道主義者所利用，他們迫切希望克服『越南症候群』」。三、殺戮的規模比最初想的還要龐大，而且這是美國戰爭罪行對農民殘酷對待的結果。四、杭士基最後被迫引述「少數可信的柬埔寨學者之一」，透過巧妙的變更年表，「證實」了最慘烈的大屠殺不是發生在一九七五年，而是「一九七八年中」，而且發生大屠殺不是因為馬克思主義者，而是「傳統主義者、種族主義者與反越戰之故」。該政權在當時已經「喪失曾有的一切馬克思主義色彩」，並淪為「極度盲目愛國的貧農民粹主義的工具」。就其本身而論，它「最終」獲得了美國中央情報局（CIA）的認可，中情局為了大外宣，從對大屠殺言過其實，轉變成積極從事殺戮的犯罪。總之，波爾布特的罪實際上是美國的罪，證明完畢。

到一九八〇年代中期時，杭士基對越南的注意力已經轉移到尼加拉瓜上，但他讓自己超出了等著與他嚴肅辯論的人的理解範圍，也因此不上了羅素與沙特的可悲路線。所以，又一個曾經傲視群倫的知識分子，埋首開拓著極端主義的荒漠，有點像是年邁的托爾斯泰，在亞斯納亞—博利亞納莊園發出怒火與難以理解的話語。許多夢想太平盛世的知識分子的人生，似乎都有過一段凶險的更年期，一種大腦的活動終止期，或許可稱之為理性的潰逃。

＊　＊　＊

我們現在來到了調查的終點。距今大約兩百年前，世俗知識分子開始取代舊有的知識階層，成為人類的嚮導與良師。我們已經看了許多企圖給予人類忠告的個案，檢視了他們擔當此一任務道德與判斷力的資格。尤其，我們考察了他們對真相的態度，他們尋找與評判證據的方式，他們對全體人類、特別是對個別的人的反應，他們對待朋友、同事、僕人，以及最重要的——對待自己家人的方式。我們也已經碰觸到遵循他們建議所帶來的社會與政治後果。

該推斷出什麼結論？讀者將自行評判。但我認為，現在有一種公眾的懷疑態度，當知識分子站出來向我們鼓吹時，在一般民眾當中，有一股越來越大的趨勢，是會去質疑學者、作家與哲學家的正當性，就算他們可能學識地位相當出眾，我們卻對於他們告訴我們該如何表現得體、如何處理我們的事務感到懷疑。有一種信念似乎正在普及：認為知識分子作為導師卻未必更有智慧，作為榜樣也沒有比醫師或過去的神職人員更值得尊敬。我也抱持這種遲疑態度，在街上隨機挑十幾個人，問他們對於道德與政治議題的看法，可能就會看見一種知識分子圈的橫剖面，至少他們看法可能是合情合理的。但我會提出更極端的意見。我們這個悲慘的世紀，最重要的教訓之一就是要當心知識分子，他們為了謀求人類的進步，犧牲了數百萬無辜性命。他們不但應該遠離權力的槓桿，在他們試圖提供集體建議時，也該成為特別受質疑的對象。當心知識分子組成的委員會、大會與同盟，別相信他們連成一氣所發表的公開聲明，不要太相信他們對政治領袖與重要事件的判斷。知識分子絕不是高度個人主義與不墨守成規的人，他們遵循某種常規的行為模式。整體而言，他們往往待在極端墨守成規的人所組成的圈子，而圈子是由那些認同他們的企圖與價值觀的人組成的。這就是導致他們「全體」這麼危險的原因，因為「全體」能讓他們營造輿論的風向與形成占優勢的正統說法，這些說法本身經常產生不理性又具破壞力的行動方針。最重要的是，我們必須一直記得，知識分子習慣遺忘一件事：「人」比理念重要，而且必須優先考量。所有專制體制中最糟糕的，就是為了無情殘暴的思想專制。

[67] See 'Alas, Poor Richard!' in Baldwin's collection *Nobody Knows My Name* (New York, 1961).

[68] See Baldwin's autobiographical novel, *Go Tell It on the Mountain* (London, 1954), 'East River, Downtown' in *Nobody Knows My Name*, and his essay in John Handrik Clark (ed.), *Harlem*: A Community in Transition (New York, 1964).

[69] Quoted in Eckman, p. 65.

[70] 'Fifth Avenue Uptown: A Letter from Harlem', *Esquire*, June 1960.

[71] Eckman, p. 163.

[72] 'Letter from a Region of My Mind', *New Yorker*, 17 November 1962.

[73] Bertrand Russell, *Human Knowledge: Its Scope and Limits* (London, 1948).

[74] See S. P. Stitch (ed.), *Innate Ideas* (California, 1975).

[75] See Chomsky's Cartesian Linguistics (New York, 1966) and his *Reflections on Language* (London, 1976). 對杭士基語言理論與知識頗具啟發性的分析，以及他據此做成的政治結論，參見Geoffrey Sampson, *Liberty and Language* (Oxford, 1979).

[76] Noam Chomsky, *Problems of Knowledge and Freedom: The Russell Lectures* (London, 1972).

[77] Noam Chomsky, *For Reasons of State* (New York, 1973), p. 184.

[78] Noam Chomsky, *American Power and the New Mandarins* (New York, 1969), pp. 47-49.

[79] 杭士基對波爾布特的爭論文章散見於各處，多半是無名的雜誌。參見他的選集*Towards a New Cold War* (New York, 1982), pp. 183, 213, 382 note 73, etc. 還有Elizabeth Becker, *When the War Was Over* (New York, 1987).

[48] See Ronald Bryden, *London Review of Books*, 10 December 1987.

[49] *Declaration* (London, 1957).

[50] For Agate's (censored) account of their relationship, see his *Ego 8* (London, 1947), pp. 172 ff.

[51] Tynan, p. 32.

[52] Quoted in Tynan, p. 76.

[53] Tynan, p. 212.

[54] Tynan, pp. 327, 333.

[55] Tynan, p. 333.

[56] Shakespeare, *Sonnets*, 129.

[57] 有關法斯賓達的發跡和其他奇怪的詳情，參見Robert Katz and Peter Berling, *Love is Colder than Death: The Life and Times of Rainer Werner Fassbinder* (London, 1987).

[58] Katz and Berling, Introduction, p. xiv.

[59] Katz and Berling, p. 19.

[60] Katz and Berling, pp. 33-34,125.

[61] Quoted in Katz and Berling, p. 5.

[62] Fern Marja Eckman, *The Furious Passage of James Baldwin (London, 1968); see also obituaries in New York Times, Washington Post, Guardian, Daily Telegraph and Bryant Rollings, Boston Globe*, 14-21 April 1963.

[63] Quoted in Eckman, pp. 63-64.

[64] 'The Harlem Ghetto', *Commentary*, February 1948.

[65] 舉例參見他的選集*Notes of a Native Son* (New York, 1963).

[66] Norman Podhoret, *Breaking Ranks: A Political Memoir* (New York, 1979), pp. 121 ff.

[32] Leon Edel (ed.), Edmund Wilson: *The Fifties* (New York, 1986), pp. 372 ff.

[33] Barbara Skelton, *Tears Before Bedtime* (London, 1987), pp. 95-96,114-15.

[34] 這是一九七一年的訪談內容，參見Paul Hollander: *Political Pilgrims: Travels of Western Intellectuals to the Soviet Union, China and Cuba, 1928-78* (Oxford, 1981)；亦見於Maurice Cranston, 'Sartre and Violence', Encounter, July 1967.

[35] Michael S. Steinberg, *Sabres and Brownshirts: The German Students' Path to National Socialism 1918-35* (Chicago, 1977).

[36] Humphrey Carpenter, *W. H. Auden* (London, 1981), pp. 217-19.

[37] Edward Hyams, *The New Statesman: The History of the First Fifty Years, 1913-63* (London, 1963), pp. 282-84.

[38] For the facts of Mailer's background and career, see Hilary Mills, *Mailer: A Biography* (New York, 1982).

[39] *Atlantic Monthly*, July 1971.

[40] Mills, pp. 109-10.

[41] Norman Podhoretz, *Doings and Undoings* (New York, 1959), p. 157.

[42] 整起刺傷過程的完整描述，參見Mill, Chapter X, pp.215ff.

[43] 梅勒的演講刊印於他的*Cannibals and Christians* (Collected Pieces, New York, 1966), pp. 84-90.

[44] Jack Newfield in the *Village Voice*, 30 May 1968; quoted in Mills.

[45] Mills, pp. 418-19.

[46] Kathleen Tynan, *The Life of Kenneth Tynan* (London, 1987).

[47] Tynan, pp. 46-47.

302.

[15] Evelyn Waugh, Introduction to T. A. Maclnerny, *The Private Man* (New York, 1962).

[16] Pre-election symposium, *Spectator*, 2 October 1959.

[17] Evelyn Waugh, review of Enemies of Promise, Tablet, 3 December 1938; reprinted in Donat Gallagher (ed.), *Evelyn Waugh: A Little Order: A Selection from his Journalism* (London, 1977), pp. 125-27.

[18] 這些頁邊空白處筆記的分析，參見Alan Bell's article, 'Waugh Drops the Pilot', *Spectator*, 7 March 1987.

[19] Tablet, 3 December 1939.

[20] 'The Joker in the Pack', New Statesman, 13 March 1954.

[21] Quoted in Pryce-Jones, p. 29.

[22] Quoted in Pryce-Jones, p. 40.

[23] Pryce-Jones, pp. 131,133, 246.

[24] Cyril Connolly, 'Some Memories', in Stephen Spender (ed.), W. H. Auden: A Tribute (London, 1975), p. 70.

[25] 'London Diary', New Statesman, 16 January 1937.

[26] 'London Diary', New Statesman, 6 March 1937.

[27] 1943 broadcast as part of Orwell's Talking to India series; quoted in Pryce-Jones.

[28] 'Comment', Horizon, June 1946.

[29] *Tablet*, 27 July 1946; reprinted in Gallagher, pp. 127-31.

[30] 此說法（還有其他版本）參見John Lehmann in the *Dictionary of National Biography*, 1971-80 (Oxford, 1986), pp. 170-71.

[31] *New Statesman*, 13 March 1954.

第十三章　理性的潰逃

[1] Quoted in David Pryce-Jones, *Cyril Connolly: Diaries and Memoir* (London, 1983), p. 292.

[2] Orwell's essay, 'Such, Such Were the Joys' was first published in Partisan Review, September-October 1952; reprinted in George Orwell, *Collected Essays, Journalism and Letters* (4 vols., Harmondsworth, 1978 edition), vol. iv, pp. 379-422. Connolly's account is in *Enemies of Promise* (London, 1938).

[3] Gow made this charge in a letter to the *Sunday Times* in 1967; quoted in Pryce-Jones.

[4] Both republished in Orwell, *Collected Essays*.

[5] Orwell, *Collected Essays*, vol. i, p. 106.

[6] Orwell, *The Road to Wigan Pier* (London, 1937), p. 149.

[7] Orwell, *Homage to Catalonia* (London, 1938), p. 102.

[8] Quoted in Pryce-Jones, p. 282.

[9] Orwell, *Collected Essays*, vol. i, p. 269.

[10] Orwell, *Collected Essays*, vol. iv, p. 503.

[11] Mary McCarthy, *The Writing on the Wall and other Literary Essays* (London, 1970), pp. 153-71.

[12] Orwell, *Collected Essays,* (1970 edition), vol. iv, pp. 248-49.

[13] Michael Davie (ed.), *The Diaries of Evelyn Waugh* (London, 1976), p. 633.

[14] Mark Amory (ed.), *The Letters of Evelyn Waugh* (London, 1980), p.

[5] There are two biographies of Hammett: Richard Layman, *Shadow Man: The Life of Dashiell Hammett* (New York, 1981), and Diane Johnson, *The Life of Dashiell Hammett* (London, 1984).

[6] Johnson, pp. 119 ff.

[7] Johnson, pp. 129-30.

[8] Johnson, pp. 170-71.

[9] Wright, p. 285.

[10] Wright, p. 102.

[11] See Mark W. Estrin, *Lillian Hellman: Plays, Films, Memoirs* (Boston, 1980); Bernard Dick, *Hellman in Hollywood* (Palo Alto, 1981).

[12] Quoted in Wright, p. 326.

[13] Quoted in Wright, p. 295.

[14] See Harvey Klehr, *The Heyday of American Communism* (New York, 1984).

[15] Wright, pp. 129, 251 ff, 361-62.

[16] Wright, p. 161.

[17] Wright, pp. 219-20.

[18] *New York Times*, 2 March 1945.

[19] Wright對此有完整說明，參見pp. 244-56.

[20] Johnson, pp. 287-89.

[21] Wright, p. 318.

[22] *Commentary*, June 1976; *Encounter*, February 1977; *Esquire*, August 1977; *Dissent*, Autumn 1976.

[23] Wright, p. 395.

[24] See Wright, pp. 295-98, 412-13.

[29] Kingsley Martin, *Editor: A Volume of Autobiography* 1931-45 (London, 1968), p. 217; for Muenzenberg see Arthur Koestler, *The Invisible Writing* (London, 1954).

[30] Claud Cockburn, J *Claud: An Autobiography* (Harmondsworth, 1967), pp. 190-95.

[31] Martin pp. 215 ff; C. H. Rolph, Kingsley: The Life, Letters and *Diaries of Kingsley Martin*, (London, 1973), pp. 225 ff; Orwell, vol. i, pp. 333-36.

[32] Edwards, pp. 246-48.

[33] Orwell, vol. i, p. 529.

[34] Edwards, p. 313.

[35] Edwards, p. 387.

[36] Quoted in Edwards, p. 269.

[37] Edwards, p. 408.

[38] *Dictionary of National Biography, Supplementary Volume, 1961-70* (Oxford, 1981), p. 439.

第十二章　海爾曼：隻手遮天的好萊塢女傑

[1] William Wright, *Lillian Hellman: The Image, the Woman* (London, 1987), pp. 16-18.

[2] Wright, pp. 22-23, 327.

[3] The autobiography is in three parts: *An Unfinished Woman* (Boston, 1969); *Pentimento* (Boston, 1973); *Scoundrel Time* (Boston, 1976).

[4] Wright, p. 51.

Publishing House (London, 1978).

[8] Edwards, pp. 171-72,175.

[9] Edwards, p. 180.

[10] Quoted in Edwards, p. 235.

[11] Edwards, p. 382.

[12] Quoted in Edwards, p. 250.

[13] Quoted in Edwards, p. 208.

[14] Sidney and Beatrice Webb, *Soviet Communism: A New Civilization* (2 vols., London, 1935).

[15] Letter to Stephen Spender, February 1936.

[16] Cole's books were published in 1932 and 1934; Strachey's in 1932.

[17] Quoted in Edwards, p. 211.

[18] November 1932; quoted in Edwards, p. 211.

[19] Edwards, pp. 251, 247; Miller's censored book was called *I Found No Peace*.

[20] For the LBC see John Lewis, *The Left Book Club* (London, 1970).

[21] See Hugh Thomas, *John Strachey* (London, 1973).

[22] See Kingsley Martin, *Harold Laski* (London, 1953).

[23] *Daily Worker*, 8 May 1937.

[24] *Moscow Daily News*, 11 May 1937.

[25] Letter to J. B. S. Haldane, May 1938, quoted in Edwards, p. 257.

[26] Edwards, p. 251.

[27] Edwards, p. 250.

[28] George Orwell, *Collected Essays, Journalism and Letters* (4 vols., Harmondsworth, 1970), vol. i 1920-40, p. 334 note.

[36] Quoted in Grumbach, pp. 117-18.

[37] *Edmund Wilson: The Forties*, p. 269.

[38] Reprinted in Lewis M. Dabney (ed.), *The Portable Edmund Wilson* (London, 1983), pp. 20-45.

[39] *Edmund Wilson: The Forties*, pp. 80-157 and passim.

[40] *Edmund Wilson: The Fifties*, pp. 101,135-38,117.

[41] Isaiah Berlin's account of Wilson's 1954 visit, published in the *New York Times*.

[42] *The Twenties*, p. 149; The Thirties, pp. 301-3; *The Fifties*, pp. 452 ff, 604, etc.; Berlin memoir.

[43] Edmund Wilson, *The Cold War and the Income Tax: A Protest* (New York, 1963), p. 7.

[44] 出處同上., p. 4.

[45] *The Portable Edmund Wilson*, p. 72.

第十一章　戈蘭茲：苦於良知的出版大亨

[1] Ruth Dudley Edwards, *Victor Gollancz: A Biography* (London, 1987).

[2] For the Gollancz brothers see *Dictionary of National Biography, Supplementary Volume 1922-30* (Oxford, 1953), pp. 350-52.

[3] Edwards, p. 48.

[4] Quoted in Edwards, p. 102.

[5] Quoted in Edwards, p. 144.

[6] Douglas Jerrold, *Georgian Adventure* (London, 1937).

[7] 有關這家出版社，參見Sheila Hodges, *Gollancz: The Story of a*

[19] *Partisan Review*, xii (1934).

[20] In *New Masses*, August 1932.

[21] For Rahv's various political positions, see A.J. Porter and A.J. Dovosin (eds.), *Philip Rahv: Essays on Literature and Politics, 1932-78* (Boston, 1978).

[22] Quoted in Cooney, pp. 99-100.

[23] Quoted in Cooney, p. 117.

[24] See 'The Death of Gandhi' and 'My Confession', in McCarthy, pp. 20-23, 75-105.

[25] Title of article by Harold Rosenberg, *Commentary*, September 1948.

[26] See *New York Times Book Review*, 17 February 1974.

[27] Norman Podhoretz, *Breaking Ranks: A Political Memoir* (New York, 1979), p. 270.

[28] Leon Edel (ed.), *Edmund Wilson: The Fifties; from Notebooks and Diaries of the Period* (New York, 1986), pp. 372 ff (esp. entry of 9 August 1956).

[29] *Edmund Wilson: The Twenties*, pp. 64-65.

[30] 出處同上., pp. 15-46.

[31] *Edmund Wilson: The Thirties*, p. 593.

[32] 出處同注釋31., pp. 6, 241 ff, 250 ff, etc.

[33] 出處同注釋31., pp. 296-97, 523; Leon Edel (ed.), *Edmund Wilson: The Forties* (New York, 1983), pp. 108-9.

[34] *Edmund Wilson: The Fifties*, pp. 582, 397,140.

[35] For example, Chapter 13 of Mary McCarthy, *The Group* (New York, 1963).

vols., New York, 1938), vol. ii, pp. 829-30.

[3] Don Congdon (ed.), *The Thirties: A Time to Remember* (New York, 1962), pp. 24, 28-29.

[4] Lionel Trilling, *The Last Decade: Essays and Reviews 1965-75* (New York, 1979), pp. 15-16.

[5] Trilling, p. 24.

[6] Article reprinted in *The Shores of Light* (New York, 1952), pp. 518-33.

[7] Leon Edel (ed.), *Edmund Wilson: The Thirties* (New York, 1980), p. 206.

[8] 出處同注釋7., pp. 208-13.

[9] 出處同注釋7., p. 81.

[10] 出處同注釋7., pp. 678-79.

[11] 出處同注釋7., pp. 57, 64, 118,120,121-22,135.

[12] 出處同注釋7., pp. 160-86; letter to Dos Passos, 29 February 1932.

[13] 出處同注釋7., pp. 378 ff.

[14] 瑪麗・麥卡錫出身與童年的描述，參見Doris Grumbach, *The Company She Keeps* (London, 1967).

[15] Her essay 'The Vassar Girl', reprinted in Mary McCarthy, *On the Contrary* (London, 1962), pp. 193-214, is a brilliant evocation of the Vassar spirit.

[16] Reprinted in *Cast a Cold Eye* (New York, 1950).

[17] Lionel Abel, 'New York City: A Remembrance', *Dissent*, viii (1961).

[18] Printed in Rebel Poet, and quoted in Terry A. Cooney, *The Rise of the New York Intellectuals: Partisan Review and Its Circle* (Wisconsin, 1986), p. 41.

pp. 95-96, 204.

[61] Cohen-Solai, pp. 459-60; Francis and Gontier, pp. 327 ff.

[62] *Nouvel-Observateur*, 19 and 26 June 1968.

[63] Cohen-Solai, p. 463.

[64] *L'Aurore*, 22 October 1970.

[65] Letter to de Beauvoir, 20 March 1940.

[66] Unpublished mss, 1954, now in the Bibliothèque nationale, quoted in Cohen-Solai, pp. 356-57.

[67] James Boswell, *Life of Dr Johnson*, Everyman Edition (London, 1906), vol. ii, p. 326.

[68] John Huston, *An Open Book* (London, 1981), pp. 295.

[69] Cohen-Solal, pp. 388-89.

[70] Francis and Gontier, pp. 173-74.

[71] War Diaries, pp. 297-98.

[72] Jean Cau, *Croquis de Memoire* (Paris, 1985).

[73] Mary Welsh Hemingway, *How It Was* (New York, 1976), pp. 280-81.

[74] Cohen-Solal, p. 377.

[75] 例如，*Nouvel-Observateur*, March 1980, 在沙特過世當晚發布了三天文章。

第十章　威爾森：迷失在太平盛世的懺悔者

[1] See Leon Edel (ed.), *Edmund Wilson: The Twenties* (New York, 1975), Introduction.

[2] Ella Winter and Granville Hicks (eds.), *The Letters of Lincoln Steffens* (2

[44] Cohen-Solai, p. 466.

[45] Simone de Beauvoir: *La Force des choses* (Paris, 1963); Lottman, *Camus*, p. 404.

[46] *Les Temps modernes*, August 1952. For the quarrels see Lottman, *Camus*, Chapter 37, pp. 495 ff. Sartre's attack is reprinted in *Situations*, pp. 72-112.

[47] Jean Kanapa: *L'Existentialisme n'est pas un humanisme* (Paris, 1947), p. 61.

[48] Quoted in Cohen-Solai, p. 303.

[49] *Le Figaro*, 25 April 1949.

[50] *Saint Genet, Comedien et Martyr* (Paris, 1952); trans., New York, 1963,1983.

[51] 沙特為第一起事件寫了本小書：*L'Affaire Henri Martin* (Paris, 1953).

[52] *Libération*, 16 October 1952.

[53] Quoted in Walter Laqueur and G. L. Mosse, *Literature and Politics in the Twentieth Century* (New York, 1967), p. 25.

[54] *Les Lettres françaises*, 1-8 January 1953; *Le Monde*, 25 September 1954.

[55] *Libération*, 15-20 July 1954.

[56] *Situations X* (Paris, 1976), p. 220.

[57] Report in *Paris-Jour*, 2 October 1960.

[58] 'Madame Gulliver en Amérique' in Mary McCarthy, *On the Contrary* (New York, 1962), pp. 24-31.

[59] Interview in *France-Observateur*, 1 February 1962.

[60] David Caute, *Sixty-Eight: The Year of the Barricades* (London, 1988),

[23] Herbert Lottman, 'Splendours and Miseries of the Literary Café', *Saturday Review*, 13 March 1965; and his 'After Bloomsbury and Greenwich Village, St-Germain-des-Prés', *New York Times Book Review*, 4 June 1967.

[24] 這份清單參見Cohen-Solal, pp. 279-80.

[25] Lottman, *Camus*, p. 369.

[26] Claude Francis and Fernande Gontier, *Simone de Beauvoir* (trans., London, 1987), pp. xiv, 6, 25 ff.

[27] 出處同上., p. 25.

[28] Cohen-Solai, pp. 74-75.

[29] 英文版參見 *The Second Sex* (London, 1953).

[30] Quoted in Cohen-Solai, p. 76.

[31] *War Diaries*, pp. 281-82.

[32] *War Diaries*, p. 325; Francis and Gontier, pp. 98-100.

[33] Francis and Gontier, p. 1, note.

[34] *War Diaries*, p. 183.

[35] Quoted in Francis and Gontier, pp. 236-37.

[36] *Lettres au Castor*, vol. i, pp. 214-15.

[37] *L'Invitée* (Paris, 1943); *She Came to Stay* (Cleveland, 1954).

[38] De Beauvoir, The Prime of Life, pp. 205,193.

[39] Quoted in Cohen-Solai, p. 213.

[40] Francis and Gontier, pp. 197-200.

[41] John Weightman in the *New York Review of Books*, 13 August 1987.

[42] Francis and Gontier, p. xiii.

[43] Cohen-Solai, pp. 373 ff.

[5] Quoted in Cohen-Solai, p. 40.

[6] Sartre, *War Diaries: Notebook for a Phoney War, November 1939-March 1940* (trans., London, 1984), p. 281.

[7] Cohen-Solai, p. 67.

[8] Cohen-Solai, pp. 79-80.

[9] 一九四五年的文章，刊印於*Situations* (London, 1965).

[10] Ernst Jünger, *Premier journal parisien 1941-43* (Paris, 1980).

[11] Simone de Beauvoir, *The Prime of Life* (trans., London, 1962), p. 384. The Malraux quote is from Herbert Lottman, *Camus* (London, 1981 edition), p. 705.

[12] Cohen-Solai, pp. 166-69. The text has disappeared.

[13] Quotations from interviews in Cohen-Solai, pp. 176 ff.

[14] De Beauvoir, *The Prime of Life*, p. 419.

[15] *Lettres au Castor et à quelques autres* (2 vols., Paris, 1983).

[16] *L'Être et le néant* (Paris, 1943); *Being and Nothingness* (trans., London, 1956, 1966).

[17] Guillaume Ganotaux, *L'Age d'or de St-Germain-des-Prés* (Paris, 1965).

[18] Sartre, *L'Existentialisme est un humanisme* (Paris, 1946); *Existentialism and Humanism* (London, 1973).

[19] *Les Temps modernes*, 1 September 1945.

[20] See Cohen-Solai, pp. 252-53. For the Picasso episode see Jacques Dumaine, *Quai d'Orsay 1945-51* (trans., London, 1958), p. 13.

[21] *Samedi Soir*, 3 November 1945.

[22] Christine Cronan, *Petit Catéchisme de l'existentialisme pour les profanes* (Paris, 1946).

[75] Dora Russell, p. 291.

[76] *Autobiography*, vol. ii, p. 190.

[77] Ralph Schoenman, 'Bertrand Russell and the Peace Movement', in George Nakhnikian (ed.), *Bertrand Russell's Philosophy* (London, 1974).

[78] Hook, p. 307.

[79] Clark, p. 584.

[80] Quoted in Clark, p. 612. 357

[81] 此聲明在羅素死後刊登於《新政治家》上，見Clark書中附錄，pp. 640-51.

[82] *Autobiography*, vol. ii, p. 19.

[83] Crawshay-Williams, pp. 127-28.

[84] Clark, p. 610.

[85] Clark, pp. 620-22.

[86] *Autobiography*, vol. iii, pp. 159-60.

[87] Hardy, p. 47.

[88] *Autobiography*, vol. ii, p. 34.

[89] Crawshay-Williams, p. 41.

第九章　沙特：哲學大師，以及沙文主義的原型

[1] Annie Cohen-Solal, *Sartre: A Life* (trans., London, 1987), p. 113.

[2] Sartre, *Words* (trans., London, 1964), pp. 16-17.

[3] *Words*, pp. 21-23.

[4] *Words*, p. 73.

[55] Quoted in Clark, p. 302.

[56] Letter of 29 September 1918 (in Russell Archives), quoted in Clark.

[57] *Autobiography*, vol. i, p. 206.

[58] *Autobiography*, vol. ii, p. 26.

[59] Dora to Rachel Brooks, 12 May 1922, Russell Archives, quoted in Clark, p. 397.

[60] Dora Russell, *The Tamarisk Tree: My Quest for Liberty and Love* (London, 1975), p. 54.

[61] Entry of 16 February 1922 in Margaret Cole (ed.), *Beatrice Webb's Diary 1912-1924* (London, 1952); Dora Russell, p. 53.

[62] *New York Times*, 30 September 1927.

[63] *Autobiography*, vol. ii, p. 192.

[64] Dora Russell, p. 198.

[65] Dora Russell, pp. 243-45.

[66] Dora Russell, p. 279.

[67] Quoted in Clark, p. 446.

[68] Dora Russell, p. 286.

[69] *Autobiography*, vol. iii, p. 16.

[70] Letter of 11 October 1911, quoted in Clark, p. 142.

[71] Hook, p. 208.

[72] Peter Ackroyd, T. S. *Eliot* (London, 1984), pp. 66-67, 84; Robert H. Bell, 'Bertrand Russell and the Eliots', *The American Scholar, Summer 1983*.

[73] Hook, p. 363.

[74] Quoted in *Time*, 16 February 1970.

(Musée Voltaire, Geneva, 1958).

[39] Quoted in Clark, pp. 586 ff.

[40] Quoted in Crawshay-Williams

[41] Crawshay-Williams, pp. 22-23.

[42] *Autobiography*, vol. i, p. 16.

[43] Feinberg and Kasrils, vol. i, p. 22.

[44] Russell, *The Practice and Theory of Bolshevism* (London, 1920).

[45] *Daily Herald*, 16 December 1921; New Republic, 15 and 22 March 1922; *Prospects of Industrial Civilization* (London, 1923).

[46] Crawshay-Williams, p. 58.

[47] Clark, pp. 627-28.

[48] *Autobiography*, vol. i, p. 63.

[49] *Manchester Guardian*, 31 October 1951.

[50] Quoted in Clark, p. 592. Clark thinks this particular assertion was Schoenman's work, Russell having originally written 'Mankind is faced tonight by a grave crisis.' But the expression sounds to me very like Russell in his more extreme mood.

[51] Quoted in *Time*, 16 February 1970.

[52] Crawshay-Williams, pp. 17; 出處同上., 23; Feinberg and Kasrils, p. 118; letter to Miss R.G. Brooks, 5 May 1930; *Manners and Morals* (London, 1929).

[53]「試婚」(Companionate Marriage，是一種法律之外的、隨時可終止的婚姻關係)，是一九二七年十二月三日於紐約市發表的演說題目，引述參見 Feinberg and Kasrils, p. 106.

[54] *Autobiography*, vol. i, pp. 203-4.

[22] Quoted in Feinberg and Kasrils, vol. i, p. 73.

[23] 羅素的觀點，詳情參見Clark, Chapter 19, 'Towards a Short War with Russia?', pp. 517-30.

[24] Letter to Gamel Brenan, 1 September 1945, quoted in Clark, p. 520.

[25] 5 May 1948, Russell Archives; quoted in Clark, pp. 523-24.

[26] *Nineteenth Century and After*, January 1949.

[27] *World Horizon*, March 1950.

[28] Quoted in Sidney Hook, *Out of Step: An Unquiet Life in the Twentieth Century* (New York, 1987), p. 364.

[29] See the *Nation*, 17 and 29 October 1953.

[30] Crawshay-Williams, p. 29.

[31] 此一交流發表the *Listener*, 19 March 1959.

[32] *Listener*, 28 May 1959.

[33] *Autobiography*, vol. iii, pp. 17-18.

[34] Reprinted in Edward Hyams (ed.), *New Statesmanship: An Anthology* (London, 1963), pp. 245-49.

[35] 有關羅素、赫魯雪夫、杜勒斯的信件背景，參見Edward Hyams, *The New Statesman : The History of the First Fifty Years, 1. 1913-63* (London, 1963), pp. 288-92.

[36] Crawshay-Williams, pp. 106-9.

[37] 柯林斯的說法參見L. John Collins, *Faith Under Fire* (London, 1966)；羅素的說法參見Ralph Schoenman (ed.), *Bertrand Russell: Philosopher of the Century* (London, 1967). See also Clark, pp. 574 ff ; Christopher Driver, *The Disarmers: A Study in Protest* (London, 1964).

[38] Bertrand Russell, 'Voltaire's Influence on Me', *Studies on Voltaire*, vi

Russell and his World (London, 1981), p. 13.

[5] 雖然《數學原理》早在一八九九年十二月三十一日完成文稿，但遲至一九三〇才完整出版。第一卷出版於一九一〇年，第二與第三卷出版於一九一二年與一九一三年。

[6] *The Philosophy of Leibnitz* (London, 1900).

[7] Anthony Quinton, 'Bertrand Russell', *Dictionary of National Biography*, 1961-70 (Oxford, 1981), p. 905.

[8] Norman Malcolm, *Philosophical Review*, January 1950.

[9] See G. H. Hardy, B*ertrand Russell and Trinity* (Cambridge, 1970).

[10] For the details see Hardy.

[11] Feinberg and Kasrils, pp. 60-61.

[12] Crawshay-Williams, p. 143.

[13] John Dewy and Horace M. Kallen (eds.), *The Bertrand Russell* Case (New York, 1941).

[14] Bertrand Russell, *The Autobiography of Bertrand Russell* (3 vols., London 1969), vol. iii, pp. 117-18.

[15] Crawshay-Williams, p. 41.

[16] *Autobiography*, vol. ii, p. 17.

[17] 'Russian Journal', entry for May 19 1920; Russell Archives, McMaster University, Hamilton, Ontario; quoted in Ronald W. Clark, *The Life of Bertrand Russell* (London, 1975), pp. 378 £f.

[18] *International Journal of Ethics*, January 1915.

[19] *Autobiography*, vol. i, p. 126.

[20] *Atlantic Monthly*, March 1915.

[21] *Autobiography*, vol. ii, p. 17.

(New York, 1987), pp. 492-93.

[29] See the *New Leader*, 30 December 1968, 28 April 1969.

[30] Hayman, p. 209.

[31] Brecht: *Schriften zur Politik und Gesellschaft*, pp. 111 ff.

[32] Brecht: *Versuche* xii 147.

[33] Quoted in Esslin, p. 162.

[34] Quoted by Daniel Johnson, *Daily Telegraph*, 10 February 1988.

[35] *Neues Deutschland*, 22 March, 19 October 1951; Esslin, pp. 154 ff.

[36] *Tagesanzeiger* (Zurich), 1 September 1956.

[37] *Neues Deutschland*, 23 June 1953.

[38] 參見他一九五三年八月二十日的工作日誌。

[39] 這場示威的精彩論述，參見Hayman, Chapter 33, 'Whitewashing', pp. 365-78.

[40] *Europe*, January-February 1957.

[41] Quoted in Esslin, p. 136.

第八章　羅素：不合邏輯也非理性的哲人

[1] 傳記參見Barry Feinberg and Ronald Kasrils, *Bertrand Russell's America: His Transatlantic Travels and Writing*, vol. i. 1896-1945 (London, 1973).

[2] Quoted in Rupert Crawshay-Williams, *Russell Remembered* (Oxford, 1970), p. 151.

[3] Crawshay-Williams, p. 122.

[4] 此頁的照片來自他的日記，翻拍自Ronald W. Clark, *Bertrand*

[10] Quoted by Daniel Johnson, 'Mac the Typewriter', *Daily Telegraph*, 10 February 1988.

[11] Lotte H. Eisner, 'Sur le procès de l'Opéra de Quat' Sous', *Europe* (Paris), January- February 1957.

[12] Esslin, pp. 42-43.

[13] See James K. Lyon, *Bertolt Brecht in America* (Princeton, 1980), passim.

[14] 布萊希特在國會聽證會的部分，參見Lyon, pp. 326 ff.

[15] *Hearings Regarding the Communist Infiltration of the Motion Picture Industry* (Washington DC, 1947) 提供了與布萊希特交流的文本。參見pp. 491-504.

[16] Quoted in Esslin, p. 71.

[17] Hayman, pp. 337-40.

[18] For Nellhaus and Bentley, see Lyon, pp. 152 ff, 205.

[19] Esslin, pp. 81-82.

[20] Hayman, p. 245.

[21] Hayman, p. 225.

[22] Quoted in Lyon, p. 209.

[23] Hayman, pp. 140-41.

[24] Lyon, pp. 238-39.

[25] *New York Times*, 2 November 1958; Lyon, p. 300; Humphrey Carpenter, *W.H. Auden* (London, 1981), p. 412.

[26] Lyon, pp. 264-65.

[27] Esslin, p. 79.

[28] Sidney Hook, *Out of Step: An Unquiet Life in the Twentieth Century*

注釋

第七章　布萊希特：精於打造形象的冷血作家

[1] 根據戈巴契夫的宣傳政策，布萊希特開始出現於共產黨文宣的更多詳情，參見Werner Mittenzwei, *The Life of Bertolt Brecht* (2 vols., East Berlin, 1987).

[2] 布萊希特最實用的說法，參見Ronald Hayman, *Bertolt Brecht: A Biography* (London, 1983), which gives his background, pp. 5 ff. 我也大量運用馬丁・艾斯林（Martin Esslin）的精彩研究：*Bertolt Brecht: A Choice of Evils* (London, 1959).

[3] Bertolt Brecht: *Gesammelte Gedichte*, p. 76.

[4] Quoted by Sergei Tretyakov in 'Bert Brecht', *International Literature*, Moscow, 1937; cf. his poem, The Legend of the Dead Soldier'.

[5] Esslin, pp. 8-9.

[6] Walter Benjamin, *Understanding Brecht* (trans., London, 1973).

[7] Esslin, pp. 27-28.

[8] Quoted in Esslin, p. 22.

[9] Ruth Fischer, *Stalin and German Communism* (Harvard, 1948), p. 615; Esslin, Chapter Seven, 'Brecht and the Communists', pp. 133-76.

一起來　思 025

所謂的知識分子（下冊）

那些爆紅的時代人物，與他們內心的惡魔

Intellectuals

作　　者　保羅・約翰遜 Paul Johnson
譯　　者　周詩婷
主　　編　林子揚
外　　編　郭哲佑

總 編 輯　陳旭華 steve@bookrep.com.tw
出版單位　一起來出版／遠足文化事業股份有限公司
發　　行　遠足文化事業股份有限公司（讀書共和國出版集團）
　　　　　23141 新北市新店區民權路 108-2 號 9 樓
　　　　　電話｜02-22181417　傳真｜02-86671851
法律顧問　華洋法律事務所　蘇文生律師

封面設計　莊謹銘
內頁排版　宸遠彩藝有限公司
印　　製　通南彩色印刷有限公司
初版一刷　2021 年 5 月
初版三刷　2023 年 7 月
定　　價　820 元（上、下冊不分售）
I S B N　978-986-9911-580（平裝）
　　　　　978-986-0623-093（EPUB）
　　　　　978-986-0646-009（PDF）

First published by Weidenfeld & Nicolson, a division of the Orion Publishing Group, London
This edition arranged with Orion Publishing Group through BIG APPLE Agency, INC.,LABUAN, MALAYSIA.

國家圖書館出版品預行編目（CIP）資料

所謂的知識分子：那些爆紅的時代人物，與他們內心的惡魔／保羅．約翰遜 (Paul Johnson) 著；周詩婷譯．-- 初版．-- 新北市：一起來出版，遠足文化事業股份有限公司，2021.05
　面；　公分．--（一起來思；25）
譯自：Intellectuals
ISBN 978-986-99115-8-0（平裝）

1. 知識分子　2. 生活史研究

546.1135　　　　110001292